GIFTING

GIFTING

Marina Pechlivanis Auli De Vitto
João De Simoni Claudio Mello

Como oferecer
brindes, encantar
clientes e fazer
bons negócios

ALTA BOOKS
EDITORA
Rio de Janeiro, 2018

Gifting — Como oferecer brindes, encantar clientes e fazer bons negócios

 ISBN: 978-85-508-0194-0

Impresso no Brasil — 2018 — Edição revisada conforme o Acordo Ortográfico da Língua Portuguesa de 2009.

Publique seu livro com a Alta Books. Para mais informações envie um e-mail para autoria@altabooks.com.br

Obra disponível para venda corporativa e/ou personalizada. Para mais informações, fale com projetos@altabooks.com.br

Produção Editorial
Editora Alta Books

Gerência Editorial
Anderson Vieira

Produtor Editorial
Thiê Alves

Assistente Editorial
Adriano Barros

Produtor Editorial (Design)
Aurélio Corrêa

Marketing Editorial
Silas Amaro
marketing@altabooks.com.br

Ouvidoria
ouvidoria@altabooks.com.br

Vendas Atacado e Varejo
Daniele Fonseca
Viviane Paiva
comercial@altabooks.com.br

Equipe Editorial
Aline Vieira
Bianca Teodoro
Ian Verçosa
Illysabelle Trajano
Juliana de Oliveira
Kelry Oliveira
Paulo Gomes
Thales Silva
Viviane Rodrigues

Diagramação (2ª Edição)
Lucia Quaresma

Revisão Gramatical (2ª Edição)
Vivian Sbravatti

Dados Internacionais de Catalogação na Publicação (CIP) de acordo com ISBD

P365g Pechlivanis, Marina

GIFTING: como oferecer brindes, encantar clientes e fazer bons negócios / Marina Pechlivanis, Auli De Vitto, João De Simoni, Claudio Mello. - 2. ed. - Rio de Janeiro : Alta Books, 2018.
224 p. ; il. ; 17cm x 24cm.

ISBN: 978-85-508-0194-0

1. Administração. 2. Negócios. 3. Brindes. 4. Clientes. I. Título.

2018-850
CDD 658.4063
CDU 658.012.2

Elaborado por Vagner Rodolfo da Silva - CRB-8/9410

Rua Viúva Cláudio, 291 — Bairro Industrial do Jacaré
CEP: 20970-031 — Rio de Janeiro - RJ
Tels.: (21) 3278-8069 / 3278-8419
www.altabooks.com.br — altabooks@altabooks.com.br
www.facebook.com/altabooks

Dedicamos este *Gifting* aos profissionais de mercado, às associações de marketing promocional e de produtos promocionais, aos acadêmicos e aos estudantes; a todos os que colaboraram com pesquisas, referências científicas, e *cases* para formatar esta obra e este campo do conhecimento; aos familiares, amigos e parceiros de trabalho que pacientemente nos apoiaram durante a intensa jornada que é escrever um livro; aos que gostam de dar, receber e retribuir presentes!

PREFÁCIO

DA PRÁTICA À TEORIA — COM UM LIVRO FUNDAMENTAL

Não há nada mais próximo da gafe que o *gift*. Por isso, hoje, dar um presente, um brinde, um mimo, uma amostra grátis, um bônus, uma compensação, uma lembrança, uma condecoração, uma homenagem, um santinho, um título tornou-se uma disciplina extremamente complexa e seus problemas não se resolvem apenas folheando um catálogo.

Decidir sobre a necessidade de dar o *gift* (e eu uso o verbo "dar" sabendo que ele é insuficiente) já é, em si, uma decisão que envolve considerações eco- nômicas precisas; escolher qual *gift* dar é um ato criativo e de conhecimento mais importante do que escolher uma máquina ou um equipamento, pois se você escolher a máquina errada o prejuízo será só seu, enquanto escolher um *gift* errado pode representar um prejuízo de imagem compartilhado com milhares de pessoas; distribuir o *gift* é uma ação estratégica que sempre tem reflexos por muito tempo, às vezes por anos.

No entanto, distribuem-se *gifts* desde os primórdios do comércio; há mais de 6 mil anos, os fenícios, por exemplo, aproximavam-se com seus pequenos navios das praias de cidadelas desconhecidas, e potencialmente hostis, e deixavam na areia algumas de suas mercadorias. E esperavam ao largo. Desde então, o *gift* é um poderoso instrumento de aproximação, uma antecipação ou um prêmio por uma boa transação realizada. Vidas foram salvas por indianistas quando se aproximavam de tribos isoladas e deixavam na mata alguns objetos; os mascates, por sua vez, iam com pequenos presentes, para pedir aos coletores, nas pequenas cidades do interior, permissão para que eles comercializassem seus armarinhos; as empresas premiam seus vendedores e seus clientes com dinheiro, lembranças e homenagens; militares e veteranos de guerra exibem orgulhosos suas medalhas; os dignitários, em visitas a países estrangeiros, deixam seus *gifts*, que podem ser apenas um livro ou uma riqueza artesanal ou natural de seu país, ou uma obra de arte para um museu. Ou até o fornecimento de petróleo gratuito ou o pagamento mais alto pela energia comprada; ou o intercâmbio de professores e alunos, ou um animal maravilhoso, como aconteceu tanto na Europa como na América do Norte e na América Latina.

Mas, mal escolhido, o *gift* pode ofender; ou parecer suborno e ser mal interpretado; ou ser indigno de quem o recebe; ou ser apenas mal feito, realizado de maneira amadorística, transmitindo ao receptor uma ideia errônea do doador.

Bem escolhido, no entanto, torna-se objeto de afeto e alegria para milhares ou até milhões de pessoas — e consegue de volta o bem mais precioso, a *simpatia* de quem recebe. É dando que se recebe? É.

Este notável livro de quatro importantes professores, a ativíssima Marina Pechlivanis, os formuladores Auli De Vitto e Claudio Mello e o sábio João De Simoni — todos especialistas, na prática diária e na atividade profissional, com estratégias de *gifting* para aumento de vendas —, dá uma nova perspectiva a uma atividade que sempre imaginamos simples e de fácil solução. E é importante que todos partam do princípio de que o *gift* tem de ser criativo, mas se amparar em uma base moral — que dignifica quem dá e quem recebe.

Grandes empresas, no mundo inteiro, hoje, sabem que seu nome só deve aparecer em objetos (ou atos, que também são *gifts*) que sejam tão bons ou melhores que seus próprios produtos. Não devem ser necessariamente caros, mas seu desenho e seu conceito devem provocar uma reação sempre positiva em quem recebe. Até o cartão que acompanha a homenagem tem de ser planejado.

A leitura de *Gifting* é inspiradora e produtiva — e esse é o melhor presente que esses quatro autores poderiam nos dar.

Afinal, um *gift* é para sempre.

Roberto Duailibi

SUMÁRIO

CAPÍTULO 1

TROCANDO *GIFTS*, TROCANDO IDEIAS

MARINA PECHLIVANIS

Marina Pechlivanis é a "mãe do gifting". Sócia-diretora da Umbigo do Mundo (www.umbigodomundo.com.br), agência de comunicação integrada e gifting criada em 1999, é publicitária com 20 anos de experiência no mercado, mestra em Comunicação e Práticas de Consumo pela Escola Superior de Propaganda e Marketing, articulista da revista Marketing e dos veículos virtuais Promoview e Mundo do Marketing. Ministra cursos, palestras e aulas, tendo como destaque a apresentação do conceito de gifting no Giving is Taking/AMPRO, workshop no Festival de Cannes/PromoLions em 2008.

Como escritora, em 1996, lançou o livro de haicais em prosa Miralua, Raptos de uma Noite. Para o público infanto-juvenil, O guardador de palavras (Saraiva, 2001) e Tuik, o amigo imaginário (Saraiva, 2006), além de traduzir do grego O guarda-chuva do palhaço (Globo, 2001). Como colaboradora, Causos da propaganda II, de 1998 (conto "O causo da maquete partida") e Português com o professor Pasquale — Ortografia, de 1999 (poema "Chuva d'Olhos"). Organizou os livros Phrase Book 4, Phrase Book 5, Phrase Book Kids, Duailibi das citações 9.000 e Duailibi das citações 12.000 do publicitário Roberto Duailibi, com quem, em coautoria, lançou os livros Duailibi essencial — 4.500 frases essenciais (2005) e a série Ideias poderosas (2008): Felicidade, Negócios e Inteligência.

Bem-vindos ao Gifting!

Dar sustentação teórica e associada a referenciais de aplicação prática ao que muitos tratam como achismo — eis a proposta da parte introdutória do livro Gifting.

Trazendo articulações conceituais de diversos pensadores de todos os tempos, esta imersão nas ciências sociais tece um universo de ideias que oferece ao leitor novos pontos de vista para compreender a ancestral prática de trocar objetos, experiências e sensações, os gifts, em rituais que fazem parte das nossas rotinas desde sempre — das tribos primitivas às tribos contemporâneas, das nações às multinacionais, dos mimos às propinas.

Afinal, por que todos gostam de um gift? Foi a pergunta que fiz após 20 anos trabalhando no mercado publicitário e promocional, vivenciando ações de relacionamento, de fidelização, de ativação, de reconhecimento, de *enchantement*...

A resposta? Está nas próximas páginas. E nas outras tantas que este novo horizonte de estudos certamente proporcionará.

Gifting para você, e boa leitura!

A troca de presentes remonta a rituais ancestrais da sociedade, em que os objetos de desejo e que transmitiam afeto eram dotados de poder socialmente reconhecido, significando respeito, proteção, saúde, prosperidade, status, prestígio.

Regidas pelas regras "dar, receber e retribuir" presentes, acrescidas de especificidades culturais particulares, diversas civilizações em tempos e lugares distintos puderam moldar as bases de seus sistemas econômico, político, jurídico e social — muitos tão efetivos que permanecem inalterados até hoje.

"Nenhuma teoria poderia tratar de todos os tópicos ou elucidar todas as facetas da vida social",[1] pois as sociedades contemporâneas com suas intensas e velozes transformações sociais mapeiam e remapeiam suas relações, nos mais diversos contextos, permitindo diversas formas de elucidação e compreensão dos fenômenos atuais. O papel das teorias (do grego *theoria*, visão de Deus) é, sob determinada óptica (que denomino "lentes experimentais"), ver e interpretar fenômenos e eventos para melhor compreendê-los de acordo com os nexos socioculturais que se estabelecem.

Marcel Mauss, antropólogo e sociólogo francês, dentre outros pensadores, apresenta teorias sobre vínculos entre pessoas e objetos analisando relações de troca em sociedades arcaicas e conceituando o aspecto ritual dessas relações. Em seus estudos sobre "*don*", "*gift*", "dádiva" ou "presente", considera a importância das trocas de objetos que impulsionam as leis da reciprocidade e geram vínculos entre as pessoas. E analisa também as trocas não utilitaristas, para além dos objetos (favores, elogios, presentes, saudações, convites), que norteavam as sociedades primitivas e ainda tão essenciais nas sociedades de hoje.

O fato é que os *gifts* sempre foram, na história e no mercado, na política e na fé, ferramentas geradoras de informação (divulgando crenças, filosofias, literatura, design, moda, estilo, história...), mobilizadores sociais (criando seitas, clãs, tribos e comunidades nas diferentes esferas do relacionamento) e transformadores culturais (formatando certa realidade e proporcionando novos cenários para a satisfação pessoal, material e intelectual dos seres humanos).

Não por acaso, são dotados de poder de abrangência e de cobertura únicos, como formadores de opinião que mobilizam as mais diversas organizações sociais: a es-

---

[1] KELLNER, Douglas. *A cultura da mídia — estudos culturais: identidade e política entre o moderno e o pós-moderno*. Bauru: Edusc, 2001, p. 40.

cola, o clube, o bairro, a tribo, o trabalho, os amigos, a comunidade virtual. Criam manias e modas em velocidade instantânea, proporcionam status e diferenciações sociais por posse, lançam tendências de mercado mundializadas, divulgam novos personagens midiáticos com eficiência mensurável, disseminam informações em múltiplos canais, estimulam posturas e comportamentos e podem educar, instruir, ajudar. Tudo depende do conteúdo e do contexto que envolvem o *gift* distribuído.

E qual é o preço de ter uma marca convivendo todos os dias com o consumidor, em sua casa? Difícil mensurar. Esse grupo de negócios é autônomo, e seu preço é tabelado pela criatividade de quem planeja e cria as peças; pelos fabricantes, nacionais ou estrangeiros, que as produzem, balizados na volatilidade dos insumos que compõem os produtos (papel, plástico, vidro, aço...) e, especialmente, pelo conteúdo de que as peças são dotadas, por vezes transformando papel impresso em uma preciosidade de informações e sensações especiais para quem faz o uso mais inteligente delas, oportuno e criativo. E mais: pode ser praticado por todos, do joalheiro ao borracheiro, sem restrições, contraindicações ou pagamentos de tarifas de adesão. O fundamental é ter bom senso, fazer um planejamento organizado e, como conhecimento nunca é demais, ter uma noção contextualizada do que se pretende alcançar, do quanto se pretende investir e de que forma esse investimento será percebido, avaliando o êxito da iniciativa para capitalizar a ação e prosseguir com o "*gifting*" — quanto mais informação, melhor.

Fundamentado por teorias de antropologia, sociologia, comunicação e consumo, este estudo indica as formatações contemporâneas do *gift*, que adquire status de mídia de contato e de relacionamento pessoal, transformando objetos de desejo em objetos de afeto, de fidelização, de identidade.

E tem como objetivo conceituar o brinde, *gift* ou presente corporativo como uma plataforma mercadológica de grande potencialidade, presente em inúmeras áreas de negócios (relações públicas, marketing promocional, campanhas publicitárias, endomarketing...) para fortalecer, implementar e manter suas estruturas.

Isso porque uma categoria que envolve milhões de pessoas e movimenta milhões de reais por ano merece estudos científicos aprofundados e análises de *business* organizadas.

Oficialmente, o conceito *gifting* foi lançado em junho de 2008, na primeira palestra promocional nos 55 anos do Festival de Cannes/Promo Lions (a qual tive a honra de ministrar), tornando visível a ponte, até então imaginária, entre academia e mercado, entre teoria e prática do *gifting*, desvendando assim novos, interessantes e intrigantes panoramas. Especialmente, delimitando o *gifting* como uma categoria de mercado que começa a ser estruturada, organizando informações para transformá-las em conhecimento tanto na prática quanto na teoria — ambas se retroalimentando para que se fortaleçam, se estruturem e permitam a multiplicação dos aprendizados.

Se para o mercado essa é uma nova categoria, para a sociedade é uma antiga forma de relacionamento, identidade e localização entre as pessoas. Por isso, este tema tem muita história para contar e muito conhecimento a formatar, em dimensões que são do tamanho dos desejos dos indivíduos para com objetos e afetos, condição *sine qua non* para viver com qualidade, conforto, saúde. E por que não dizer, para viver desejando e realizando sonhos, sem os quais a vida não teria a menor graça.

Afinal, na era da tribo ou na era da web, raras (e estranhas) são as pessoas que dispensam um "presentinho".

Isso é "*gifting*"! E é só o começo!

TODO PRESENTE É *GIFT*? TODO *GIFT* É PRESENTE?

Segundo o *Dicionário de Símbolos*, de Chevalier e Gheerbrant, presentes celebram a inauguração de um novo ciclo, seja um aniversário ou um ano novo. O verbo francês *étrenner* representa essa ideia com o sentido de "estreia", demonstrando que oferecer um presente soleniza um começar de novo, a inauguração de um novo ciclo.[2]

> Esta prática (das *étrennes*) remonta à mais longínqua antiguidade. Está associada a ritos sazonais, destinados a atrair a proteção dos deuses e dos reis, assim como de todos os poderosos do mundo. Quando os pais presenteiam os filhos ou os superiores presenteiam os inferiores, é sempre para simbolizar um voto de abundância e prosperidade. No primeiro caso, o voto implica uma súplica, no segundo, uma promessa.[3]

Presente, em norueguês, é *gave*, *presang*; em indonésio, *hadiah*; em romeno, *cadou*.

Em francês, é *don*, *cadeau*, *présent*, *offrande*, *surprise*.

Em espanhol e italiano, *regalo*.

Em grego, δὼρο (pronuncia-se *doro*) — não por acaso, o mito da "caixa de Pan*dora*" explica a curiosidade e as surpresas que os *gifts* podem gerar.

---

[2] CHEVALIER, Jean e GHEERBANT, Alain. *Dicionário de símbolos*. Rio de Janeiro: José Olympio, 1988, p. 740.

[3] Idem, ibid.

Para o famoso *Dicionário Aurélio*, presente é "aquilo que se oferece com o intento de agradar, retribuir ou fazer-se lembrado; brinde, dádiva, mimo, lembrança, regalo". Há também menção sobre o "presente de grego, que prejudica a quem o recebe".[4]

O ato de presentear é "dar presente ou dádiva a; mimosear com presente, brindar". E brindar, além da conotação de celebrar alguma bebida, tem o sentido de dar-se, oferecer-se para ajuda.

Em inglês, a palavra *gift*, que além de substantivo também é um verbo, representa presente e dom. Tem o sentido de aquisição, legado, gratuidade, dote, contribuição, prêmio, conquista, distribuição, oferta, caridade, partilha, dar, doar.

Para *GIFT*, há diversos acrônimos em língua inglesa, tais como: Gamete Intrafallopian Transfer; Give Indiana Funds for Tomorrow; God is faithful today; Gas Insulate flow tube.

Na web, *giFT* é um *daemon*, desenvolvido na plataforma GNU/Linux, usando a linguagem de programação C, com a intenção de servir como uma ponte para combinar a capacidade de usar vários protocolos de transferência de arquivos (Peer to Peer ou semelhantes) em um único front-end, por meio de plugins desenvolvidos pela comunidade. A sigla giFT significa "giFT: Internet File Transfer".

Segundo um site financeiro australiano, "Gifting — *is the process of giving money away in order to enhance the quality of life of the recipient. It may also reduce one's assets under the Assets Test for the Age Pension*".[5]

E, por outro lado, dentre os derivados da expressão, um destaque: *"Regifting – The act of taking an item that was originally a* gift *to you and giving it to someone else.*"[6]

No Brasil, a palavra *gift* foi adotada em seu anglicismo referindo-se a presentes diferenciados, a uma forma sofisticada de presentear.

Está no repertório vocabular de muitos nichos sociais, tanto que dá nome a uma das maiores feiras de bens de consumo da América Latina, atraindo, em média, 70 mil compradores do Brasil e do exterior — a Gift Fair.[7] E também é o nome das "lojinhas" de diversos hotéis e de inúmeros museus e centros turísticos Brasil afora — as "Gift Shops". E o sobrenome de inúmeros estabelecimentos comerciais e prestadores de serviços, que acrescentaram o *gift* como um sinônimo de categoria para a comercialização de presentes (lojas de presentes e acessórios de decoração)

---

[4] FERREIRA, Aurélio Buarque de Holanda. *Novo dicionário Aurélio da língua portuguesa*. Rio de Janeiro: Ed. Nova Fronteira, 1986.

5 Disponível em: <http://www.outlookfs.com.au/index.asp?menuid=120.040>. Acesso em: 31 mar. 2009.

6 Idem.

[7] Disponível em: <http://www.ubrafe.org.br/>. Acesso em: 1o abr. 2009.

ou criação e produção de brindes (incluindo as chamadas "lembrancinhas" de casamentos, batizados, festas de crianças...). Sem contar certas promoções de produtos ou vitrines de shopping centers badalados que adotam o "free gift" como uma expressão tão corriqueira quanto "grátis".

Gift também faz parte das narrativas corporativas em efemérides e oportunidades de celebração, como Natal, fim de ano, aniversário de um cliente, parceiro, colaborador ou funcionário, conquista de metas e lançamento de campanhas com o sentido de "objeto que se oferece como dádiva ou oferta, presente", repleto de simbologias, protocolos e tradições.

E, no dia a dia do mercado promocional, conotando "brinde", *gift* tem presença garantida em planejamentos de comunicação integrada para eventos, ações de treinamento, iniciativas de recursos humanos, campanhas de motivação, de ativação de marca, de lançamento de produto, de relacionamento com o cliente, de marketing direto, de *brand experience* e de inúmeras outras formas de divulgar marcas, produtos e serviços que têm em comum a utilização de *gifts* como mediadores de determinada comunicação com determinado intuito de negócios.

O fato é que todos gostamos de ganhar, possuir e consumir, desde que de acordo com nosso gosto, seja um *gift* ou um presente.[8]

Brinde vem do alemão bring dir's, que veio do francês brinde, que significa "ofereço esta libação a ti". Libação, do latim libatione, é um ritual pagão de "derramar um líquido de origem orgânica (vinho, óleo, leite etc.) como oferenda a qualquer divindade".[8] Envolve mais um ato de prazer que uma necessidade. E abarca o mundo todo com suas simbologias e tradições.

Gift-noun

1. something given voluntarily without payment in return, as to show favor toward someone, honor an occasion, or make a gesture of assistance; present.
2. the act of giving.
3. something bestowed or acquired without any particular effort by the recipient or without its being earned: Those extra points he got in the game were a total gift.

[8] FERREIRA, Aurélio Buarque de Holanda, op. cit.

4. a special ability or capacity; natural endowment; talent: The gift of saying the right thing at the right time.

   –verb (used with object)

5. to present with as a gift; bestow gifts upon; endow with.
6. to present (someone) with a gift: Just the thing to gift the newlyweds.[9]

Num

something given willingly, eg as a present

Example: a birthday *gift*

Árabe:	مِنْحَه هَدِيَّه ،
Alemão:	das Geschenk
Chinês (simplificado):	礼物
Chinês (tradicional):	禮物
Coreano:	선물
Dinamarquês:	gave
Eslovaco:	dar
Esloveno:	darilo
Espanhol:	presente, regalo, obsequio
Estoniano:	kingitus
Finlandês:	lahja
Francês:	cadeau
Grego:	δώρο
Holandês:	geschenk
Húngaro:	ajándék
Indonésio:	hadiah
Islandês:	gjöf
Italiano:	regalo
Japonês:	贈りもの

[9] Dictionary.com Unabridged (v 1.1). Based on the Random House Unabridged Dictionary, © Random House, Inc. 2006. Cite This Source.

Letão:	dāvana
Lituano:	dovana
Norueguês:	gave, presang
Polonês:	prezent
Português:	presente
Romeno:	cadou
Russo:	подарок
Sueco:	gåva, present
Tcheco:	dar
Turco:	armağan, hediye[10]

MARKETING, ADVERTISING, BRANDING... E AGORA *GIFTING!*

E o que é *gifting*, essa expressão que começa a fazer parte do repertório vocabular de criativos, executivos, marqueteiros, comunicadores, pensadores, planejadores?[10]

Como madrinha que batizou o conceito e o está estruturando com alicerces teóricos e fundamentações práticas com a colaboração de experts do mercado e da academia, pontuo que se trata de uma recém-nascida terminologia para uma categoria de mercado de longa data, que envolve o "dar-receber-retribuir" objetos, experiências, serviços e sensações — as diferentes dimensões dos chamados "*gifts* corporativos".

> Consumimos objetos. Consumimos bens. Consumimos informação. Mas, nesse consumo, em sua trivialidade cotidiana, construímos nossos próprios significados, negociamos nossos valores e, ao fazê-lo, tornamos nosso mundo significativo.[11]

Mais que um produto, *gifting* é um clima, uma ambientação, um contexto. Um espaço físico e sensorial de contato e convivência oferecido por uma marca, produto ou serviço com o intuito de proporcionar uma forma distinta de comunicação, envolvendo a inserção de objetos de desejo e de afeto, tridimensionais ou não, no universo particular de cada consumidor.

---

[10] Kernerman English Multilingual Dictionary. Disponível em: <http://dictionary.reference.com/languages/>.

[11] Silverstone, Roger. *Por que estudar a mídia?* São Paulo: Loyola, 2002.

Pode envolver uma *brand experience*, uma ação focada de *marketing*, um link de *advertising*... Mais que cercas delimitadoras de um campo, o *gifting* promove a troca nas fronteiras do relacionamento — entre pessoas, comunidades, culturas e tribos, unidas por vínculos de consumo e distintas por suas tradições, rituais, questões de ética e de etiqueta, interesses, objetivos, estratégias, necessidades, negócios...

Para o publicitário e escritor Roberto Duailibi, *gifting* abarca afeto, carinho, economia e eficiência. Duailibi endossa que *gifting* é importantíssimo na estratégia de marketing das empresas, pois "dar brindes regularmente para ser lembrado é estratégico — agora, dar brindes que a pessoa queira guardar e se lembre positivamente de quem deu... essa é outra história. Já em um futuro próximo, o *gifting* será parte integrante do planejamento estratégico de diversas marcas, empresas e serviços. Toda ação tem um núcleo que desencadeia a opinião, e esse grupo seleto de pessoas tem de ser atingido pessoalmente — e certamente essa abordagem não é apenas através de material impresso".[12]

Segundo Elza Tsumori, presidente da Associação de Marketing Promocional (AMPRO/gestão 2007–2009), o *gifting* tem algo que as outras ferramentas de marketing não têm: "É uma 'alma que dialoga'. Uma coisa viva que se molda a cada necessidade e pergunta o que fazemos na hora de planejar e criar. E isso não vejo em outras ferramentas de Marketing. Talvez porque o pensar em *gifting* faz parte da natureza humana há milênios. É por esse motivo que um planejamento de Marketing poderá ganhar muito se utilizar o planejamento de *gifting* para enriquecer seu conteúdo, dar mais personalidade à sua mensagem, surpreender, lembrar, impactar, agradecer. Desde que entenda como funciona o *gifting* e como/quando inseri-lo no plano. E o bom é que podemos usar ação de *gifting* no início, meio e/ou fim da execução de um plano."[13]

Quanto à mensuração das ações de *gifting*, Elza pontua que "o melhor impacto está na resposta que obtemos quase de imediato: um sorriso, uma lágrima de emoção, um agradecimento, a lembrança depois de um tempo, retribuição do ato convertido em maior venda, maior recompra, maior fidelidade e defensores de seu serviço/produto/marca".[14]

E o assunto está tão em voga que é pauta de diversos livros e estudos recém-publicados sobre o tema.

---

[12] Disponível em: <http://www.mundodomarketing.com.br/materia.asp?codmateria=5843>. Acesso em: 3 out. 2008.

[13] Disponível em: <http://www.mundodomarketing.com.br/materia.asp?codmateria=6314>. Acesso em: 17 nov. 2008.

[14] Idem.

Abordando a questão de *gifting* como mídia, Henry James pontua que "a terceira mídia, certamente a mais antiga, é a prática milenar de distribuição de presentes com o intuito de promover alguém ou alguma marca. Ela também está em constante evolução, assim como o processo de escolha, a embalagem, o formato de entrega na milenar indústria de brindes".[15]

Focando nas trocas comunicacionais que envolvem as trocas de presentes e, por que não, de *gifts*, Maria Cláudia Coelho esclarece que a "troca de presentes, isso autores clássicos já haviam pontuado, é um ato de comunicação, uma forma de linguagem, certo padrão de discurso social, um organizador de diálogos. Dessa forma, permite o entendimento de determinada cultura, uma vez que envereda pela antropologia das emoções, pela sociologia das relações e dos vínculos, pela economia das trocas efetivada, direta e indiretamente em cada ação — um veículo que espelha inúmeras perspectivas de indivíduos e de sociedades".[16]

Quanto ao grau de desejo que um brinde desperta, o estudo de Sergio Zobaran em capítulo intitulado "Brindes, quem não quer?", é categórico:

> Não há quem não deseje um brinde distribuído em um evento. (...) O brinde gera curiosidade e perpetua as empresas e marcas em seu novo habitat, a casa ou o escritório de cada um.[17]

Aprofundando-se na questão de tipos de *gifts*, Bob Nelson[18] destaca que o reconhecimento e as premiações (...) podem custar pouco, nada ou muito; podem ser particulares ou públicos e podem se concentrar em uma grande variedade de comportamentos e realizações desejáveis ou ser direcionados a alguns objetivos significativos para a organização.

Citando Barion Mills Jr. (gerente de agência do State Farm Insurance), complementa:

> O que conta não é o brinde em si, mas a ideia por trás dele. É bacana caminhar pela casa, ver um objeto e pensar: "Ah, este é de 1984. Estou lembrando do

[15] SALOMON, Henry James. *A terceira mídia: como os brindes potencializam as marcas, melhoram os relacionamentos e aumentam as vendas*. São Paulo: Ed. Futura, 2008, p. 14.

[16] COELHO, Maria Cláudia. *O valor das intenções: dádiva, emoção e identidade*. Rio de Janeiro: Editora FGV, 2006, p. 13.

[17] ZOBARAN, Sergio. *Evento é assim mesmo! Do conceito ao brinde*. 2a ed. Rio de Janeiro: Ed. Senac Rio, 2008, p. 176.

[18] NELSON, Bob. *1001 maneiras de premiar seus colaboradores*. Rio de Janeiro: Sextante, 2005, p. 14.

que fiz para ganhá-lo". A recordação que aquilo proporciona é muito melhor que dinheiro.[19]

Em resumo, promoções, aumentos e bônus já são quase direito dos funcionários e uma obrigação da empresa, mas o reconhecimento é uma dádiva.

Entre as inúmeras formas de premiação, algumas bastante curiosas (e não menos efetivas, afinal cada circunstância demanda uma ação específica de gifting), citadas como formas de reconhecimento informal, estão:

- Almoço com o presidente da empresa
- Anúncio sobre desempenho
- Assistente por uma semana
- Babá de graça
- Bilhetes de jogos lotéricos
- Churrasco
- Consulta veterinária
- Corte de cabelo
- Dedicatória em um livro
- Feijoada para a equipe
- Folga surpresa
- Foto no corredor da fama
- Ingressos para show
- Jantar com o ator preferido
- Manicure
- Massagem
- Novos móveis para o escritório
- Opção de trabalhar em casa
- Personal trainer
- Pintura a óleo da família
- Programas para o computador
- Sala maior
- Sessão de bronzeamento
- Troca de serviços com um colega

[19] Idem, ibid., p. 127.

Visita à sede da empresa
Visita do presidente da empresa[20]

E, quanto ao grau de assertividade de uma ação de *gifting*, cabe destacar que um *gift* está sempre associado a modas, modismos, tendências, de acordo com cada grupo social em que são produzidos, desejados, trocados, adquiridos, experimentados, vivenciados. Não por acaso, as ações de *gifting* estão sempre contextualizadas e se referem a determinado design que permite sua interpretação e torna um objeto ou experiência desejáveis. Para Adrian Forty,

> a história do design é também a história das sociedades: qualquer explicação de mudança deve apoiar-se em uma compreensão de como o design afeta os processos das economias modernas e é afetado por elas.[21]

Isso ocorre porque "o design tem a capacidade de moldar os mitos numa forma sólida, tangível e duradoura, de tal modo que parecem ser a própria realidade".[22]

Sofisticando o design, esses objetos de desejo podem referir-se também a luxos, pequenos ou grandes. E a marcas e grifes, que têm o poder de transformar os desígnios de objetos e sensações. Em seu estudo sobre jovens e o consumo de grifes, Marcos Rodrigues de Lara reforça que "o luxo das grifes é uma construção social: não existem grifes de luxo, existe, sim, o conceito do que se constitui uma grife de luxo. Portanto, o valor e o significado não se localizam no objeto em si, e sim na linguagem que o circunda, de maneira que o encanto não está no objeto consumido, porém nos olhos de quem o consome".[23] Assim, "a palavra luxo, nesta concepção, está no lugar de outras tantas que os sociólogos, de forma extensa, já abordaram como fatores de diferenciação entre as pessoas: status, prestígio, elegância, sofisticação, moda, estilo, distinção (...)", pois "cada objeto envia uma mensagem e representa um espaço determinado das relações sociais".[24]

---

[20] Idem, ibid., p. 139-43.

[21] FORTY, Adrian. *Objetos de desejo. Design e sociedade desde 1750*. Tradução: Pedro Maia Soares. São Paulo: Cosac Naify, 2007, p. 14.

[22] Idem, ibid., p. 15.

[23] DE LARA, Marcos Rodrigues."*Jovens urbanos e o consumo das grifes*". In: BORELLI, S. e FREIRE FILHO, J. (orgs.). Culturas juvenis no século XXI. São Paulo: Educ, 2008, p. 146.

[24] Idem, ibid., p. 147.

Esse luxo — do latim *luxus* (abundância, refinamento), de *lux* (luz), de *luxuria* (luxúria), ou mesmo, no pensar de Michel Maffesoli,[25] de luxado (fragilizado, não funcional) — deve ser visto com parcimônia, pois é relativo. Ter uma caneta de plástico vermelha com a marca de um refrigerante pode ser um luxo em um lounge de um evento badalado de moda para o "high society" e pode ser algo sem valor percebido para os funcionários de chão de fábrica da empresa. O que é desejável agora pode não o ser em algumas semanas, e essa máxima direciona o luxo a certa exclusividade que rege um sistema de desejos, o "querer, desejar, possuir" aquilo que nem sempre se compra. Esse ritual é regido por um "sistema de acessos" movido por experiências de *gifting*: ter acesso a eventos especiais, pré-estreias, lançamentos, descontos, *gifts*... E não há um único modelo vinculado a um único espelho de divisão social; há inúmeras fórmulas que se adequam a diversas tribos às quais, de uma forma ou de outra, todos pertencem. Jean Castarède aprofunda o raciocínio afirmando que os "objetos" de luxo funcionam como diferenciadores sociais e ingressos de pertencimento aos signos de determinada tribo, adquirindo-se símbolos que ultrapassam a interpretação objetiva e permitem a entrada em um universo mental. E foca na realidade brasileira: "O desejo de pertencer a um universo mais sofisticado e exclusivo é latente no mundo inteiro, mas o brasileiro não só está mais disponível, como é suscetível a toda nova iniciativa."[26]

E, se praticar *gifting* com experiências e sensações (viagens de balão, jantares com executivos bem-sucedidos, massagens inusitadas...) pode soar um exótico acesso a mundos inexplorados e desejáveis, o que dizer dos presentes virtuais, que são desfrutados na web?

Que venham as subcategorias do *gifting*, como o *virtual gifting*, que se estrutura basicamente de duas formas: *gift-delivery*, cuja compra é virtual, mas o destinatário recebe um presente real (de telegramas animados até flores, bolos, brinquedos, livros, CDs, DVDs, eletroeletrônicos, roupas...) ou mesmo um cartão-presente on-line pré-carregado e enviado por e-mail. E *virtual gifts* associados a brindes. Existem em forma de conteúdo disponibilizado pelos mais diversos sites (como aulas de idiomas, dicas de alimentação e nutrição, gestão de finanças, maquiagem, marketing pessoal...). Ou em versão widgets, pequenas janelas de aplicativos com o intuito de ajudar, informar ou entreter. As funcionalidades são diversas — relógio, temperatura, cotação de moedas, tradutores de textos — e adequadas à imagem de cada marca, produto ou serviço.

---

[25] MAFFESOLI, Michel. "*O Brasil pode ser um laboratório da pós-modernidade*". In Revista da ESPM, vol. 14, no 4, ano 13, São Paulo, jul./ago. 2007, p. 52-61.

[26] CASTARÈDE, Jean. *O luxo. Os segredos dos produtos mais desejados do mundo.* São Paulo: Barcarolla, 2005, p. 152.

Em pouco tempo, esses recursos já se tornaram mania, invadiram o mundo das promoções e estão fazendo uma revolução nas ações de planejamento. Diversas empresas vêm programando e fazendo uso do *virtual gifting*, dos mais simples, como papéis de parede, emoticons e toques de celular, aos mais estruturados, com sistemas e aplicativos, cada vez com mais foco e com mais recursos para a aferição de resultados. Um admirável mundo novo de possibilidades.

Segundo Alisson Pedro, expert em novas tecnologias e diretor de uma comunidade virtual mundial para adolescentes, "é difícil precisar como o *virtual gifting* surgiu. Muito provavelmente com a popularização da própria internet no início da década de 1990, com o surgimento do e-mail e dos cartões virtuais. Receber uma mensagem de e-mail de um amigo com uma imagem de fundo ou um cartão de aniversário virtual é um presente. A tecnologia evoluiu enormemente e hoje existem *gifts* virtuais muito sofisticados, que geram valor 'real' às pessoas, ou seja, trazem satisfação, seja por permitirem a autoexpressão, por premiar conquistas, por gerar sensação de exclusividade, por ter utilidade ou por representarem um gesto de carinho. Esses *virtual gifts*, como flores virtuais que chegam à sua casa virtual, terão uma participação cada vez maior no dia a dia das pessoas, a começar por crianças e jovens do mundo todo que vivem parte de seu tempo em um espaço virtual no qual têm amigos e, especialmente, símbolos particulares de pertencimento e diferenciação social".[27]

Cabe destacar que, aqui, valem as regras básicas da comunicação mercadológica. Como, por exemplo, conhecer o presenteado e saber qual a intenção do presente, pois daí derivam as premissas de pertinência, adequação e bom senso para efetivar o ritual de trocas em questão — despertando no universo corporativo, assim como o faz no universo particular dos presenteados, afetos (e desafetos) que podem colaborar (de forma positiva ou não, dependendo das escolhas feitas) em um relacionamento de negócios.

Quanto à ética nas trocas de presentes, a linha interpretativa é muito tênue e depende não apenas da cultura de determinada sociedade (nações, religiões, filosofias), como também da cultura corporativa em questão.

Mas uma constatação é fato: dar a mais ou retribuir de menos desequilibra o sistema desse "dar-receber-retribuir" em uma economia de "perdas e ganhos" que afeta diretamente os humores, os empenhos e os resultados de uma relação de trabalho.

Dado seu poder universal de mobilizar e tocar as pessoas, as ações de *gifting* potencializam suas propriedades com planejamento estratégico. Com mapeamento

---

[27] Disponível em: <http://www.mundodomarketing.com.br/materia.asp?codmateria=6796>. Acesso em: 20 jan. 2009.

de objetivos, com o estabelecimento de metas mensuráveis, com ideias e plataformas criativas, com mecanismos de aferição de resultados.

Está escrito, testado e comprovado, não é de hoje.

Ao gerúndio anglicizado do mercado, da marca, da propaganda, do relacionamento, com seu marketing, advertising, branding, networking, entre tantos outros "ings", é chegada a hora e a vez do *gifting*.

Como categoria e com todas as suas subcategorias.

E com uma vocação milenar para os negócios, pois a regra do *gifting* é esta: não importa se é real ou virtual, o que importa é ganhar — cabe a ressalva: o que, onde, como, por que, quanto e quando ganhar. Pois, de acordo com códigos e contextos de cada tribo, é ganhando que se recebe, e é recebendo que se retribui.

Assim caminham a economia, a política, a tecnologia e a humanidade. Bem-vindo ao vasto universo do *gifting*.

PRESENTES E *GIFTS*: PARTE DE NOSSA HISTÓRIA

Tais presentes são oferecidos em nome do Invisível, a fim de dar início a um novo ciclo com um gesto de bom augúrio, presságio de abundância.

SERVIER, JEAN, *L'HOMME ET L'INVISIBLE*

A troca de presentes faz parte de nossas tradições.

Registros de diversas épocas demonstram a troca de presentes, mesmo que simbólicos — flores, pedras, galhos, ovos e outros "produtos" da natureza, *in natura* ou manufaturados em forma de artesanato —, para celebrar e comemorar ciclos da natureza ou conquistas.

Astecas, celtas, germanos e vikings, maias, incas, megálitos, etruscos, hispano-mouriscos, romanos, núbios, gregos, cruzados, egípcios, negros, sumérios...

Um exemplo é a troca de ovos. Antes de os ovos serem de chocolate, chineses e povos do Mediterrâneo tinham o hábito de se presentear com ovos de galinha cozidos com beterraba, que os deixava vermelhos, para celebrar a chegada da primavera, simbolizando o início de um novo ciclo de vida. No ano 325, os cristãos se apropriaram dessa celebração pagã e passaram a colocar imagens de figuras religiosas nos ovos. Durante a Páscoa, o rei Eduardo I (900–924) presenteava a realeza com ovos banhados em ouro e adornados com pedras preciosas. Por fim, no século XVIII, confeiteiros franceses começaram a produzir os ovos com o sagrado cacau, a valiosa iguaria da América.

Que um presente sempre traz uma surpresa, seja boa ou não, isso até criança bem pequena já sabe.

Os famosos irmãos Jacob e Wilhelm Grimm, ícones da literatura infanto-juvenil, têm inúmeros contos de fadas em seu acervo para comprovar essa colocação. Quando a Rainha Malvada, transformada em velhinha, oferece sua lustrosa maçã vermelha enfeitiçada à doce Branca de Neve, está oferecendo um presente "daqueles". A ingênua moça aceita, experimenta e é envenenada. Por sua vez, as fadas Fauna, Flora e Primavera distribuem seus dons como presentes à pequena Bela Adormecida (de Charles Perrault), e a Malévola, que não foi convidada para a festa, dá de presente um castigo horrível para a bela mocinha. Pinocchio (de Carlo Collodi) ganha a vida da Fada Azul, mas em contrapartida não pode falar mentiras. Chapeuzinho Vermelho (Charles Perrault) ia levar doces de presente à sua avozinha quando o Lobo Mau apareceu pelo caminho. E o que dizer da bruxa de João e Maria (de Hans Christian Andersen), que oferecia para as pobres crianças "leite e bolo, maçãs e nozes, pães doces, açúcares...". Sem contar Esopo, com sua Galinha dos Ovos de Ouro...

Essa abordagem é rica para pontuar os objetos mágicos que servem de ritual de passagem em momentos decisivos dessas histórias, como as espadas, os tapetes, as lâmpadas, as varinhas, os pirlimpimpins... desejados por todos e, quando não achados ou recebidos de presente, disputados com vigor.

Na literatura fantástica, são diversos os livros que abordam os objetos, como José J. Veiga e seus Objetos turbulentos, contando memórias de espelhos, cachimbos, cadernos de endereços... e destacando sua trajetória de vida quando inseridos nas intensas trocas das socialidades humanas.

E, por que não, Jorge Luis Borges, com seu Aleph, um objeto que abarca inúmeros outros objetos, experiências, sensações; só de vê-lo, você já se sente presenteado.

A poesia não fica de fora: Mario Chamie, o poeta da *práxis*, lançou *Objeto selvagem*.

Os romances são inúmeros. José Saramago, em sua obra *A viagem do elefante*, enreda sobre um *gift* de peso: um elefante, presente de Dom João III, rei de Portugal e dos Algarves, e de sua mulher, Catarina da Áustria, para o arquiduque austríaco Maximiliano II, por motivo de seu casamento com a filha do imperador Carlos V. E o que até então era um animal vindo da Índia que não fazia nada mais além de comer e dormir se torna um objeto de desejo dotado de poderes místicos como nunca se imaginou.

O *blockbuster* "Titanic" termina com um pingente de colar com uma safira azul, um presente que sobreviveu a toda a tragédia da embarcação e que conta uma romântica história de amor.

Sem considerar as composições musicais, as obras de arte, as peças teatrais...

O cancioneiro nacional é repleto de músicas sobre dar-receber-retribuir.

Cantigas populares

Ciranda Cirandinha

Ciranda Cirandinha, vamos todos cirandar
Vamos dar a meia-volta, volta e meia vamos dar.
O anel que tu me deste era vidro e se quebrou.
O amor que tu me tinhas
Era pouco e se acabou.
Por isso, Dona Chica, entre dentro desta roda
Diga um verso bem bonito
Diga adeus e vá-se embora.

O fato é que o *gifting* está (e sempre esteve) na boca do povo.

Prova disso são os inúmeros provérbios e sentenças usados em todo o mundo que comprovam que "É dando que se recebe"; "Quando a esmola é grande, o santo desconfia"; "De graça, até injeção na testa" e "Toma lá, dá cá"; "Quanto mais te dão, mais teus amigos são" (Portugal); "Quem dá e (torna/volta) a tirar, ao inferno vai parar" (Portugal); "Quem não deve não teme"; "Achado não é roubado" ou "Dado não é roubado"; "Devemos dar como queremos receber" (Portugal); "Mais que o dado, vale a maneira de dar" (Portugal); "A sorte não dá, empresta" (Suécia); "Se estão dando, pegue. Se vierem buscar, corra" (Rússia); "Um é pouco, dois é bom, três é demais"; "Quem dá depressa dá duas vezes"; "Mais vale um pássaro na mão que dois voando"; "Os melhores presentes são aqueles que não esperam retribuição" (Noruega); "Antes pouco que nada" (Inglaterra); "Arapucas capturam passarinhos. Presentes capturam garotas" (iídiche); "Mais vale um 'toma' que dois 'te darei'" (França); "Melhor um presente pequeno que uma grande promessa" (Finlândia); "Mais caro é o dado do que o comprado"; "O presenteador é quem dá valor a um presente" (*Auctor prestiosa facit.*, latim); "Cavalo dado, não se olham os dentes" (Virgílio, *Eneida*, 70 a.C.–19 a.C.).

Sem contar inúmeras citações que, nas mais diversas culturas, trazem sempre o mesmo sentido, como "Presente na hora certa é um duplo benefício" (Robert Louis Stevenson, 1850–1894); "Informações, qualquer um pode obter; porém, a arte de pensar é o presente mais raro da natureza" (Frederico II, imperador da Prússia, 1721–1786); "Não há homem tão odioso a ponto de restituir-lhe um presente dado" (Zsa Zsa Gabor); "La decadenza del dono si specchia nella penosa invenzione degli articoli da regalo, che presuppongono già che non si sappia che cosa regalare, perché, in realtà, non si ha nessuna voglia di farlo" (Theodor Adorno); "O clima em que um presente é dado determina a retribuição; o que pesa é a intenção, e não o valor do *gift*" (Publilius Syrus — 100 a.C., *Moral sayings*); "A excelência de um presente está muito mais em sua adequação e pertinência que em seu valor" (William Shakespeare); "Um *gift* — seja um presente, uma palavra gentil, um trabalho realizado com carinho e dedicação — explica-se por si... e, se recebê-lo lhe causa constrangimento, é porque sua 'caixa de agradecimento' está travada" (Franz Kafka, 1883–1924); "Ricos presentes se tornam baratos quando os presenteadores não são gentis" (Sêneca, 5 a.C.–65 d.C., *Letters to Lucilius,* 100 d.C.); "O único presente é uma porção de você mesmo" (Peter McWilliams); "Cada dia provê seus próprios presentes" (Thomas Kempis, 1380–1471); "Whatever it is, I fear Greeks even when they bring *gifts*" (Eurípedes, 484 a.C.–406 a.C., *Electra,* 413 a.C.); "Não há benefícios nos presentes dos maus homens" (Sófocles, 496 a.C.–406 a.C., *Antígona*)...

E o *gifting* não fica apenas nas palavras. Nossa história está repleta de casos em que um simples presente marcou época, definiu nações e mudou os rumos da civilização.

Basta imaginar o sem-número de tesouros reais embalados com interesses políticos e econômicos, como a coleção de 300 abelhas ornamentais do rei Childerico I (437–481), da dinastia merovíngia (governou em terras que recebeu dos romanos, hoje Bélgica). Encontradas na tumba do rei, foram dadas de presente ao então governador de Viena; depois se tornaram propriedade de Leopoldo I, imperador da Áustria, até que, em 1665, foram dadas de presente ao rei francês Luis XIV, que não gostou muito e guardou tudo na Biblioteca Nacional da França. Anos depois, Napoleão Bonaparte, em busca de uma alternativa à flor-de-lis (símbolo dos Boubons, retirados do trono na Revolução Francesa), encontrou as abelhas e as transformou em símbolo do novo império francês, bordando-as no manto imperial que usou em 2 de dezembro de 1804, ao ser sagrado imperador dos franceses.

Mesmo a arquitetura e o urbanismo não estão de fora. Diversos marcos localizados por todo o mundo foram presentes de benfeitores, governantes ou nações. Por exemplo, a Estátua da Liberdade (em Manhattan, Nova York, Estados Unidos), foi um presente oferecido pelo governo francês aos Estados Unidos como símbolo da liberdade e da independência. Dizem alguns que o Cristo Redentor, no Corcovado (Rio de Janeiro), com 38m e a 709m do nível do mar, também foi um presente dos franceses. O Parque do Ibirapuera foi um presente do governo pelo IV Centenário da cidade de São Paulo, em 1954. No Distrito Federal, em frente ao Palácio do Buriti, sede do governo, há uma cópia da famosa escultura da Loba Romana amamentando os irmãos Remo e Rômulo, um presente do governo da Itália, símbolo da fundação de Roma, cidade irmã de Brasília e que aniversaria na mesma data.

E por que não na mitologia? Um caso clássico é o do "presente de grego" — a história de Páris, o rei de Troia, que raptou a belíssima Helena, esposa do rei de

Esparta, provocando, com isso, a Guerra de Troia. Armados e bem preparados, os gregos puseram fim a uma década de lutas com o episódio do "cavalo de Troia", que parecia ser um presente, mas era uma invasão dos inimigos.

Conta a *Ilíada* que, certo dia, Páris, o rei de Troia, cobiçou e raptou a belíssima Helena, esposa do rei de Esparta, provocando com isso a ira dos gregos. Estes, então, armaram-se e velejaram em direção ao reino de Páris, a fim de trazer Helena de volta. Com isso, teve início a Guerra de Troia. A guerra foi difícil. O cerco a Troia estendeu-se por 10 anos repletos de violentos combates. Apesar de seu enorme empenho, os gregos não estavam conseguindo romper os muros da cidade. Diante disso, decidiram pôr em prática uma ideia de Ulisses. Construíram um gigantesco cavalo oco de madeira e o abandonaram a poucos metros das portas de Troia. Depois, esconderam-se, fingindo uma retirada. Julgando que seus adversários haviam desistido, os troianos introduziram na cidade o imenso cavalo de madeira que trazia escondido, em seu ventre, soldados gregos. Na madrugada do mesmo dia, enquanto os troianos dormiam, os gregos saíram de dentro do cavalo e abriram as portas da cidade para o restante do exército. Com esse engenho ardiloso, os gregos conseguiram vencer a guerra.

Citado na *Odisseia*, de Homero, e também na *Eneida*, de Virgílio, daí surgiu a expressão "beware of Greeks bearing *gifts*" (evite gregos trazendo presentes) ou, na versão mais clássica, "I fear Greeks even when they bear *gifts*" (temo os gregos mesmo quando trazem presentes).

Atualizando o sentido dessa expressão "cavalo de Troia", cabe destacar que "Trojan Horses" também é o nome de certos vírus de computador que, escondidos em e-mails e sites, invadem o computador e causam vários danos.

Há também outro presente de grego inesquecível: a caixa de Pandora, expressão usada para se referir a algo que gera curiosidade, mas que não pode ser revelado. Segundo a mitologia grega, logo após o surgimento do mundo (*cosmos*), dois Titãs — Epimeteu (aquele que reflete tardiamente) e Prometeu (aquele que prevê) — receberam a incumbência de criar os animais e os homens: Epimeteu criou os animais com suas características diferenciadas, e Prometeu ficou responsável por criar um ser à imagem e semelhança dos deuses. Mesmo usando tudo de melhor que o irmão aplicou na criação dos animais, o "homem" que Prometeu estava criando não tinha vida. Foi quando, em meio a uma luta de deuses, Prometeu, com a ajuda da deusa Minerva, furtou dos céus o espírito que faltava à sua criação, trazendo o fogo para presenteá-la com brilho e luz. Para se vingar de Prometeu e da humanidade, que se beneficiaria com o fogo, Zeus o prendeu na parede de um penhasco onde todos os dias suas vísceras eram comidas pelas aves, e todas as noites, imortal que era, suas entranhas voltavam a se reconstituir. Uma tortura sem fim.

Já Epimeteu, não atendendo ao conselho do irmão de não aceitar nada dos deuses, caiu na armadilha e foi presenteado com a bela e inteligente Pandora. Curiosa que era, mexeu em todas as coisas de Epimeteu, até achar e abrir sua caixa de segredos, deixando assim escapar todos os males do mundo, exceto o destruidor da esperança.

Outro campo em que há inúmeras demonstrações de *gifting* é na religião, seja qual for. Um exemplo bem conhecido e amplamente reproduzido pela mídia é a história cristã dos presentes dos três Reis Magos. "Os Magos ofereceram três presentes ao menino Jesus: ouro, incenso e mirra, cujo significado e simbolismo espiritual é, juntamente com a própria visitação dos magos, um resumo do evangelho e da fé cristã, embora existam outras especulações a respeito do significado das dádivas entregues por eles. O ouro pode representar a realeza (além de providência divina para sua futura fuga ao Egito, quando Herodes mandaria matar todos os meninos até 2 anos de Belém). O incenso pode representar a fé, pois é usado nos templos para simbolizar a oração que chega a Deus, assim como a fumaça sobe ao céu (Salmos 141:2). A mirra, resina antisséptica usada em embalsamamentos desde o Egito antigo, nos remete ao gênero da morte de Jesus, o martírio, sendo que um composto de mirra e aloés foi usado em seu embalsamamento (João 19: 39 e 40), segundo estudos no Sudário de Turim.

Não por acaso, as festas dedicadas aos Reis Magos são muito significativas na Europa (Portugal, Bélgica, França, Espanha, Itália, Alemanha...) como a época de "dar e receber presentes", que envolve também danças e cantorias. No Brasil, o Dia de Reis (6 de janeiro) marca o final do ciclo do Natal e dos autos tradicionais, como bumba meu boi, chegança, fandangos e congos, em algumas regiões com trocas de presentes e pedidos de donativos em dinheiro ou alimento:

"Ó de casa, nobre gente,
Escutai e ouvires,
lá das bandas do Oriente,
São chegados os três reis."
(Bahia, séc. XVIII)

Na tradição folclórica brasileira,[28] também são inúmeras as menções de oferendas. Um exemplo popular são os rituais que envolvem a devoção a Iemanjá ou Janaína, a mãe d'água para os Iorubás e ícone ecumênico que permeia diversas tradições culturais para além das religiões afro-brasileiras, em todo o Brasil. Para esse orixá marítimo, respeitada entidade feminina dos candomblés na Bahia, protetora das viagens e dos filhos e padroeira dos amores e dos náufragos, presentes e sacrifícios

[28] CASCUDO, Câmara. *Dicionário do folclore brasileiro*. Rio de Janeiro: Ediouro, 1959, p. 448.

simbolizam o "pagamento de promessas pessoais". No passado, crianças e animais eram sacrificados e jogados nas águas profundas; quando afundavam, isso significava que a Rainha do Mar aceitara a oferta; caso contrário, não.

"O despacho, ou ebó da mãe d'água salgada, é um alguidar com pentes, alfinetes, agulhas, pedaços de seda, perfumes, linhas, tudo o que é feminino."[29]

Atualmente, são "cestas artisticamente ornadas de flores e fitas de papel colorido com dezenas e dezenas de objetos de uso elegante, sabonetes, vidros de essências, latas de talco, leques, pentes colares, brincos, anéis, espelhos",[30] além de velas, flores e bebidas, entre outros tantos agrados.

Visitando praias do litoral brasileiro no dia 2 de fevereiro, dia de Iemanjá e de Nossa Senhora dos Navegantes (para a religião católica), pode-se ter uma noção exata de como funciona esse processo de devoção e oferenda, com a entrega de presentes em troca de um voto realizado ou a realizar.

E, como alicerce do folclore, devem-se destacar também as crendices, que, com sua razão questionável mas fé poderosa, dizem muito sobre um povo.

Para demonstrar sua devoção aos deuses, inúmeras seitas para além dos domínios da ciência e das conhecidas astrologia, cabala, alquimia... passaram a consagrar ou magnetizar seus talismãs de acordo com diferentes materiais, assinaturas e símbolos, cores, aromas...

No Brasil, o muiraquitã (confeccionado em jadeíte, nefrite, ardósia, diorite, estratite ou pedra-cristal), pedra verde esculpida em forma de sapo, entre outras, era usado pelas mulheres tapajós como amuleto para prevenir doenças e evitar a infertilidade. A crença se espalhou pelo Baixo Amazonas e chegou ao Caribe, onde foram achados muiraquitãs amazônicos. Na Europa, no século XVIII, os muiraquitãs se tornaram moda, pois acreditava-se que evitavam epilepsia, cálculos renais e outras disfunções. Hoje, são peças raras, que alcançam altos preços nos leilões.

A lenda afirma que o muiraquitã era oferecido como presente pelas guerreiras icamiabas aos homens que visitavam anualmente sua taba, na região do rio Nhamundá. Na festa dedicada à lua, as icamiabas recebiam os guerreiros guacaris, com os quais se acasalavam como se fossem seus maridos. À meia-noite, elas mergulhavam nos rios e traziam às mãos um barro verde, ao qual davam formas variadas: de sapo, tartaruga e outros animais, e presenteavam seus amados. Retirado ainda mole do fundo do rio e moldado pelas mulheres, o barro endurecia ao contato com o ambiente. Os objetos eram, então, enfiados em tranças de cabelos das noivas e usados como amuleto pelos guerreiros. Até hoje, o muiraquitã é considerado objeto

---

[29] Idem, ibid., p. 732.

[30] Idem, ibid., p. 733.

sagrado, e acredita-se que quem o possui atrai felicidade, sorte e também recebe a cura para quase todas as doenças. É encontrado também na obra *Macunaíma*, de Mário de Andrade.

E, falando em objetos, por que não considerar os museus? Além de apresentar inúmeras peças de eras passadas, com suas histórias e memórias, todos têm a chamada "lojinha do museu". E o que se faz, turisticamente, nessas lojinhas?

Compram-se presentes! E, nesses objetos, não há mais história que a do presenteador para o presenteado. A cerimônia de entrega é mais importante que o significado. São objetos que não servem à exposição no museu, apesar de serem suas réplicas ou mesmo simulacros.

Nasceram não como depósitos de arte, cultura ou saber, mas como veículos de certo consumo cultural que serve ao prestígio e ao status. De um fetiche de produto, passa-se a um fetiche cultural.

É uma versão do real editada pelo museu, permitindo a posse de uma história, a coleção de um enredo da civilização, tornando quem possui tal dádiva copartícipe de um macroprocesso. Os objetos fazem parte de nosso repertório simbólico. Coleções podem se tornar manias — museumshop.com, o presente da cultura. No entanto, entre o consumo cultural e a questão meramente comercial, há um gap nítido — nem tudo que se vende é exatamente sobre as obras e exposições do museu. Tudo é caro e a qualidade é sempre validada por todos. Por isso, vale pagar, comprar, presentear.

Museus são instrumentos de conservação, e as lembranças, o símbolo tangível de uma eternização e posse dessa sensação de preservação.

Lembranças que remetem a pessoas, lugares, eventos.

Exemplos são inúmeros mundo afora, como MoMA, Metropolitan, Gugenhein, British Museum, Louvre... Sem contar as nacionais: ShopMAM, Pinacoteca, MASP, MAC, Instituto Moreira Salles, Instituto Tomie Ohtake, Museu AfroBrasil, CCBB, Museu do Futebol, A CASA — Museu do Objeto Brasileiro...

É curioso como as tradições tribais de presentear permanecem no imaginário simbólico da atualidade tridimensionalizadas em produtos de inspiração ancestral com design, embalagem e narrativas mercadológicas extremamente atuais.

Large Jade Maori Carved Necklaces

Our large Maori carved necklaces are more than just attractive jewelry designs. The twist is an important symbol in New Zealand's native Maori culture, representing the many paths of life and love. Likewise, the spiral symbolizes new beginnings, growth and development.

Jade is imported from British Columbia. Twist measures 2.25‴ L × 1.25" W (5,7cm × 3,2cm). Elliptical Spiral measures 1.75" L × 1" W (4,4cm × 2,54cm). Round Spiral measures 1.25" dia. (3,2cm). All necklaces come on a 26" (66cm) waxed cotton cord and feature a 7-mm long traditional Nigerian brass bead spacer and a 1.1-cm jade bead. $24.95[31]

Em resumo, o *gifting* faz parte de nossa história e envolve nossas tradições há muito tempo, desde que as primeiras socialidades foram estabelecidas, seja como mito, seja como fato.[31]

Inúmeras efemérides são balizadas na troca de *gifts*, especificamente as adotadas pelo calendário de ações promocionais mundialmente aceitos, como Natal, Ano--Novo, Dia dos Namorados, Dia dos Pais, Dia das Mães, Dia de Ação de Graças, Dia de Reis...

O segredo está na associação entre criatividade (o tipo de brinde para a ocasião certa), oportunidade (o momento e a adequação da peça a um desejo ou necessidade de quem vai ganhar) e a emoção da entrega (não basta entregar; a mensagem que acompanha o *gift* e o modo de entrega são partes fundamentais do processo). Daí sua importância como ferramenta mercadológica nas rotinas de trabalho e de planejamento estratégico da contemporaneidade.

GIFTING: TEM MERCADOLOGIA E CIÊNCIA TAMBÉM

Nas relações de mercado, o uso da expressão *gifting* é recente — trata-se de uma novidade mercadológica, um ícone da contemporaneidade, um *flash mob* de modas e tendências, um repertório de condutas, um manual de atitudes, experiências, excitamentos...

Nomenclaturas à parte, a prática de utilizar *gifts* para estimular vendas e fidelizar clientes é muito antiga e faz parte da evolução dos negócios desde o mais simplório comércio. Exemplos não faltam. Como na década de 1880, quando David McConnel — vendedor de livros de porta em porta — resolveu distribuir pequenos mimos para encantar e cativar suas clientes. Pensando em um presente que pudesse agradá-las, começou a produzir perfumes em um laboratório de Suffern, na Califórnia. O resultado? Aceitação total, pois poucos anos depois McConnel fundou o que é hoje a maior multinacional de cosméticos no mundo: a AVON.

---

[31] Disponível em: <http://www.museumshop.com/gifts/item.do?itemId=25388&siteId=342&sourceId=25765&sourceClass=SuggestedItem&index=1>. Acesso em: 9 mar. 2009.

Isso é uma boa prova de que o *gift* estimula as trocas, proporcionando a circulação de bens e capitais em todas as instâncias da sociedade. E ninguém está imune aos poderes de um presentinho — do reles plebeu até a rainha da Inglaterra.

Elizabeth II, coroada em 1953, só deixou a exclusividade de seu inseparável automóvel Rolls-Royce também por conta de um pequeno mimo: uma espetacular limusine Bentley sob medida, de sofisticada cor burgundi, com vidros e porta-malas blindados resistentes a ataques químicos, movida a gás liquefeito de petróleo não poluente para preservar o meio ambiente, entre outras inúmeras inovações tecnológicas, valendo aproximadamente US$7,2 milhões — confirmando que uma boa estratégia não tem preço.

Além da oportunidade, da originalidade e da criatividade, o êxito de ações de *gifting* desse tipo reside nas estratégias de marketing e de comunicação. E, para os que pensam que isso é mérito das grandes agências de planejamento promocional contemporâneas, com seus sistemas de gestão multifuncionais, profissionais do mais alto gabarito e softwares de última geração, é bom saber que há milênios essas táticas vêm sendo desenvolvidas e aplicadas com os mesmos objetivos: chamar a atenção, surpreender de forma inesquecível, conquistar o público-alvo, atacar a concorrência, "marcando território" na geografia das nações e na conquista do globo por meio de objetos, personalizados com símbolos e dotados de significados nos mais diversos tipos de rituais.

Por isso, os *gifts* podem delinear nações, infiltrar culturas e domínios e simbolizar crenças, identidades e relacionamentos.

Vale para a religião — a cruz, a estrela de Davi, o Yin Yang, a lua crescente com a estrela, o Om, a Flor-de-Lótus, o Dharmacakra, o pentagrama, entre outros ícones religiosos, marcados em santinhos, quadros, colares, livretos e mais uma infinidade de materiais.

Vale para a política — as bandeiras dos países, os brasões da realeza, as insígnias dos partidos, os bustos dos governantes, os pontos turísticos das nações e mais uma infinidade de marcos de poder estampados em estandartes, uniformes, selos, moedas, suvenires...

E, como não poderia deixar de ser, vale para as marcas — as letrinhas coloridas do Google, a maçã da Apple, os arcos dourados do McDonalds, o "soosch" da Nike, a garrafa *contour* da Coca-Cola, entre outras tantas, de bilhões de dólares, que com investimentos massivos em comunicação oferecem aos consumidores canetas, chaveiros, ímãs, bloquinhos, canecas, toalhas personalizados com suas logomarcas, cores e histórias.

Dessa forma, os *gifts* se tornam veículos que permitem mensurar abrangência e cobertura de inúmeros formatos de ações mercadológicas (imprensa, relacionamento, recursos humanos) de forma globalizada e multinacionalizada.

Não por acaso, é por meio desses objetos que as pessoas demonstram em que e em quem acreditam, identificando-se para as demais pessoas e localizando-se no mundo das relações.

Esse repertório permite uma importante reflexão: afinal, o que explica essa verdadeira veneração que se tem por *gifts*, especialmente os corporativos?

Será o encanto de sua gratuidade? A vontade de levar vantagem? A mania incontrolável da colecionabilidade? Ou a necessidade de "fazer parte" de determinada comunidade?

O que faz com que, em maior ou menor intensidade, as pessoas sejam outdoors ambulantes de grifes em troca de relógios, camisetas, mochilas, bonés que invadem seus guarda-roupas? Sem contar as residências, verdadeiros showrooms de marcas decorando cozinhas (copos de requeijão, potes de margarina, jogos americanos), escritórios (agendas, DVDs, livros) e até banheiros (*nécessaires*, porta-papel higiênico, saboneteiras), que se integram às rotinas, modificando hábitos e influenciando modas e manias?

Todos estão repletos desses objetos e ainda querem mais. Basta ouvir rumores de uma nova promoção e a vontade desperta, muitas vezes de forma emocional, passional, não planejada.

Como explicar?

A justificativa que envolve o desejo, a posse e a coleção de *gifts* é comumente (e ingenuamente) tratada como uma questão de "achismo", de *feeling*, de surpresa, de mistério.

Pois, para alguns, um *gift* é um *gift*, e vice-versa. Logo, seja lá o que se distribui como *gift*, as pessoas vão gostar, guardar e pedir mais. Em muitos desses casos, vão apenas querer por querer, pois sequer vão usar — apenas guardar, qual coleção de posses, coleção de ideias.

Mas, para além dos jogos de linguagem e das explicações superficiais, há correntes teóricas que podem ajudar no entendimento da questão.

Há ciência envolvida, o que elucida o raciocínio e oferece panoramas instigantes para a organização do conhecimento nesse campo de negócios e de pesquisa, gerando pontes de ideias adequadamente fundamentadas — não apenas para compreender melhor a questão, como também para dela fazer o uso mais preciso e inteligente possível.

Como diria Karl Popper:

> As teorias são redes, lançadas para capturar aquilo que denominamos "o mundo": para racionalizá-lo, explicá-lo, dominá-lo.[32]

E mais: "estão em perpétua mutação";[33] e é por esse motivo que, orgânicas e integradas às nossas vivências, permitem uma sistematização de nossas convicções, classificando e estruturando ensinamentos oriundos da prática e norteando as inúmeras experiências da cotidianidade para que sejam aferidas, endossadas, comparadas, validadas. Mais que uma coleção de informações, são uma articulação de saberes — amplos, interdisciplinares e potentes.

A base desses estudos envolve antropologia, sociologia, comunicação e consumo, campos do saber escolhidos por afinidade entre tantas outras áreas que também poderiam elucidar a questão, como filosofia, psicologia, neurociência — o que amplia o horizonte de pesquisas sobre o assunto, propondo novos paradigmas. Por isso, vale informar que este não é o único, mas um dos vários percursos intelectuais que podem ser traçados para alicerçar o conteúdo prático de uma ação com *gifting*.

A proposta é separar esses conteúdos em sete tópicos ecumênicos de discussão, estruturando uma construção de pontos de tangência sobre o tema e convidando alguns pensadores para balizar esses raciocínios, pois lentes teóricas permitem visualizar esses objetos de estudo por diferentes pontos de vista, ampliando a observação com foco e nitidez e filtrando recortes de realidade que facilitam o entendimento e a análise da prática do *gifting*. Cabe endossar que o direcionamento para esse *enjambement* ou encadeamento de pensares se inspira nos objetos que podemos desejar, obter, tocar, sentir, guardar e colecionar.

Demais aspectos do *gifting*, como serviços, experiências e sensações, podem seguir essa mesma inspiração teórica e serão motivo de estudo em breve.

O percurso foi planejado de forma a contemplar a estrutura dos objetos; os mitos e as crenças que os envolvem; a forma como interferem nas socialidades humanas; os rituais ancestrais de troca; as tribos e as trocas contemporâneas; a mídia e o impacto no consumo desses objetos; e, por fim, os panoramas que nos proporcionam ferramentas de geração de vínculos entre pessoas, empresas e marcas. Ao final de

---

[32] POPPER, K. *A lógica da pesquisa científica*. São Paulo: Cultrix, 2006, p. 61.

[33] Idem, ibid., p. 74.

cada subcapítulo, a teoria é alinhavada à questão do *gifting*, oferecendo links para análise e discussão.

Depois desse percurso, há de se descortinar uma nova dimensão, com novos panoramas e uma nova forma de ver e sorver os *gifts*.

GIFTING E AS 7 LENTES: A TEORIA DA PRÁTICA

1. O sistema dos objetos

As aparências enganam —
um gift *é muito mais que um* gift.

Os primeiros objetos inventados pela civilização visavam à sobrevivência e eram extensões do corpo humano. Funcionais, serviam de instrumentos de caça e defesa, além de acessórios para a alimentação.

Também serviam de afirmação do poder da humanidade como criadora de soluções para tentar dominar o ambiente hostil — a natureza — em que viviam. Com a ajuda dos objetos, seja uma roda ou uma lança, os homens se sentiam fortes, geniais, pequenos deuses.

A evolução técnica desses objetos sempre foi impulsionada pela organização e o desenvolvimento de sistemas culturais. Por isso, definem-se não apenas por funções, mas pelas diferentes relações humanas que proporcionam; logo, trata-se de um sistema tecnológico inserido em um sistema cultural.

Antes, estavam relacionados à mediação gestual, como extensões do corpo humano (armas são braços mais potentes, rodas são pernas mais velozes...).

Não à toa, à medida que o homem passou a conhecer melhor a natureza e a aprimorar seu relacionamento com os semelhantes, algumas necessidades foram surgindo e novos objetos foram criados.

Hoje, mais complexos, almejam o posto de atores que funcionam sozinhos para espectadores que vivem em um "mundo eficiente" (televisão, computadores, internet, celular...).

Essa relação gestual do homem com os objetos resume a integração do homem não apenas com o mundo, mas também com as estruturas sociais, como um processo de mediação entre uma matéria a ser transformada e um homem que a transforma.

Adrian Forty pontua a questão da utilidade dos objetos, associada ao design e à forma de produção das peças — pois os bens manufaturados apresentam variações de aparência de acordo com as circunstâncias de sua produção e consumo, e não devido à imoralidade ou à intencionalidade de seus produtores:

> Se o único propósito de uma xícara fosse servir de suporte para líquidos, poderia muito bem haver um único design, mas as xícaras têm outros usos: como artigos de comércio, servem para criar riqueza e satisfazer o desejo dos consumidores de expressar seu sentimento de individualidade, e é da conjunção desses objetivos que resulta a variedade de designs.[34]

Ao estudar a dimensão funcional dos objetos, pode-se considerar que estes estão cada vez mais sofisticados e complexos, enquanto o gestual humano está cada vez mais limitado — limitado, inclusive, à funcionalidade de certos objetos, que se tornam cada vez mais funcionais, enquanto os gestos perdem a funcionalidade.

Para Walter Gropius, estudioso da Escola Bauhaus, o funcionalismo dos objetos vai além da tecnologia e dos processos racionais e envolve também questões psicológicas advindas de seu relacionamento com os homens.[35]

O sociólogo francês Jean Baudrillard, um dos herdeiros da antropologia estruturalista francesa, estudou o sistema dos objetos pelas lentes de áreas como linguística, semiótica, sociologia e psicanálise. Nessa análise, fez importantes reflexões sobre posse, personalização e coleções de objetos, além de sua inserção na cultura e seu papel mediador, demonstrando que os objetos têm uma sistematização objetiva (de arranjo e de ambiência) e outra subjetiva (a coleção), além das conotações ou significações ideológicas.

Maria Ogécia Drigo menciona, em um artigo, que Baudrillard "trata dos processos que envolvem as pessoas e os objetos, bem como da sistemática das condutas e das relações humanas que resultam da interação objetos/pessoas. Assim, os objetos são estudados em sua dupla condição, a de instrumento e a de signo", pois "o espaço de relações em que os objetos ultrapassam sua função, ou seja, deixam de ser objetos-função e alcançam uma nova ordem prática de organização, é denominado ambiência, em que predomina a combinação, o jogo".[36]

Baudrillard, em primeira instância, busca critérios para classificar os objetos — tamanho, funcionalidade, gestual, matéria, durabilidade... —, concluindo que devem ser analisados de acordo com a sistemática dos vínculos e das condutas das relações humanas com os objetos. Para tanto, considera a análise tecnológica

---

[34] FORTY, A., op. cit., p. 22.

[35] *Bauhaus: Novarquitetura*. São Paulo: Perspectiva, 1972. (Debates).

[36] DRIGO, M. A. "*A publicidade na perspectiva de Baudrillard*". In: Comunicação, mídia e consumo. Comunicação e cidadania. São Paulo, vol. 5, no 14, p. 171-185 (ESPM, 2008).

estrutural dos materiais (tecnemas ou componentes técnicos de composição), de dimensões racionais, insuficiente. E destaca a importância da realidade sociológica e psicológica dos objetos, irracional, vinculada à irracionalidade das necessidades, essencial para o estudo das significações.

Justifica seu pensar com os valores de ambiência de cada cor, considerando suas metáforas culturais e alusões morais e psicológicas, com seus matizes e nuances, além das combinações, harmonizações e contrastes de tonalidades. Considera também o calor das peças (quente e frio), traduzido no tipo de material, como o natural e o sintético, e as substâncias que as compõem (vidro, plástico, pedra...), a textura que demonstram e os volumes e espaços que ocupam — estruturando uma coerência balizada não em unidade de gostos, mas em um sistema cultural de signos.

E, com a questão do "homem do arranjo", que não é o proprietário nem o usuário dos objetos, e sim um informante ativo dessas ambiências, que não consome os objetos, mas os domina, controla e ordena. Esse "arranjo" resume o aspecto organizacional do meio ambiente. Ao criar ou fabricar esses objetos, o homem se torna um transubstanciador da natureza, impondo certa forma de cultura e certo antropomorfismo — dotando as peças de utilidades como as partes de um corpo humano.

> A posse jamais é a de um utensílio, pois este me devolve ao mundo, é sempre a de um objeto abstraído de sua função e relacionado ao indivíduo. Neste nível, todos os objetos possuídos participam da mesma abstração e remetem uns aos outros, na medida em que somente remetem ao indivíduo. Constituem-se em sistema graças ao qual o indivíduo tenta reconstituir o mundo, uma totalidade privada.[37]

É fato que o homem encontra nos objetos uma forma de viver *previsível e controlada*, com "modos de usar", "modismos" e "prazos de validade". Assim, tem a sensação de dominar o mundo exterior arranjando, classificando e manipulando objetos que são produzidos, consumidos, possuídos e personalizados.

Além do sistema das funcionalidades, dentre as quais a de ser utilizado e a de ser possuído, há um sistema marginal — o das coleções — pois os objetos cotidianos não são apenas corpos materiais, e sim o resultado de afetos e paixões humanas, com seus sentidos e propriedades, criadas.

É nesse *poder de "criador"* que reside um ponto muito importante. Afinal, nós produzimos, nomeamos, classificamos, possuímos, personalizamos e consumimos

---

[37] BAUDRILLARD, J. *O sistema dos objetos*. São Paulo: Perspectiva, 2006, p. 94.

os objetos. Isso nos traz poder, segurança e conforto. Especialmente traz a sensação de controlar o mundo a nosso redor. De *controlar o tempo*.

Além de seu papel instrumental como extensões de nossos gestos para dominar e controlar o mundo, os objetos têm um importante papel mental como classificadores e organizadores do tempo. Especialmente quando se reúnem em coleções que permitem aos colecionadores um passatempo, um ritual seguro de começo, meio e fim, que muitas vezes não tem fim — afinal, o que determina o fim de uma coleção é o próprio colecionador.

O tempo é irreversível, porém os objetos têm o poder de conservá-lo — aviões, elevadores, relógios de pulso, entre tantos outros, que dão ritmo à vida, norteiam nossos afazeres e desejos, e perpetuam as emoções e sensações de nossa incessante mitologia cotidiana.

Esse ato de colecionar objetos faz com que se perca a noção deste tempo; assim, sua organização se torna um passatempo, reinventando os ciclos da vida e possibilitando ao colecionador ter sobre esse tempo certo controle, uma sensação de poder. É por esse motivo que "o meio ambiente dos objetos privados e sua posse — onde a coleção constitui o ponto extremo — é uma dimensão da nossa vida tão essencial quanto imaginária. Tão essencial quanto nossos sonhos".[38] Pois o tempo é irreversível e os objetos têm o poder de conservá-lo tal qual refúgio de uma mitologia cotidiana.

> A coleção emerge para a cultura: visa objetos diferenciados que têm frequentemente valor de troca, que são também objetos de conservação, de comércio, de ritual social, de exibição — talvez mesmo fonte de benefícios, inclusive o fato de que todos são acompanhados de projetos que articulam as exterioridades sociais das relações humanas.[39]

E, para concluir, cabe abordar a questão de consumo de objetos, "uma atividade de manipulação sistemática de signos", pois o consumo tem um sentido e é "a totalidade virtual de todos os objetos e mensagens constituídos de agora, então em um discurso cada vez mais coerente".[40]

Os objetos são consumidos em sua diferença, não em sua materialidade. E o que se consome são as relações que se articulam em uma cadeia de significações relacionadas a quem os consome, considerando que a coleção desses objetos é um

---

[38] Idem, ibid., p. 104.

[39] Idem, ibid., p. 111.

[40] Idem, ibid., p. 206.

discurso de si mesmo e gera outros discursos que estimulam o consumo e geram a motivação de aquisição.

Não se fazem mais objetos como antigamente: "Hoje os objetos não se correspondem mais, comunicam: não têm mais presença singular, mas, no melhor dos casos, uma coerência de conjunto feita de sua simplificação como elementos de código e do cálculo de suas relações".[41]

Em relação ao *gifting*, o Sistema dos Objetos propõe alguns direcionamentos, como para a questão do desejo de posse, que pode ser explicado pela segurança e a estabilidade que determinados objetos fornecem:

> Se cada objeto é, por sua função (prática, cultural, social), a mediação de um voto, é também (...) o expoente de um desejo. (...) Se os sonhos têm por função assegurar a continuidade do sono, os objetos têm por função assegurar a qualidade da vida.[42]

Outro fator essencial é o da coleção, uma organização de objetos que se relacionam por meio de experiências e sensações dos indivíduos em forma de posse subjetiva, passional, poética e inconsciente. Para as crianças, é uma forma de controlar o mundo ao redor durante uma fase de latência (dos 7 aos 12 anos). Para os adultos, uma retomada da sensação de reorganizar o mundo pelo prazer de organizar os objetos em série, de tê-los sob controle — seja por sua quantidade, qualidade ou raridade. Especialmente quando se transformam em apelo de marketing, destacando sua gratuidade e despertando o desejo de posse e de coleção.

E vale destacar a questão das ambiências, pois, ao considerar um *gift*, mais que o objeto, suas estruturas de ambiência ou culturalidade sistemática são importantes: cor, calor, material, forma, textura, densidade, peso, tamanho, aroma... E também o que realmente simbolizam e a forma como foram entregues — embalagem, data, hora, ética e etiqueta, rituais...

Sem contar a possibilidade de personalização dos objetos com ícones impressos (textos ou símbolos):

> (...) a noção de "personalização" é mais que um argumento publicitário: é um conceito ideológico fundamental de uma sociedade que visa, "personalizando" os objetos e as crenças, integrar melhor as pessoas.[43]

---

[41] Idem, ibid., p. 33.

[42] Idem, ibid., p. 105.

[43] Idem, ibid., p. 149.

É...! Você personaliza os objetos e os objetos personalizam você. Cabe aqui a máxima: "Dize-me com que objetos andas e dir-te-ei quem és!"

Depende de suas crenças, de seus desejos e de seus sonhos.

Tudo depende da maneira como você se relaciona com os objetos (e com os *gifts*).

Para os herdeiros da antropologia estruturalista francesa como Roland Barthes, com sua semiótica crítica, e Jean Baudrillard, com sua sociologia dos objetos, esse sistema de trocas de objetos adquire um aspecto ideológico e manipulador, praticamente eliminando dos sujeitos sociais o papel de mediadores e ressignificadores criativos sobre a função e a utilização de cada objeto.

2. Folclore e mitos: desejo e afeto

Entre a produção e a posse de um gift,
há mais coisas do que sonha nossa vã filosofia.

Criado pelos homens, existe um universo léxico em que os objetos são nomeados de forma genérica e identificatória, o que facilita seu entendimento simbólico e linguístico.

E existe, também, um universo particular no qual as coisas ganham significados singulares, relacionados àqueles que os possuem ou utilizam — afinal, cada qual à sua maneira, todos significam e ressignificam os objetos de acordo com os próprios interesses e necessidades. Nesse processo de aproximação e apropriação, que envolve sua produção e consumo, acabam por atribuir aos objetos certos poderes para além dos tecnemas da física — uma ponte entre um mundo objetivo e um mundo sensorial.

Uma das formas modernas de entender como isso acontece é pelo conceito de fetichismo cunhado por Marx.

Fetiche vem de feitiço, processo que surge quando o produtor, devido à linha de montagem industrial, não se reconhece mais no que produz. A mercadoria produzida deixa de ser resultado de uma relação de produção e adquire certa autonomia, com forças estranhas que exercem o poder de atração e passam a determinar a vida dos homens. Daí vem o desejo de possuí-las.

A partir do século XIX, percebe-se uma mudança nas relações de troca, com a inclusão de um novo elemento simbólico: quanto mais distante fica o processo de produção que dá origem aos objetos, mais independentes e dotados de fetiches eles se tornam. Segundo as orientações modernas sobre objetos, é a fantasia de consumo que diverte as classes populares, criando vínculo entre seu trabalho extenuante e a posse dos mais variados objetos, gerando o glamour do consumo. Analisando-se pela antropologia do consumo, o próprio consumo passa a ser um veículo de comunicação; é um meio, uma mediação, um processo sociocultural de produção, troca e uso. Assim, lançados no mercado ou distribuídos para ações de relacionamento, os objetos adquirem ressignificações de conteúdo (intelectual, social, pessoal) que proporcionam interferências socioculturais na vida e nas relações de seus receptores.

Marx, em *O Capital*, analisa outro aspecto do consumo: o de mercadorias "fúteis" (vinculadas ao luxo e ao desperdício), diferentemente de outras, "úteis" (relacionadas às necessidades básicas humanas). Para o sociólogo, existe o valor de uso (subjetivo, relacionado à utilidade que os produtos têm para as pessoas) e o valor de troca (objetivo, relacionado à quantidade de trabalho e de matéria-prima envolvida na produção desse objeto). Os bens de troca marcam o momento em que o produto ganha força e se mercantiliza, saindo do controle do produtor, que se coisifica (ou se aliena) e não mais se reconhece no resultado de seu trabalho — é o "fetichismo da mercadoria".[44]

Também estudando a questão da produção em série e seus excessos, gerados tanto pela capacidade fabril das máquinas como pelo incremento de trabalhadores nas fábricas, porém com as lentes da moda e da publicidade, as quais mantêm as indústrias em pleno funcionamento, Walter Benjamin destaca o mercado de imagens e da falsa aparência derivada da fotografia, que leva à entronização das mercadorias e à transfiguração de seus valores de troca, especialmente com os rituais de "eterno-retorno" proporcionados pela moda e pela *noveauté* (novidade). Sem contar a produção de *speciallités*, especialidades e especiarias que entronizam o controle da natureza pelo homem.

Outra forma tão polêmica quanto a do fetiche na produção é entender essas "forças estranhas" dos objetos sob o ponto de vista mitológico e do folclore. Afinal, o universo passou a ser a grande fábrica de geração de deuses da humanidade — estejam eles em templos sagrados ou em templos de consumo.

Muito antes da linha de produção, povos primitivos já cultuavam a natureza divina de utensílios como enxada, anzol, lança ou espada — que traziam a sensação de controle da natureza, um ambiente hostil, assustador, desconhecido e perigoso. Como não conseguiam entender as regras do "natural" (mudanças climáticas, comportamento dos animais, o dia e a noite), eles apelavam para o "sobrenatural", criando deuses e mitos que os ajudassem a entender o mundo ao redor.

Os amuletos e talismãs surgem nesse contexto, consagrando e magnetizando objetos associados às tradições e memórias culturais de cada civilização, passando por pequenas seitas além da ciência, tais como astrologia, cabala, alquimia, magia,

---

[44] MARX, K. *O Capital*. Rio de Janeiro: LTC, 1982

misticismo... Assim, os objetos eram ressignificados e ganhavam poderes por meio de sua forma, materiais, assinaturas e símbolos, cores, aromas...

Desde a Antiguidade, por exemplo, o homem sempre atribuiu às pedras preciosas valores terapêuticos e mágicos, associados a divindades e símbolos. Essas pedras preciosas têm, entre suas funções, a de ser elementos de adereço — portanto, de luxo —, de investimentos (pelo valor de compra) e mesmo de troca (valores patrimoniais), sem contar a quilometragem que circulam e o valor que lhes é atribuído por cada cultura de acordo com seus valores de ambiência (cor, tamanho, formato, lapidação...).

Hoje, essa forma de valorização é percebida também em outros objetos, como moedas, medalhas, pins, santinhos, fitinhas e pulseirinhas da sorte, peças assinadas por designers...

O folclorista Câmara Cascudo, estudioso do sistema da alma popular brasileira por meio de lendas, fábulas e mitos, estabelece uma clara definição para distinguir amuletos e talismãs:

> **Amuleto** — Definição de Frei Domingos Vieira: medalha, inscrição, carântula, bentinho, venera, nômina, figa, figura ou qualquer objeto que se traz dependurado ao pescoço ou conservado com cuidado, na persuasão de que ele pode prevenir as doenças, curá-las, destruir os malefícios e desviar todas as calamidades. De uso imemorial, o amuleto é uma constante etnográfica em todos os povos e épocas, medos, persas, assírios, egípcios, como norte-americanos, brasileiros, chineses e australianos. A arqueologia revela o costume milenar com objetos encontrados nas sepulturas do Egito, na civilização pré-helênica, etruscos, incas, astecas, maias, em todos os continentes e lugares. Diferenciam os amuletos dos talismãs porque os primeiros são, como ensinou Wundt, objetos mágicos passivos, protegendo, defendendo, guardando o portador, e os segundos uma forma ativa, suscetível de ser dirigida pelo dono do talismã como ataque, determinando sortilégios e magias.
>
> A figa é um dos amuletos mais conhecidos no mundo clássico greco-romano. Breve, oração-forte, caborge, mascote, patuá.[45]

Logo, os amuletos são passivos, defensivos, protetores contra influências maléficas. Como exemplos, dente de alho, caroços de frutas, Cristos saudados (de braços abertos), conchas, contas, coração (vidro, latão...), cordão umbilical, cruz, cravo, dentes de animais, espelho, ferradura, fita, imagens de santos, mascotes, medalhas, meia-lua, moedas com orifícios, fitas, nós, osso, ouriço, palavras de virtude, pedras variadas,

[45] CASCUDO, Câmara, op. cit., p. 72.

ramos (de plantas), rosário, sal, sapo, trevo de quatro folhas, cabeça de víbora. Para o catolicismo, por exemplo, peixe, trigo, cruz, terço, imagens de santos, oratórios...

Por outro lado, para Câmara Cascudo:

> Talismã é um objeto mágico, de força ativa (...), determina ação direta pondo à disposição de seu portador o serviço de entidades mágicas ou facilitando a realização de todos os desejos, quando convenientemente energizado pelo feiticeiro.
>
> A lâmpada de Aladim, o anel de Polícrates são talismãs, como o anel ou selo de Salomão, dominador de anjos, gigantes, demônios. No Brasil, o uirapuru, o olho de boto, a canela de socó e o rabo do tamancuaré são talismãs, quando convenientemente preparados pelo pajé ou feiticeiro urbano, sabedor da pajelança.[46]

O muiraquitã, exemplo clássico, citado, inclusive, na obra *Macunaíma*, de Mário de Andrade, é um talismã em formato de animais (sapo, tartaruga...), esculpido em jade ou feito de barro verde, com atributos mágicos e terapêuticos, curando doenças e atraindo sorte e felicidade.

Segundo a lenda, o muiraquitã era oferecido como presente pelas guerreiras icamiabas aos guerreiros que visitavam anualmente sua taba, na região do rio Nhamundá. Homenageando a Lua, as icamiabas recebiam os guerreiros com amor e festa e, à meia-noite, mergulhavam nos rios trazendo um barro verde com o qual moldavam os muiraquitãs para presentear seus amados. Como se acreditava que o objeto tinha poderes sagrados, geraram cobiça desde o início da colonização da Amazônia (séculos XVII e XVIII). Do baixo Amazonas, a crença se tornou moda no Caribe, e daí partiu para a Europa (século XVIII). Hoje, são tão raros e caros que estão nas mãos de historiadores, colecionadores e arqueólogos, com altos valores de negociação em leilões. E existem como *gifts* em lojas de museus — simulacros dos materiais originais.

E como transportar esses conceitos para o *gifting*?

Sem encantamento nem magia, sem fetiche nem coisificação, uma explicação factível é a de que, dotados de um dom explicável — mania, moda, status, diferenciação social e cultural... —, esses objetos se tornam "objetos de desejo". Nesse caso, os valores técnicos de sua manufatura (matéria-prima, mão de obra, projeto...) se transmutam em emoções, em estilo de vida, em sensações.

A partir dessa etapa, surgem os "objetos de afeto" — aqueles que, não importam o preço e os motivos, ganham certa "vida" e passam a fazer parte do repertório

46 Idem, ibid., p. 848-9.

particular de objetos com "valor sentimental". É um apoio material, um registro associado a pessoas ou eventos que importam. É um *quantum* de memórias. É uma eternização de determinado momento. É um símbolo de relações sociais.

Com a evolução dos processos industriais e a necessidade de dar vasão aos produtos fabricados, a utilização do design, assim como da moda, tornou-se alavanca essencial à movimentação do comércio — trocas de coleções, estilos novos, desenhos associados a estações do ano —, fazendo com que fabricantes, sempre que possível, investissem na variedade das mercadorias produzidas.

> É evidente que o faziam porque eles e seus clientes queriam ter o poder de escolha, e havia razão nessa diversidade, pois os designs caíam em distintas categorias que correspondiam, em geral, em noções sobre a sociedade e sobre as distinções dentro dela. As diferenças entre os designs de bens manufaturados tornaram-se assim a encarnação das ideias contemporâneas de diferença social. Ao contrário da maneira confusa e contraditória que essas ideias costumavam assumir na mente de homens e mulheres comuns, o design as representava numa forma que era, ao mesmo tempo, clara, tangível e irrefutável.[47]

O design de objetos está em conformidade não com diferenças biológicas (como poderia ser o mais óbvio e funcional), mas por ideias aceitas de acordo com as convenções sociais do que é adequado ou não para homens, mulheres, crianças, patrões, empregados, de cada região ou religião.

E, mais que o design das peças, há também o design das marcas que modificam o sentido das peças. Um lápis sem marca pode ter um design adequado, mas a aplicação de um logotipo nesse mesmo lápis transforma, inclusive, o valor percebido do design — se determinada marca está grafada nesse lápis, que é distribuído como *gift*, certamente os atributos da marca se transferem para o produto, dotando-o de performance adicional (imaginária e associativa, mas adicional).

Essa performance adicional é capaz de mudar o valor do objeto.

Para George Simmel, valor nunca é uma propriedade inerente dos objetos, mas um julgamento subjetivo que sobre eles é feito. "Esta subjetividade é provisional e não essencial."[48]

O valor dos objetos está sempre associado ao desejo de possuí-los.

Em sociedades ancestrais, objetos não se separam da capacidade de ação das pessoas e do poder das palavras em comunicar.

---

[47] FORTY, A., op. cit., p. 92.

[48] FORTY, A., op. cit., p. 92.

Objetos não têm sentido sem transações, atribuições e motivações humanas — o que está descrito neles mesmos, em suas formas, usos e trajetórias.

Se para Marx a objetificação descreve o caráter fetichista da produção capitalista de mercadorias, associado ao estranhamento (alienação), descontrole e domínio das coisas sobre os homens, para George Simmel, o aumento de cultura objetiva, a divisão do trabalho e a economia monetária possibilitaram o desenvolvimento da subjetividade, gerando maior mobilidade aos indivíduos que desejam, escolhem, adquirem e colecionam mercadorias, permitindo a reflexão sobre seguir tendências ou se distinguir dos demais.

É nessa objetificação que o sujeito define sua identidade e, em vez de internalizar as regras de uso de determinado objeto, externaliza-as, ressignificando símbolos, formas, usos e sentidos.

Os *gifts* estão intimamente ligados a essas questões. E essas questões estão fortemente associadas aos modismos, às tendências, aos designs vigentes — pois as pessoas buscam inclusão também por meio de seu estilo de comprar e utilizar os mais distintos objetos (peças de vestuário, louças, acessórios, gadgets tecnológicos...) coloridos e estampados com os temas valorizados pela mídia (novela, campanha publicitária, semanas de moda) e com os devidos créditos (marcas, grifes, estilistas).

Aí reside o encanto em ter e colecionar objetos — cada um vai dar o devido significado, a devida utilidade, o devido valor.

3. Sociologia dos objetos

Diga-me com quais gifts você anda
e eu te direi quem és.

Se criar, possuir e colecionar objetos são atos instigantes, seu uso social é mais ainda. Remonta a processos e sistemas ancestrais da sociedade que comprovam que esses objetos de desejo e de afeto são ícones de poder socialmente reconhecido, significando respeito, proteção, saúde, prosperidade, status e prestígio. E tal como era, ainda é. Mudam os objetos e as sociedades, mas a história continua a mesma. O objetivo não é abarcar toda a teoria sociológica sobre a questão, informação suficiente para um tratado, e não para um capítulo de livro, mas demonstrar a densidade com que a questão já foi abordada por alguns pensadores.

Os objetos são dotados de atributos que modificam hábitos e condutas de quem os tem; não por acaso são "material cultural" para sociólogos e antropólogos. Dotados de valor, são considerados o coração da economia antropológica e, analisados como veículos para o *gifting*, estão no coração das teorias de troca e na antropologia social. Além disso, enquanto em movimento, iluminam o contexto humano e social.

> O uso do "contexto social" é quase sempre um ornamento que permite que os objetos sejam vistos como se tivessem uma existência autônoma, na qual tudo, exceto as considerações artísticas, é insignificante.[49]

Émile Durkheim destaca que, no cotidiano, o comportamento social das pessoas se orienta não apenas para as coisas, como também para os símbolos que as coisas representam. E considera que o poder de fabricar deuses está na sociedade, e não no indivíduo.

Estudando tribos australianas, aborda a questão dos objetos totêmicos que provocam práticas e comportamentos religiosos.

> Em quase todos os clãs encontramos objetos, pedaços de madeira ou de pedra polida, que representam figuradamente o totem e participam do seu caráter sagrado. (...) Nas sociedades modernas, a bandeira pode ser considerada como o equivalente ao *churinga* (pedras sagradas dos aborígenes) australiano. Para uma coletividade, ela participa do caráter sagrado atribuído à pátria.[50]

Assim, nessas sociedades, são constituídos universos de coisas sagradas — plantas e animais que são esses totens e também os objetos que os representam. Durkheim defende o conceito de "fato social total":

> Toda maneira de fazer, fixa ou não, suscetível de exercer sobre o indivíduo uma coerção exterior, ou então que é geral em uma dada sociedade, embora tenha existência própria, independente de suas manifestações individuais.[51]

Esses fatos sociais são coisas que nos são dadas.

Por meio dessa coerção, determinam-se, inclusive, quais os valores de status e prestígio, entre tantos outros, vigentes e legitimados dentro das regras de uma sociedade. E também se definem os sentidos e os pensamentos relacionados aos comportamentos e demais representações coletivas.

---

[49] FORTY, A., op. cit., p. 14.

[50] Apud ARON, Raymond. *As etapas do pensamento sociológico*. Rio de Janeiro: Martins Fontes, 2002, p. 504-521.

[51] Idem.

Claude Lévi-Strauss amplia a questão do "fato social total" e lança o fato "social tridimensional", com aspectos sociológicos, históricos e fisiopsicológicos de experiências concretas.

Se para Mauss o social é a realidade, para Lévi-Strauss o social está integrado a um sistema e a uma experiência individual. Daí a importância do psíquico nesse processo, em busca de realidades aprofundadas nas diferentes modalidades do social, nos diferentes momentos de uma história individual ou mesmo nas diferentes formas de expressão, conscientes e inconscientes. Então, o real se torna dinâmico e o psíquico se transforma, ao mesmo tempo, tanto em elemento de significação como em meio de verificação.

O pensador, ao analisar o caráter obrigatório da reciprocidade em uma realidade que é social, define que a reciprocidade obrigatória é o mecanismo necessário para a constituição de vínculos sociais. Assim, define o *potlatch* como modelo cultural universal, para além do "dar-receber-retribuir", por considerar também a retribuição dos *gifts* recebidos, a reivindicação de prestígio e a superação de rivais. Portanto, significando a transmissão de bens sem o objetivo de obtenção de vantagens econômicas por se validar em caráter supraeconômico no qual o lucro não é relativo a outras moedas — poder, prestígio, luxo, desperdício e afeto. E essas ações se desencadeiam em sequências de vínculos sociais que, naturalmente, geram ofertas, seja um presente, um convite ou uma conversa.

Em referência ao trabalho de Marcell Mauss, Lévi-Strauss valoriza a etnografia feita como uma nova era das ciências sociais:

> Pela primeira vez, o social deixa de depender do domínio da qualidade pura: episódio, curiosidade, matéria para descrição moralizante ou comparação erudita, e se transforma em um sistema, entre cujas partes podemos pois descobrir conexões, equivalências e solidariedades. São, em primeiro lugar, os produtos da atividade social: técnica, econômica, ritual, estética ou religiosa — ferramentas, produtos manufaturados, produtos alimentares, fórmulas mágicas, ornamentos, cantos, danças e mitos — que se tornaram comparáveis entre si (...).[52]

E isso decorre do caráter de transferência, substituição, classificação e análise que é permitido nos mais diversos acontecimentos e rituais sociais: nascimento, batizado, iniciação, casamento, contrato, sucessão...

Por outro lado, critica os termos da lógica clássica com que o sistema de trocas foi concebido por Mauss, apresentando a lógica das relações: "Os bens em questão

[52] LÉVI-STRAUSS, C. *Sociologia e antropologia*. São Paulo: Cosac Naify, 2003, p. 30.

não são apenas objetos físicos, mas também dignidades, cargos, privilégios",[53] com importância sociológica subjetiva, para além do ato objetivo e circular das trocas.

Quanto ao *mana*, destaca que pertence à ordem do pensamento, logo traz "significantes flutuantes", e não apenas na ordem do mágico ou da matéria.

Concluindo, "na troca há algo mais do que coisas trocadas".[54]

Max Weber, por sua vez, dirige seu pensar para uma sociologia existencial. Foca na existência de cada pessoa com relação à vida em sociedade, à religião e mesmo à metafísica.[55] Opondo-se a Durkheim, pontua que não há ciência capaz de determinar a forma como os homens devem viver, ou como as sociedades devem se organizar, pois a criação de valores não é apenas social, mas também histórica — resultado de combates e conflitos. Sendo a sociologia uma ciência da conduta humana, toda conduta é social — analisa fenômenos ou conjuntos históricos e indivíduos históricos. Isso leva ao centro da doutrina de Weber, com os tipos ideais, uma racionalização, reconstrução estilizada ou isolamento dos traços típicos que definem a originalidade da conduta e da existência humana, assim como os fatores culturais que abarcam.

Transferindo seu pensar para os objetos, define a noção de carisma, muito próxima do "sagrado" de Durkheim, existente em seres, animais, plantas e coisas. Coisas que, na contemporaneidade, perdem seu encanto de carisma (mundo mágico), por serem destinadas à utilização, transformação e consumo — como matéria (mundo não mágico). E, quanto ao uso dos objetos, é possível usar os conceitos de costume (relação social regular; penetra na vida) e de hábito (relação de longa tradição; segunda natureza).

Max Weber classifica os objetos como símbolos de identidade social e um ingresso em grupos sociais de afinidade. Para ele, as pessoas atingem certo status ao adquirirem honras estamentais e prestígio, o que as diferencia.[56]

Para Pierre Bourdieu, o sonho de posse de objetos povoa o simbólico das sensações de desejo contemporâneas, formando grupos de identidade que se distinguem socioculturalmente e transmitem mensagens para o meio em que se inserem, considerando o significado que os objetos têm para as pessoas: bagagem familiar, educação e ocupação.

---

[53] Idem, ibid., p. 36.

[54] LÉVI-STRAUSS, C. *As estruturas elementares do parentesco*. Rio de Janeiro: Vozes, 1982, p. 99.

[55] ARON, Raymond, op. cit.

[56] WEBER, M. "*Classe, estamento, partido*". In: GERTH, H. e MILLS, W. (orgs.) *Ensaios de sociologia*. Rio de Janeiro: Zahar, 1982, p. 211-28.

Para Bourdieu, a ação social é ditada não pela consciência ou pela intenção, mas pelas disposições que constituem o *habitus* — "estruturas estruturadas" que funcionam como "estruturas estruturantes" para práticas e representações reguladas e regulares coletivamente orquestradas sem ser produto da ação orquestrante de um regente.[57]

Dessa forma, a dádiva é inconcebível em ações calculistas e de interesses racionais e só existe na lógica da economia de bens simbólicos: "Ato social situado para além da distinção entre obrigação e liberdade, escolha individual e pressão coletiva, desinteresse e interesse."[58]

Para Thorstein Veblen, os objetos contêm a demonstração da habilidade de pagar e diferenciam status de riqueza (posse pura). Os objetos fazem parte da tática social do individualismo e dos grupos, tornando-se o objeto de viver de suas aspirações. Pontua que o consumo invade a vida das pessoas, suas relações sociais e satisfações pessoais, e que a criação de sistemas simbólicos pela valorização dos objetos une pessoas de diferentes setores sociais no plano coletivo integrados pela mídia.

No universo das significações, como proposto por Hegel, Marx e Simmel, as pessoas se identificam com os objetos a seu redor e com os sentidos culturais que a presença desses objetos traz.

Pelo modelo semiológico de Roland Barthes, o produto passa a ser uma metáfora para a significação cultural — o significante (produto) passa a ter o sentido do significado (atributo representado pelo objeto, evento ou pessoa em questão) e se transforma em um signo (o produto do significado).

Godelier retoma Mauss valorizando o caráter sagrado das trocas e a alma dos objetos, que sacraliza pessoas e relações sociais; e diverge de Lévi-Strauss, reafirmando o caráter social dos objetos.[59] Aborda também os "objetos sagrados", que representam uma síntese entre real e imaginário, entre homem e deus, componentes do ser humano social. Estes devem ser guardados, e não dados, enquanto os "objetos preciosos" se dão e, ao mesmo tempo, se guardam. E analisa o fato do "dar de volta", que não significa devolver, pois a coisa dada em momento algum se afasta do doador — em vez de atores, os homens são atuados pelos objetos.

Nesse mesmo raciocínio, podemos considerar que o presente carrega em seu bojo sentidos que envolvem elementos como os de classe social, de casamento, de patrocínio, de empregabilidade, dos estágios de produção percorridos, dos rituais de

---

[57] BOURDIEU, P. "*Marginália: algumas notas adicionais sobre o dom*". In: Mana, v. 2, n. 2, p. 12, 1996.

58 Idem, ibid.

[59] GODELIER, Maurice. *O enigma do dom*. Rio de Janeiro: Civilização Brasileira, 2001.

troca, do conjunto de elementos por meio dos quais se estabelece seu valor abstrato ou concreto, e, por fim, da própria convenção de ofertá-lo.

Jean Baudrillard combina elementos dos modelos de totemização de Marx, Veblen e Lévi-Strauss, afirmando que,

> ao multiplicar os objetos, a sociedade desvia para eles a faculdade de escolher e neutraliza assim o perigo que sempre constitui para ela esta exigência pessoal. Fica claro a partir daí que a noção de "personalização" é mais do que um argumento publicitário: é um conceito ideológico fundamental de uma sociedade que visa, "personalizando" os objetos e as crenças, integrar melhor as pessoas.[60]

Referindo-se aos *gifts*, pode-se defini-los como um sistema de significações. Sahlins confirma: "O objeto fica como um conceito humano fora de si mesmo, como se fosse um homem falando com um homem usando as coisas como meio de comunicação."[61]

Em *La distinction*, Bourdieu demonstra ser o consumo uma efetiva prática de distinção e hierarquia social.[62] Alicerça seu pensar em uma formatação universal de gosto, uma espécie de senso comum que informa as pessoas sobre as escolhas, sejam materiais ou não, de um sujeito social — formação cultural, círculos de amizade, educação escolar, ambiente de trabalho, familiaridade...

Por meio do consumo, que é uma forma de comunicação, a composição de bens de uso e bens culturais diz quem uma pessoa — de acordo com os critérios aceitos por determinado grupo — aparentemente é, distinguindo hierarquicamente uns dos outros.

Para o antropólogo inglês Daniel Miller, o consumo fabrica formas para além das materiais, que são adquiridas em forma de desejos, sonhos, crenças, filosofias de vida.[63] E, assim, cada objeto se recontextualiza e ressignifica em um universo particular de significados — de acordo com aquele que o possui.

Mais que um sistema capitalista de classificação de indivíduos regido pela posse de objetos materiais e culturais e dos símbolos que carregam, esse consumo também permite a construção de narrativas sociais que tecem o relacionamento, os vínculos e as socialidades entre as pessoas.

---

[60] BAUDRILLARD, J., op. cit., p. 149.

[61] SAHLINS, M. *Cultura e razão prática*. Rio de Janeiro: Zahar, 1979, p. 49.

[62] BOURDIEU, P. *La distinction: critique sociale du jugement*. Paris: Minuit, 1979.

[63] MILLER, D. *Material culture and mass consumption*. Oxford; Nova York: Basil Blackwell, 1987.

Miller reforça que produção e consumo estão interligados e só existem nessa combinação. E associa processo de compra aos rituais de George Battaile (1795), fantasia sobre o que fazer com os recursos monetários; no momento da compra, há a separação entre o que é objetivamente produto de consumo e o que é objeto de desejo, e as decisões são endossadas por descontos, parcelamentos, promoções especiais; após a aquisição, os objetos são partilhados como se fossem pequenos presentes e, só depois, incorporados ao dia a dia.

Referindo-se ao designer Raymond Loewy (1893), Nicolau Sevcenko descreve como as novas invenções deixam sua marca indelével na forma de ver o mundo.

> Não basta aos produtos da indústria serem melhores, mais funcionais e mais fáceis de usar, não basta investir em qualidade, eficiência e conforto. Num mundo marcado pela hipertrofia do olhar, o fundamental é que os produtos pareçam mais modernos, que se tornem eles mesmos manifestos de propaganda da modernidade que as pessoas anseiam incorporar em seu cotidiano, pois isso lhes permite irradiar a autoconfiança, o otimismo, o sentimento de superioridade dos que vão adiante do seu tempo, abrindo caminho com espírito de aventura e alma de exploradores, para os que seguem logo atrás.[64]

E, com tantas mercadorias e produtos industriais fabricados em quantidade e com variedade, ser bom e barato deixa de ser um atrativo para os consumidores. O segredo é atrair sua imaginação, redefinindo a noção de prestígio por meio do olhar — dotando as mercadorias de novos códigos icônicos, cores, formatos e jogos de tensões que se transferem, em forma de estilo, aos que adquirem e usufruem desses objetos.

4. Rituais de troca ancestrais

O que você receber é o que deve dar.
É apenas disso que você vai precisar!

Objetos, experiências e sensações não se trocam por si. E não se distribuem sozinhos. A riqueza simbólica que envolve os rituais de troca é objeto de estudo de antropólogos, sociólogos, psicólogos e outros tantos "ólogos" nos mais diversos campos de estudo das ciências sociais e econômicas.

---

[64] SEVCENKO, N. *Virando séculos. A corrida para o século XXI. No loop da montanha-russa*. São Paulo: Companhia das Letras, 2001, p. 68-9.

É também um laboratório de pesquisas para o entendimento dos processos de formatação de valores — quanto vale o que para quem — e geração de vínculos — como cada um se relaciona com o outro por meio do quê.

Não por acaso, há séculos o estudo dos rituais de troca sempre foi espaço para a formulação de teorias sobre a natureza da vida social e da diversidade cultural, estabelecendo o lastro relacional da humanidade com sua diversidade de tradições e crenças nas mais variadas civilizações.

Isso se deve especialmente ao fato de esse sistema não ser apenas de regras, mas de sentimentos e emoções, dramatizando os vínculos existentes entre quem dá algo para alguém (doador) e quem recebe algo de alguém (receptor) e especificando determinados roteiros de comportamento. Essa troca não é cartesiana e objetiva, tal qual sistema de "emissor-codificação-mensagem-decodificação-receptor", e sim interativa, estruturando um universo complexo de relações em permanente movimento, inseridas em contextos tanto culturais como individuais.

Uma das formas de explicar essa geração de vínculos ou laços sociais que se formam entre doador e receptor é o conceito de "*tie-signs*", estruturado por Goffman, para quem um *gift* é intencional, e objetiva uma imagem de si e do outro, expressando emoções, interesses, objetivos e, especialmente, afetos.[65]

A troca também prevê tensão de expectativas e manipulação de interesses, deixando tênue a linha que separa as dimensões do "espontâneo" e do "obrigatório", que se estabelece quando alguém oferece algo a outra pessoa. Especialmente quando esse algo é um objeto, tridimensionalizado e interessado, materializando e marcando fisicamente a necessidade de uma retribuição — seja por questões políticas, afetivas, econômicas, estratégicas, por educação ou mesmo por oportunidade. Assim, estrutura-se um feedback de "dádivas" ou gentilezas envolvendo formas distintas de valores: os fixos, lastreados em um sistema econômico ("têm preço"), e os voláteis, relacionados a processos interpretativos subjetivos ("não têm preço").

Conforme a análise de Douglas e Isherwood, existe um sistema social composto por bens, trabalho e consumo, e os bens são o vínculo entre as pessoas entre si e com as instituições sociais, definindo grupos e gerando diferenciações.[66] Não à toa os produtos são "marcadores de categorias sociais" que organizam e classificam valores vinculados a símbolos que dão nexo à vida em grupo. E os objetos se tornam os acessórios rituais de organização de um universo particular dentre a liberdade planejada de escolhas propostas pelo mercado.

---

[65] GOFFMAN, Erving. *A representação do eu na vida cotidiana*. Petrópolis: Vozes, 1975.

[66] DOUGLAS, M. e ISHERWOOD, B. *The world of goods. Londres*; Nova York: Rouledge, 1996.

Assim, o valor de um objeto ou de um serviço está associado ao uso que a sociedade faz dele, definindo formas de sua produção, circulação, aquisição, fruição, coleção e até mesmo descarte.

Godbout estuda a dicotomia marxista em relação a valor de uso e valor de troca, estabelecendo, para esse caso, o "valor de vínculo", que afere valor a objetos, serviços, gestos ou qualquer outra representação no universo dos relacionamentos, considerando o quanto efetivamente valem para o fortalecimento dos vínculos. Trata-se de uma dimensão subjetiva que escapa ao cálculo, porém existe.[67]

Esse sistema é extremamente complexo, envolvendo também a retribuição não apenas de outros objetos, mas também de emoções, sentimentos e gratidão. Esta última, uma reação desassociada de "gostos e desgostos", pois, sejam quais forem a tridimensionalização, a verbalização ou a gestualização de determinado sentimento por meio de uma ação de *gifting*, fenômenos químicos e físicos são despertados, propondo uma nova ação — associada a um status aspiracional (quero retribuir para demonstrar o que senti ao receber), a uma necessidade de imposição pessoal (projeção do "eu" no objeto da troca) e a uma lógica do consumo (você me deu aquilo; agora experimente isso).

Em sua obra *O Leviatã*, Hobbes propõe que, quando recebemos de alguém algo que tem valor maior do que aquilo que podemos retribuir, a sensação pode não ser de alegria ("estou ganhando, estou no lucro"), e sim de obrigação, "por que os benefícios criam obrigações, e as obrigações são uma servidão, e as obrigações que não podemos quitar são uma servidão perpétua, o que, para um igual, é odioso".[68] Simmel analisa a gratidão como suplemento emocional da obrigação de retribuir, propondo laços de interação.[69]

Boa parte desses conceitos se deve ao estudo de sociedades arcaicas, em que a circulação de objetos proporciona, mais que sistemas de regras, verdadeiras práticas de fé em que os objetos são dotados de "alma" que interfere na vida das pessoas. Análises clássicas tendem a uma perspectiva sistêmica para a compreensão dessas regras, considerando a vida social "uma totalidade coesa" ou "fato social total". Em estudos contemporâneos, avalia-se a dimensão interacional das trocas, considerando a individualidade de quem pratica a troca de presentes.

---

67 GODBOUT, J. *O espírito da dádiva*. Rio de Janeiro: FGV, 1999, p. 200-1.

68 Apud MILLER, D. *Humiliation*. Ithaca: Cornell University Press, 1993, p. 15.

69 SIMMEL, G. "*Faithfulness and gratitude*". In: WOLFF, K. H. (Ed). *The sociology of Georg Simmel*. Nova York: Free Pass, 1964.

Analisando etnograficamente a sociedade das ilhas Trobriand, Malinowski, em 1922, pesquisa o *kula*, sistema de trocas com regras sofisticadas que estruturam não apenas uma "construção social organizada", como também o eixo cultural, mitológico, genealógico e tecnológico das tribos, promovendo a integração de todos e a geração de vínculos e interações relacionais.[70]

Curiosamente, trata-se de uma troca incessante de objetos sem utilidade prática, apenas por passatempo — portanto, não se trata de um sistema comercial. Doadores e donatários são definidos e vitalícios: um oferece braceletes e outro retribui com colares; cada um tem diversos papéis para com diversos parceiros e a liberdade consiste em escolher "o que distribuir a quem".

A circulação ou troca do *kula* rege diversas transações que ultrapassam o processo mercantil, envolvendo hierarquia, prestígio, tradição e integridade. Logo, é um "sistema de prestígio" no qual possuir é dar; e dar é uma maneira de mostrar riqueza e, assim, obter prestígio, renome, poder.

Marcel Mauss, antropólogo e sociólogo francês, sobrinho e aprendiz de Émile Durkheim e grande nome da corrente estruturalista — centrada na ideia de que as sociedades são constituídas a partir de níveis de trocas: de bens (economia), de mulheres (alianças matrimoniais entre clãs) e de palavras (poder político) —, apresenta teorias sobre evolução do relacionamento entre pessoas e objetos em sociedades existentes antes dos mercadores, do mercado e da moeda.

Como questão central de seus estudos, existe uma dúvida:

> Qual é a regra de direito e de interesse que, nas sociedades de tipo atrasado ou arcaico, faz com que o presente recebido seja obrigatoriamente retribuído? Que força existe na coisa dada que faz com que o donatário a retribua?[71]

É o "dar, receber e retribuir", um sistema de direitos e deveres norteado por trocas, que estabelece e mantém relações sociais, morais e econômicas; impulsiona as leis da reciprocidade; e estrutura a base das organizações religiosas, financeiras, sociais, morais e jurídicas.

Mauss também pontua o papel das trocas não utilitaristas (favores, elogios, presentes, saudações, convites, respeitos, gentilezas) que norteavam as sociedades primitivas e ainda exercem importância fundamental nas sociedades de hoje. E

---

[70] MALINOWSKI, B. *Os argonautas do Pacífico Ocidental*. São Paulo: Abril Cultural, 1983. (Os pensadores).

[71] MAUSS, M. *Ensaio sobre a dádiva. Perspectivas do homem*. Lisboa: Edições 70, 1950, p. 52

define o papel da alma de quem presenteia, que se mistura nas coisas e na vida das pessoas, estabelecendo contratos fundamentais para se manterem prestígio, honra e autoridade — afinal, as coisas trocadas são veículos para expressão das pessoas que as trocam.

Ensaio sobre a dádiva, grande obra de Mauss, destaca a visão fenomenológica desse "sistema da dádiva", definindo o lugar da reciprocidade na formação da cultura e diferenciando esse sistema (a etiqueta da virtude espiritual) do sistema mercantil (do valor monetário de troca). Além disso, destaca o papel do *mana*, que, para os polinésios, se traduz por uma força mágica, religiosa e espiritual que sai de uma pessoa e segue para outra por meio de um presente (é a "alma do presente", objeto de desejo, de posse e de domínio), e que impulsiona as leis da reciprocidade, as relações sociais e econômicas.

Para as sociedades polinésias em Samoa, as oferendas contratuais são definidoras de cada ciclo de passagem como nascimento, puberdade, casamento. E os *oloa* (bens de natureza estrangeira e material) e os *taonga* (bem uterino que escoa pela família), por exemplo, simbolizam dádivas obrigatórias dos bens masculinos e femininos. Os taonga são tudo que pode ser trocado, objetos de compensação como "tesouros, talismãs, brasões, esteias, ídolos sagrados, às vezes também tradições, cultos e rituais mágicos".[72] Portanto, são diretamente ligados à pessoa, ao clã, ao solo, servindo de veículo para seu *mana*, força mágica, religiosa e espiritual.

Para os melanésios de religião maori, os *taonga* não têm um preço fixo, mas têm um *hau*, um poder espiritual (traduzido por vento e alma, demonstrando o poder das coisas inanimadas e vegetais).

> Você me dá um, eu dou um a um terceiro; este me retribui outro, porque ele é movido pelo hau de minha dádiva; e eu sou obrigado a dar-lhe essa coisa porque devo devolver-lhe o que na verdade é o produto do hau de seu taonga.[73]

Por isso a obrigação da retribuição: o taonga tem a alma ou hau de seu território ou solo, e sempre volta para seu local de nascimento. Pois o que é dado é animado com a energia de quem o deu, gerando um vínculo de direito pela essência espiritual — uma ligação de almas por intermédio de "coisas".

Mauss usa o "Havamál", um dos poemas do Eda Escandinavo, para demonstrar que, tanto nessa quanto em outras civilizações, contratos e trocas se dão em forma

---

[72] MAUSS, M. *Sociologia e antropologia*. São Paulo: Cosac Naify, 2003, p. 197.

[73] Idem, *Ensaio sobre a dádiva*, op. cit, p. 64.

de presentes, que, teoricamente, deveriam ser voluntários, mas significam regras complexas do ritual de dar e receber.

> Sabes isto, se tens um amigo em quem confias
> e se queres obter um bom resultado, convém misturar tua alma à dele e trocar presentes e visitá-lo com frequência.
> (...)
> É assim com aquele em quem não confias
> e de quem suspeitas os sentimentos, convém sorrir-lhe
> mas falar contra a vontade; os presentes dados devem ser semelhantes aos presentes recebidos.
> (...)
> um presente dado espera sempre um presente de volta.

Mais vale não levar oferenda do que gastar demais com ela.

Nas sociedades indígenas do nordeste americano, os Kwakiutl e os Tsimshian acreditam na força do *potlatch*, que quer dizer dádiva.

Para eles, as coisas têm seu poder misturado ao dos espíritos, logo são totens de clã e de posição que significam riqueza — princípio mágico e religioso da posição e da abundância. "Todos os objetos, incluindo as colheres e os pratos, são talismãs, coisas sobrenaturais." E que talismãs são "aumentadores do passado de propriedade", com a virtude de produzirem riqueza e comida.

Na Índia antiga, onde a terra, o alimento, tudo que se dá é personificado, o direito hindu previa que a coisa dada produz sua recompensa nesta vida ou na outra: "Recebe-me (donatário), dá-me (doador), dando-me obter-me-ás de novo."

Nas sociedades germânicas, há o Angebinde, elo forte que rege as obrigações de troca, oferta e aceitação que estruturam os vínculos:

> A caução não só obriga e vincula, como compromete a honra, a autoridade, o *mana* daquele que a entrega.

A história semântica do termo *gift* para essas sociedades remete a dádiva e veneno, integrando o folclore germânico em diversas fábulas e contos.

Já no direito chinês, há o vínculo indissolúvel de toda a coisa com seu proprietário inicial.

Ainda hoje, um indivíduo que vendeu um de seus bens guarda durante toda a sua vida, contra o comprador, o direito de "chorar seu bem".

É o direito de sucessão à coisa que se mistura com a pessoa, em uma aliança de perpétua dependência. Por isso, na moral anamita, aceitar um presente é sempre perigoso.

Para o direito Maori: "Presentear alguma coisa a alguém é presentear alguma coisa de si." Daí o provérbio: "Ko Maru kai atu. Ko Marua kai mai. Ka ngohe ngohe" (O que você receber é o que deve dar; e é apenas disso que você vai precisar).

Estabelecendo-se um paralelo, essas "dádivas" podem ser recuperadas nos presentes corporativos, passíveis de sobrepor o aspecto "mercadoria" pela sensação de troca, conforto, presente, permitindo a crença na relação de posse e identificação com os objetos e apresentando o inter-relacionamento entre as esferas da atualidade com os íntimos mundos das intrínsecas tradições rituais.

O fato é que "dons", "*gifts*", "dádivas" ou "presentes" são a materialização de vínculos entre doador e donatário, e a intenção vale mais que o preço do objeto ou dos favores, elogios, presentes, saudações, convites... E, quanto à "alma" de quem presenteia seguir com o presente e depois retornar, tudo fica claro quando se considera o investimento feito pelo doador (de tempo, nas sociedades arcaicas; e também de dinheiro, nas sociedades contemporâneas — você investe e, de alguma forma, produtiva ou não, obtém um retorno.

Esse é o espírito do presente... E o espírito do *gifting* também!

5. Rituais contemporâneos de pertencimento

Tribos reais, territórios simbólicos.

Se os objetos têm alma e essa alma identifica as pessoas que os portam, então o tempo passou, e as coisas continuam as mesmas. Pois o estudo da dádiva, tão presente nas sociedades primitivas, continua sendo motivo de pesquisa nas socialidades contemporâneas mundo afora.

Segundo Maria Cláudia Coelho,[74] estudiosos em diversos países têm se dedicado a analisar os sistemas de trocas nas sociedades urbanas contemporâneas, como na China,[75,76] no Japão,[77] nos Estados Unidos[78] e no Canadá.[79]

O foco é compreender os rituais que transitam por essas trocas, transparecendo, em meio a uma teatralidade de sentimentos, a identidade de indivíduos e a tridimensionalidade tanto dos objetos como das experiências e sensações que os representam.

Lembrando que a vida social é sempre determinada em relação ao grupo, e que um grupo é muito mais que uma reunião de indivíduos, o sociólogo Michel Maffesoli, professor de sociologia da Sorbonne,[80] define o sentimento partilhado da "comunidade de ideias, preocupações impessoais, da estabilidade da estrutura que supera as particularidades dos indivíduos", ligados entre si por uma rede de comunicação verbal e não verbal, pela cultura, pela comunicação, pelo lazer e pela moda — "laços de reciprocidade" que compõem a forma artística e societal do tecido social, repleto de múltiplos fenômenos reais ou fantasmáticos, de minúsculos fatos cotidianos históricos ou banais.

A essa coexistência social, Maffesoli chama "socialidade", "forma lúdica da socialização", forma pura do "estar junto à toa", espontaneidade vital de uma cultura, sem finalidades econômicas, políticas ou utilitárias. Artificializada e civilizada, essa socialização recebe orientações e produz obras, sejam políticas, econômicas ou artísticas, vivendo o prazer da multidão e do grupo e podendo participar da cultura em sua tatilidade — que remete à lógica do toque, do tocar o outro. Como base, trata-se da mesma reciprocidade das tribos ancestrais estudadas por Mauss.

É de Maffesoli também o conceito de *tribos*, cuja constituição em rede de microgrupos urbanos é a expressão mais acabada da criatividade das massas.

Vivemos um tempo em que as "aldeias" se multiplicam dentro de nossas megalópoles e em que a cidade contém outras entidades do mesmo gênero: "bairros,

---

[74] COELHO, M. C., op. cit.

[75] YAN, Yunsiang, *The flow of gifts: reciprocity and network in a Chinese village*. Palo Alto: Stanford University Press, 1996.

[76] YANG, M. M., *Gifts, favors and banquets: the art of social relationships in China*. Ithaca: Cornell University Press, 1994.

[77] HENDRY, Joy. *Wrapping culture: politeness, presentation, and power in Japan and other societies*. Oxford: Claredon Press: 1995.

[78] MILLER, Willian Ian. *Humiliation*, op. cit.

[79] CHEAL, David. *The gift economy*. Londres: Routledge, 1988, p. 13.

[80] MAFFESOLI, Michel. *O tempo das tribos*. Rio de Janeiro: Forense Universitária, 2006, p. 137.

grupos étnicos, corporações, tribos diversas que vão se organizar em torno de territórios (reais ou simbólicos) e de mitos comuns".[81]

É como se as pessoas que circulam nas ruas, nas cidades, nos aeroportos e nos shopping centers fossem também os personagens de um *theatrum mundi*, representando papéis tanto em sua atividade profissional como nas diversas tribos das quais fazem parte, mudando de figurino de acordo com seus gostos sexuais, culturais, religiosos, amicais;[82] atuando em "grandes teatralidades coletivas. Roupas extravagantes, adereços postiços, tatuagens, cores, odores favorecem um travestimento generalizado que, no momento de rituais específicos, permite a cada um se encenar, logo, viver ao sabor de sua fantasia. Todas as culturas conhecem esses rituais de inversão".[83]

Desse modo, portar ou possuir certos objetos situa as tribos efêmeras que transitam simultaneamente em diversos espaços reais e virtuais de diversas partes do mundo (os Emos, os GLSs, os Punks, os Nerds, os Hip-Hops, os Rappers, as Pattys, as Barbie...), nas cidades reais ou nas *ciberpolis* — pois vivemos atuando em comunidades de ideias em um *sensorium* fundamentado na fabricação de experiências.

Se no passado as trocas primitivas estavam relacionadas a mediadores sociais que regulavam a interação material entre as pessoas, na atualidade são as transações materiais que fazem circular as socialidades nas mais distintas dimensões da vida e do trabalho.

Não por acaso, somos regidos por níveis de utilidade que são dados pelos mais distintos objetos, classificados por terem "design", "estilo", "modernidade", "tecnologia", "performance"...

Uma vez que não precisamos apenas sobreviver, mas sobreviver de determinada forma, com determinados confortos, rodeados por determinadas marcas, isso prova que as necessidades são uma espécie de liberdade planejada pelo panorama cultural de certa sociedade.

Esse raciocínio traz uma releitura ao valor de uso dos objetos, que não se formata por seus tecnemas (nas especificidades de Baudrillard) ou atributos físicos, e sim delimitado de acordo com seu significado social.

---

[81] Idem, ibid., p. 105.

[82] Idem, ibid., p. 133.

[83] Idem, ibid.

> Um objeto é, portanto, um conceito, uma fala que se reproduz e se transforma nas transações entre os sujeitos.[84]

Para Massimo Canevacci, professor de antropologia cultural em Roma, os objetos articulam fluxos multicompreensíveis em suas idas e vindas de trocas e de ressignificações. O consumidor "global", pertencente a diversas tribos e aos diferentes contextos geográficos das culturas multinacionalizadas, exprime interpretações próprias para localizar e interpretar esses objetos com base em seus contextos pessoais — colaborando, assim, para descentralizar o sentido das coisas, mesmo as produzidas em série e distribuídas planeta afora.

As trocas nas tribos ancestrais eram de objetos que representavam prestígio, prosperidade, status, saúde. Hoje, nas tribos contemporâneas, troca-se também certa forma de olhar, de pensar, de participar por intermédio da imagem de si que se oferece às demais pessoas, porque cada um *expõe* "seus minissímbolos, seus códigos elaborados através das peças de vestuário, ornamentos, modos de caminhar, maquilagem, corte de cabelos",[85] ampliando, no espaço do "dar-receber-retribuir", experiências e sensações por meio de uma linguagem corporal polissêmica que delimita panoramas de indivíduos e de grupos, cada qual com suas nuances icônicas e insígnias.

Nesse território simbólico, até as mercadorias ganham uma biografia cultural, associadas àqueles que as ressignificam:

> para cada produto, uma história simbólica diferente, traçada de acordo com as tradições e o imaginário da sociedade que o consome. Mais que coisas, são um espectro cognitivo na inovadora visão econômico-cultural; pois, se os indivíduos são todos diferentes entre si, a posse dos objetos e das sensações que deles derivam não pode ser idêntica.[86]

Para cada tribo, um tipo de *gift*. Para cada *gift*, uma história diferente. Repleta de memórias táteis e sensoriais. De inserções em nossos espaços. De ocupações em nosso tempo. De invasões em nossas rotinas.

Não à toa, cada pensador atribui aos objetos um poder distinto. Para Baudrillard, são "deuses domésticos".

---

[84] LIMA, Diana Nogueira de Oliveira. *Sujeitos e objetos do sucesso. Antropologia do Brasil emergente.* Rio de Janeiro: Garamond Ltda., 2008, p. 81.

[85] CANEVACCI, C. *Antropologia da comunicação visual.* Rio de Janeiro: DP&A Editora, 2001, p. 239 e 241.

[86] Idem, ibid.

Para Michel Maffesoli, acrescidos de marcas ou grifes, transformam-se em "pequenos deuses falantes".

Beatriz Sarlo,[87] crítica literária e cultural argentina, estudiosa da sociedade pós-moderna, arremata o pensar com uma apologia ao que nomeio, de forma neológica, de "objeteologia":

> Os objetos são os nossos ícones, quando os outros ícones, que apresentavam alguma divindade, demonstraram sua impotência simbólica; são os nossos ícones porque podem criar uma comunidade imaginária: a dos consumidores, cujo livro sagrado é o *advertising*, cujo ritual é o *shopping spree*, e cujo templo é o shopping, sendo a moda o seu código civil.

Mesmo com a produção cultural mundializada, com a compressão espaçotemporal, com os *flash mobs* sociais, ainda precisamos conhecer e ser reconhecidos para nos sentirmos iguais ou diferentes das pessoas a nosso redor. E, nesse sentido, os objetos desempenham papel fundamental!

Logo, a dádiva não pode ser pensada de forma sistêmica e sim como "cultura em uso". Ou, nas palavras de Godelier,[88] "um formidável campo de manobras e de estratégias possíveis".

Eis o papel do *gift* nessas contemporâneas tribos simbólicas — ferramentas estratégicas capazes de mobilizar de forma mundializada os imensos universos particulares, refletidos e refratados em inúmeras formas de pertencer —, voláteis e complexas de serem mapeadas.

6. *Gifts*, mídia e consumo

> *Consumimos gifts — coisas, informação, emoções, tempo, relacionamentos.*

Literalmente pegando carona no fato de os objetos (e *gifts*) serem veículos que fazem circular — portanto, transportam — comportamentos, hábitos, tradições, memórias e histórias, inseridos em diferentes contextos e culturas, a proposta dessa lente é estudá-los como veículos de transporte da vida social e, por que não, veículos midiáticos de comunicação.

Segundo Roger Silverstone, professor de mídia e comunicações em Londres, a mídia envolve a todos:

---

[87] SARLO, Beatriz. *Cenas da vida pós-moderna*. Rio de Janeiro: Editora da UFRJ, 2004, p. 28.

[88] GODELIER, M., op. cit., p. 23.

> Não podemos escapar à mídia. Ela está presente em todos os aspectos de nossa vida cotidiana. (...) Já pensamos nela como condutos que oferecem rotas mais ou menos imperturbadas da mensagem à mente; podemos pensar nela como linguagens, que fornecem textos e representações para interpretação; ou podemos abordá-la como ambientes, que nos abraçam na intensidade de uma cultura midiática, saciando, contendo e desafiando sucessivamente.

Nesse raciocínio, a prática do *gifting* é mídia.

Mídia de Contato Pessoal (*Personal Contact Mídia — PCM*), porque proporciona tridimensionalidades que podem ser tocadas ou vivenciadas. E Mídia de Convivência Pessoal (*Personal Conviviality Midia — PCM*), por oferecer e compartilhar experiências integradas à cotidianidade social das pessoas.

Essa mídia — os *gifts* — é comunicação, que traz em seu código linguístico fatores de localização e pertencimento associados ao consumo de informações, de produtos e de entretenimento. Pois a comunicação situa e localiza os indivíduos, permitindo que, diante das proposições de consumo apresentadas, exerçam seu poder de escolha e se estruturem como pertencentes a determinado grupo de gostos e afinidades de consumo, sejam elas de lazer, de moda, de cultura ou de comunicação. Rose Rocha destaca que

> é urgente incorporar às reflexões comunicacionais o papel seminal que as práticas de consumo, real e simbólico, desempenham nas sociedades contemporâneas. (...) O consumo afirma-se como referente fundamental para a conformação de narrativas, de representações imagéticas e de universos imaginários repletos de significação, das mais aterradoras às mais inspiradoras (...).[89]

Essa comunicação é consumida por todos, aqueles que consomem a mídia e pela mídia, um aprendizado a cada instante acrescido de *updates*.

E, em incessante troca e coprodução, a mídia nos consome, enquanto consumimos não apenas "coisas", mas também imagens, relações, sensações, experiências. Dessa forma, vive-se, sonha-se e se constrói um mundo personalizado em um universo de conceitos globalizados veiculados pelas narrativas midiáticas, o que possibilita a escolha, nessa proposta de planejamento de gostos, daqueles que mais se articulam com as relações que são exteriorizadas na exibição de identidades e fantasias.

---

[89] ROCHA, Rose de Melo. "Imagens limiares: primeiras fundamentações para uma imagética do consumo". *Cadernos de pesquisa ESPM*. São Paulo: ESPM, 2005, p. 11-62.

O consumo é um modo ativo de relações (não apenas com objetos, mas com a coletividade e o mundo), um modo sistemático de atividade e uma resposta global sobre a qual se funda nosso sistema cultural.[90]

Contemporaneizando o raciocínio proposto por Marcel Mauss, não é um "sistema" nem são "poderes" que dão cadência aos rituais de consumo e estabelecem as fronteiras de cada tribo. Quem faz isso é a mídia, ritmando determinados padrões de imagens e de mercadorias que estruturam eventos e rituais, permitindo novas localizações e novos pontos de encontro na fluidez das ondas tecnológicas de informação.

Os rituais nos unem, em nossas diferenças, sob a égide de um comum, mas poderoso, conjunto de imagens e ideias que são mecanismos para afirmar e reforçar nossa unicidade e nos permitem distinguir-nos daqueles — nossos vizinhos — cujo modo de vida queremos afastar e excluir. Os rituais são essenciais à comunidade, e a comunidade, em sua expressão e reflexão no ritual, é essencialmente uma reivindicação por diferença.[91]

Nessa relação entre mídia e consumo, pode-se compor o que Edgar Morin pontua como "imaginário coletivo",[92] espaço de interações em que a cultura rege normas que tanto organizam a sociedade como governam os comportamentos individuais, em uma relação regeneradora mútua.

Vivemos, vale lembrar, num universo de signos, símbolos, mensagens, figurações, imagens, ideias, que nos designam coisas, situações, fenômenos, problemas, mas que, por isso mesmo, são os mediadores necessários nas relações dos homens entre si, com a sociedade, com o mundo.[93]

Nesse universo de signos, não existe tradução do discurso midiático como interpretação hermética, mas apropriações de significados que restituem a mensagem proposta, ressignificando-a durante seu processo de circulação.

Logo, um *gift* não propõe um único caminho circular e sistêmico de troca, mas inúmeras trocas que dependem de seu consumo. O *gifting* propõe uma conversa e permite, assim, a estruturação de significados particulares a cada mediador, que os

---

[90] BAUDRILLARD Apud SILVERSTONE, R., op. cit., p. 151.

[91] SILVERSTONE, Roger. *Por que estudar a mídia?* São Paulo: Loyola, 2002, p. 187.

[92] MORIN, Edgar. *O método*. Porto Alegre: Sulina, 1998, p. 23.

[93] Idem, ibid.

assimilam e reconstroem de acordo com as outras mediações de vida com as quais conviveram, convivem ou que almejam conviver.

Todos nós somos mediadores, e os significados que criamos são, eles próprios, nômades. Além de poderosos. Fronteiras são transpostas e, tão logo programas são transmitidos, websites construídos ou e-mails enviados, elas continuarão a ser transpostas até que as palavras e imagens que foram geradas desapareçam da visão e da memória. Toda transposição é também uma transformação. E toda transformação é, ela mesma, uma reivindicação de significado, de sua relevância e de seu valor.[94]

E se antropológicas são as relações totêmicas estabelecidas com os objetos tribais, consumísticas são as relações com objetos contemporâneos. Com o passar do tempo, mantiveram-se os intuitos da troca (identificação, geração de vínculos, estruturação de socialidades), mas modificaram-se os valores dos objetos de troca.

Esse processo se deu com uma mudança na concepção do sentido de tempo e de espaço, e um dos grandes responsáveis é a monetização, que dota o tempo de uma série de padrões de medida e interfere na localização dos espaços ambientados pelas novas "redes cronológicas" do mundo dos negócios, suplantando, há muito, os "tempos naturais" da vida campesina.

Com o excesso de produção, gerado tanto pela capacidade fabril das máquinas como pelo incremento de trabalhadores nas fábricas — a nova população das metrópoles —, e com a invenção de demandas de consumo para manter as indústrias em pleno funcionamento — moda e publicidade —, surge, nesse período, um ícone muito importante para a compreensão dos hábitos e desejos dos consumidores atuais. Trata-se do colecionador, aquele que deseja, adquire e armazena mercadorias e objetos, em sua maioria supérfluos ou apenas decorativos, que passam a ser adquiridos como forma de entretenimento.

Para o *gifting*, é de fundamental importância entender o papel do colecionador, que surge como o do transfigurador das coisas, atribuindo novos valores, inclusive os afetivos. A comunicação é quem divulga esses novos valores, criando diferenciais para tornar os produtos atrativos e vendáveis.

Quanto às mercadorias, o mercado aproveita a linha de produção e passa a fabricar símbolos em série, um câmbio paralelo procedente da valorização da imagem, simulacro do real — fotografias, vídeos, pixels. Esse processo transfigura os valores de troca para além da esfera das finanças, propagados em rituais de "eterno-retorno",

---

[94] SILVERSTONE, R. *Por que estudar a mídia?*, op. cit., p. 42.

proporcionados pela moda, pelo *lifestyle*, pela inserção social, pelo pertencimento social e pela incessante novidade (*noveauté*) veiculada pela mídia, em suas múltiplas plataformas.

Dessa forma, geram-se os "objetos de desejo" ou "sonhos dourados" da atualidade, um rodízio de especialidades (*speciallité*) vinculadas a grifes e personalidades cujas escolhas ressoam em tribos e se transformam em atos e fatos sociais. Portanto, quem elucida os similares passa a ser o mercado, diferenciando-os não apenas por valores de troca, mas por valores simbólicos que são construídos pela mídia em seus mais diversos veículos, tradicionais (rádio, jornal, revista) ou digitais (internet, mobile, bluetooth).

"Sonhamos com as coisas que estão no mercado", pontua Sarlo, afirmando que todos buscam falar uma dessas línguas para se sentirem dentro de um mesmo mundo, identificando e sendo identificados, reconhecendo e sendo reconhecidos. "O mercado unifica, seleciona e, além disso, produz a ilusão da diferença através dos sentidos extramercantis que abarcam os objetos adquiridos por meio do intercâmbio mercantil."[95]

Nesse cenário de compressão de tempo-espaço, em que as distâncias são encurtadas pelas conexões wi-fi, a divulgação da novidade se torna cada vez mais instantânea. Mais produtos, comportamentos, atitudes, posturas são lançados e ressignificados, circulando com velocidade inimaginável, em nova dinâmica de fluxos de consumo consagrando-se no conceito de "colecionador às avessas". Em vez de colecionar objetos, coleciona momentos de aquisição de objetos que se desvalorizam assim que são adquiridos, criando um circuito vicioso de eterna insatisfação. Essa coleção de momentos de "compra-e-venda", denominada *shopping spree*, é uma espécie de orgia de mercado que envolve aquisições sem-fim, muitas sem propósito, a não ser uma momentânea satisfação — que forma e conforma a identidade, o pertencimento, a distinção, a localização, o prestígio, a satisfação, a realização, a fuga, o prazer de cada pessoa.

Serve para a nova coleção de *toy arts* da ação promocional de determinada marca, para uma carta de valorização do funcionário de um programa de endomarketing assinada pelo presidente de uma empresa. Para a entrega do cartão de visitas ou para a experiência no lounge da empresa em uma feira. Todos consomem imagens o tempo todo, e querem ver e ser vistos de determinada forma, por uma tribo específica, com certos objetos, estilos, contatos e, especialmente, acessos.

Utilidades, futilidades e acessibilidades. Estão na mídia e as pessoas consomem. Logo, tal qual silogismo, é disso que são feitos os convívios.

---

[95] SARLO, Beatriz. *Cenas da vida pós-moderna*. Rio de Janeiro: Editora da UFRJ, 2004, p. 26.

Aos que acreditavam na magia, bem-vindos à mercadologia.

7. *Gifts* e panoramas

> *Depende de quem dá e de quem recebe.*
> *Há um universo de possibilidades —*
> *tudo depende de você.*

Por abranger um repertório de afetos, emoções e sensações, o *gifting* traz um panorama de possibilidades para o estudo e a compreensão de numerosos comportamentos humanos em diferentes âmbitos — antropológico, social, comunicacional, psicológico, econômico, jurídico, político... Isso porque é uma ferramenta importante para as narrativas que se efetivam não apenas entre pessoas, mas entre pessoas e corporações, considerando a inserção midiática de certas marcas como guias conceituais de conduta.

Nestas considerações, é importante destacar que o que se move com as trocas em suas formas, seus usos e trajetórias são as experiências. Porque as coisas não têm sentido quando apartadas de transações, atribuições e motivações sociais que lhes são imputadas.

Esses objetos em circulação descrevem sobremaneira os contextos sociais e humanos — verdadeiros legados, ou "materiais culturais", passíveis de análise de arqueólogos, antropólogos e historiadores. Afinal, se uma civilização foi extinta, o que dela permaneceu foram, em numerosos casos, apenas os objetos que mediarão as tentativas de reconhecimento daquilo que era sua cultura (valores, riquezas, conquistas, tesouros, status e prestígio, tecnologia, educação, crenças, rituais...).

Por meio de achados, como um vaso, desenvolvem-se teorias que podem elucidar questões sobre a história dos objetos e, a partir de então, a própria história da civilização em pauta.

O que, para alguns pensadores, é material cultural, para outros é uma *commodity*. Mais que metáforas, são panoramas distintos para o entendimento mais preciso das terminologias, lapidadas de acordo com o repertório conceitual de cada área de estudo.

Para Marx, em sua obra *O Capital*,[96] as commodities se definem por objetos cuja propriedade satisfaz nossas necessidades e que surgiram com o intuito de troca, inseridos nas condições institucionais, psicológicas e econômicas do capitalismo — transformando-se em moeda e valor de uso.

---

[96] MARX, Karl, op. cit.

Aprofundando a questão, para o economista indiano Arjun Appadurai,[97] as commodities são "coisas com um tipo particular de potencial social, qualidade que as distingue dos demais 'produtos', 'objetos', 'bens', 'artefatos' e outras tantas variedades de coisas", existentes nas mais distintas sociedades em todos os tempos e espaços.

Para além das commodities, Appadurai comenta a diferenciação entre duas formas de trocas: as permutas e os *gifts*.

As permutas de objetos não consideram o dinheiro uma referência, reduzindo os custos sociais, culturais, políticos e pessoais a uma economia alternativa de troca de bens.

Já os *gifts* consideram o espírito de reciprocidade, socialidade e espontaneidade em que as trocas são efetivadas, e estão, em muitos casos, distantes das questões de lucro e de intencionalidade, tal como se observa na circulação de commodities.

Assim, enquanto os *gifts* criam links entre pessoas por meio da circulação de objetos e de relações sociais, as commodities representam a troca de objetos entre pessoas movidas pelo dinheiro, e não pela socialidade.

Distante de um radicalismo conceitual (como em Marx e em Mauss) e de um encapsulamento de definições para ações muito próximas em suas práticas, Bourdieu traça um importante paralelo para o espírito comum que envolve tanto a troca de *gifts* como a troca de mercadorias:

> Se é verdade que o lapso de tempo interposto é o que capacita o *gift* ou o *contragift* a ser visto e experienciado como um ato inicial de generosidade sem passado nem futuro, isto é, sem *interesse*, então é claro que reduzir o politético ao monotético, racionalismo que destrói a especificidade de todas as práticas, como a troca de *gifts* ou tender ou fingir pôr de lado o interesse pessoal. Um contrato racional seria condensado em um instante transacional que a troca de *gifts* disfarça, por distendê-lo no tempo; e, por isso, ela (a troca de *gifts*) é, se não o único modo de circulação de commodities (mercadorias) praticado, pelo menos o único modo a ser totalmente reconhecido, nas sociedades, que, por negarem "a verdadeira lama de suas vidas", como Lucáks afirmou, têm uma economia em si mesmas, e não por si mesmas.[98]

O fato é que a troca de *gifts* é apenas um modo particular de circulação de commodities, sendo também um ato social, produto de processos mercantis capitalistas

---

[97] APPADURAI, A. *The social life of things: commodities in cultural perspective*. Cambridge: Cambridge University Press, 1986, p. 6.

[98] BORDIEU, P. *Outline of a theory of practice*. Cambridge: Cambridge University Press, 1977, p. 171.

e objeto de interesse econômico. Representados por produtos mecânicos de regimes de produção regidos pelas leis da oferta e da procura, os *gifts* são distribuídos segundo as regras logísticas da globalização e veiculados pela mídia para ganhar visibilidade e distinção.

Uma das dificuldades ao se estudar o intercâmbio cultural de commodities consiste no fato de que a visão antropológica costuma ser extremamente dualista. Considera-se, por exemplo, de um lado, a troca de mercadorias e, de outro, a reciprocidade; a objetividade das pessoas e ainda a personificação dos objetos. Isso se percebe na definição precisa de muitas commodities, que, objetivamente, devem ser uma coisa ou outra, sem levar em conta que, dependendo da cultura ou do ritual de troca em questão, mudam-se os valores. Esses objetos não são estanques nem universalmente rotulados, pois, para cada civilização e cultura, e mesmo dentro de uma mesma comunidade, mas em tribos sociais distintas, os significantes e significados dos objetos mudam por completo, sem levar em conta ainda as possibilidades de cada universo pessoal.

É complexo criar uma taxonomia estruturada que organize e encerre o mundo das coisas, categorizando, estruturando, propondo fluxos fixos e gerando regras de circulação de mercadorias.

Se não há um padrão ecumênico para valorar objetos e suas trocas, imagine considerar a ideia de que os objetos têm uma vida social, que vai de sua produção, passando por suas circulações e distribuições, até chegar a seu consumo. Entre essas etapas, inclui-se uma fase de commodity, de compra e venda com preços tabelados.

> *Today's* gift *is tomorrow's commodity. Yesterday's commodity is tomorrow's found art object. Today's art object is tomorrow's junk. And yesterday's junk is tomorrow's heirloom.*

Na qualidade de commodity, um pingente de colar tem valor de troca de acordo com seus componentes técnicos (cristal com fios de ouro), processos de manufatura (artesanal), tarifas de administração logística (importado de Murano, na Itália) e de exposição de venda (joalheria em sofisticado shopping center de São Paulo). Esse passado condensado se transforma em outro valor, o de venda, acrescido dos valores de grife e de embalagem do estabelecimento comercial que comporta a infraestrutura de apoio para o objeto em questão (manutenção e troca).

Assim, a pedra de cristal se transforma em uma joia que trará uma memória produtiva em sua existência inanimada, iniciando um novo ciclo de história quando adquirida para servir de presente como símbolo de um ritual, como aniversário de casamento, ou, no mundo corporativo, para um cliente.

Ao olhar para o pingente, que não é mais de posse do estabelecimento comercial, e sim de uma dona, que, na verdade, não adquiriu com seus recursos financeiros a peça, mas a recebeu de presente, essa pessoa associará ao objeto sensações não previstas em sua etapa commodity.

O que representava um valor de mercado passa então a simbolizar, além disso, emoções, sensações, experiências e memórias, podendo ser boas, sublimes ou ruins, de acordo com o ritual proposto e com as circunstâncias que abarcam o ato de presentear (um pedido de desculpas, um agradecimento, uma despedida, felicitações etc.).

E esse presente que tem um passado começa a traçar seu futuro. Servirá de herança para os filhos do casal? Será penhorado por necessidades financeiras da família? Ou será trocado na loja por um objeto que tenha outra história e outra memória, como um anel de prata indiano?

Essa análise não considera, por exemplo, que uma cor pode mudar por completo o sentido de um objeto, mais por gostos pessoais e menos por suas simbologias socialmente aceitas. Fica nítido que o contexto de análise das commodities, sejam *gifts* ou objetos de compra, está associado a arenas sociais e suas unidades culturais,[99] que representam formas complexas de distribuição de conhecimento (técnico, cultural, político, estético, mitológico, social etc.) e interferem na valoração, na circulação e no consumo dessas mercadorias por intermédio de relações políticas e de poder.

Nossa vida é modificada pelos objetos que ganhamos, encontramos, adquirimos, doamos ou vendemos em nossa trajetória, construindo um complexo sistema formado por intercâmbios de biografias de pessoas e objetos. O desejo por esses objetos é uma prática de consumo, não uma emanação misteriosa das necessidades humanas. Trata-se de uma resposta aos modelos veiculados em larga escala pela mídia e que geram demandas relacionadas a *sex appeal*, moda, distinção, saúde, estética, status, ativismo ambiental... Tudo isso com prazos de validade curtos para que novos rituais com novos objetos de desejo possam surgir, mantendo, assim, os negócios em pleno funcionamento.

Concluindo, a essência é a mesma, mas os inúmeros rituais do *gifting* mudam, pois os tempos são outros, assim como a forma de refletir sobre as socialidades deste tempo também se alteraram.

Novos *gifts* surgem nesse cenário de fractais, mediado por veículos de comunicação que simulam o real. Nesse novo contexto, as imagens e os simulacros conquistam autoridade e poder e são os formadores de fenômenos transitórios e de um novo senso comum na sociedade individualista.

---

[99] APPADURAI, A. op. cit., p. 15.

São necessidades e desejos gerados pela mais alta tecnologia, associada à cultura multimidiática do espetáculo das imagens, dos eventos, dos *happenings*, dos games, dos *electronic books*, *Pods* e *Phones*, dos *MSNs*, dos *Googles* e dos *Orkuts* um consumo insaciável de serviços voláteis e de status transitório gerado por essa pertença simultânea a múltiplas tribos.

Vive-se uma compressão cada vez maior de tempo e de espaço, encolhendo o mapa do mundo e relativizando as medições conhecidas — as escalas de valor se desestruturam e os horizontes tidos como certos se desfazem.

Arjun Appadurai apresenta, nesse contexto, uma nova forma de entendimento do real, contemporaneizando-o em panoramas — etnopanoramas, mídia-panoramas, tecnopanoramas, finanço-panoramas, ideopanoramas —, dimensões do fluxo cultural global e das novas perspectivas modeladas por posicionamento histórico, linguístico e político de diversos agentes. Tomo emprestadas essas terminologias para os múltiplos panoramas que os *gifts* descortinam enquanto circulam — como dádivas, objetos, eventos, sensações, experiências, reconhecimentos, networks, enfim, como realidade social.

São mídia-panoramas de uma era que vivencia a experiência do imediato, divulgada em larga escala nos mais diversos veículos de comunicação, oferecendo roteiros de comportamento, moda, viagem, trabalho e educação aos espectadores do mundo inteiro, nos quais o universo de *commodities*, "notícias" e política está profundamente misturado.

São tecnopanoramas de um mundo que gira em alta velocidade, fazendo circular informações, entretenimento, notícias, negócios — por si, um sistema *nonstop* de *gifting* cuja troca é de conteúdo.

São etnopanoramas de memórias e histórias de inúmeras tribos de ontem, hoje e sempre, que convivem em sobreposição, criando e ressignificando seus rituais de troca.

São finanço-panoramas de negócios mundializados que movimentam várias instâncias do mercado, vendendo imagens, ideias, sensações, experiências, produtos customizados — a nova *interface* do *gifting*.

São ideopanoramas de uma sinestesia global altamente variável, refração de tantos discursos mundializados que mantêm unidas as imagens e a coerência das múltiplas crenças comuns, nas mais diversas tribos.

São videopanoramas de inúmeras telas em movimento — cada *gift*, com sua vida social, biografia cultural e seus tecnemas; cada um de nós com seus desejos e seu jeito de ver as coisas e a vida.

E, como diz Maruyama,[100] são mental-panoramas: "Múltiplas raízes emaranhadas (linguísticas, lógicas, ideológicas e, mais profundamente ainda, cérebro-psíquicas e socioculturais)."

> Agora somos todos donos de casa, labutando diariamente para praticar as disciplinas da compra numa paisagem cujas estruturas temporais tornaram-se radicalmente polirrítmicas. Aprender estes múltiplos ritmos (de corpos, produtos, modas, taxas de juros, presentes e estilos) e como integrá-los não é apenas trabalho — é o tipo mais árduo de trabalho, o trabalho da imaginação.[101]

Ora, são *infinitum*-panoramas. Depende de quem dá e de quem recebe, depende do tipo de *gift*, do valor, da moda, da oportunidade, da criatividade, dos rituais e das intenções. Um verdadeiro universo de conceitos e práticas que podem ampliar o entendimento e o uso dos *gifts* com técnica e com ciência.

Há infinitos panoramas — use suas lentes.

E, se é dando que se recebe, tudo depende de você!

REFERÊNCIAS BIBLIOGRÁFICAS

APPADURAI, A. *The social life of things: Commodities in cultural perspective.* Cambridge: Cambridge University Press, 1986.

BARTHES, Roland. *Elementos de semiologia.* São Paulo: Cultrix, 1972.

BAUDRILLARD, Jean. *A sociedade de consumo.* Lisboa: Edições 70, 1991.

________. *O sistema dos objetos.* São Paulo: Perspectiva, 2006.

BAUMAN, Sygmunt. *Modernidade líquida.* Rio de Janeiro: Jorge Zahar, 2001.

BENJAMIN, Walter. *Paris, capital do século XIX.* São Paulo: Ática, 1985. [Grandes Cientistas Sociais.]

BOURDIEU, P. "Marginália: algumas notas adicionais sobre o dom". In: *Mana*, v. 2, n. 2, 1996, p. 7-20.

________. *La distinction: critique sociale du jugement.* Paris: Minuit, 1979.

________. *Outline of a theory of practice.* Cambridge: Cambridge University, 1977.

BURKE, Peter. *Uma história social do conhecimento. De Gutemberg a Diderot.* Rio de Janeiro: Jorge Zahar Editor, 2003.

CANEVACCI, C. *Antropologia da comunicação visual.* Rio de Janeiro: DP&A Editora, 2001.

---

[100] MARUYAMA, M. Apud MORIN, Edgar. *O método.* Porto Alegre: Sulina, 1998, p. 267.

[101] APPADURAI. Apud SILVERSTONE, R. *Por que estudar a mídia?*, op. cit., p. 149.

CARRIER, James. Gifts *and Commodities; Exchange and Western Capitalism since 1700.* London: Routledge, 1995.

CASTARÈDE, Jean. *O luxo: Os segredos dos produtos mais desejados do mundo.* São Paulo: Barcarolla, 2005.

CASCUDO, Câmara. *Dicionário do folclore brasileiro.* Rio de Janeiro: Ediouro, 1959

CHEAL, David. *The* gift *economy.* London: Routledge, 1988.

CHEVALIER, Jean e GHEERBANT, Alain. *Dicionário de símbolos.* Rio de Janeiro: José Olympio Editora, 1994.

COELHO, Maria Cláudia. *O valor das intenções: dádiva, emoção e identidade.* Rio de Janeiro: Editora FGV, 2006.

DE LARA, Marcos Rodrigues."Jovens urbanos e o consumo das grifes". In: BORELLI, S. e FREIRE FILHO, J. (orgs.). *Culturas juvenis no século XXI.* São Paulo: Educ, 2008.

DOUGLAS, M. e ISHERWOOD, B. *The world of goods.* Londres; Nova York: Routledge, 1996.

DRIGO, M. A. "A publicidade na perspectiva de Baudrillard". In: *Comunicação, mídia e consumo. Comunicação e cidadania.* São Paulo, v. 5, no 14, p. 171-185 (ESPM, 2008).

FORTY, A. *Objetos de desejo: Design e sociedade desde 1750.* Tradução de Pedro Maia Soares. São Paulo: Cosac Naify, 2007.

GODBOUT, J. *O espírito da dádiva.* Rio de Janeiro: FGV, 1999.

GODELIER, Maurice. *O enigma do dom.* Rio de Janeiro: Civilização Brasileira, 2001

GOFFMAN, Erving. *A representação do eu na vida cotidiana.* Petrópolis: Vozes, 1975.

GROPIUS, Walter. *Bauhaus: Novarquitetura.* São Paulo: Perspectiva, 1972.

HENDRY, Joy. *Wrapping culture: politeness, presentation, and power in Japan and other societies.* Oxford: Claredon Press, 1995.

KELLNER, Douglas. *A cultura da mídia – estudos culturais: identidade e política entre o moderno e o pós-moderno.* Bauru: Edusc, 2001.

KLEIN, Naomi. *Sem logo.* Rio de Janeiro: Record, 2000.

LÉVI-STRAUSS, C. *As estruturas elementares do parentesco.* Rio de Janeiro: Vozes, 1982

________. "Mauss Dádiva" (Introdução). In: MAUSS, M. *Ensaio sobre a dádiva. Perspectivas do homem.* Lisboa: Edições 70, 1950.

LIMA, Diana Nogueira de Oliveira. *Sujeitos e objetos do sucesso. Antropologia do Brasil emergente.* Rio de Janeiro: Garamond, 2008

MAFFESOLI, Michel. "O Brasil pode ser um laboratório da pós-modernidade", *Revista da ESPM*, v. 14, no 4, ano 13, São Paulo, jul./ago. 2007.

MALINOWSKI, B. *Os argonautas do Pacífico Ocidental.* São Paulo: Abril Cultural, 1983 (Os pensadores).

MARUYAMA, M. Apud MORIN, Edgar. *O método.* Porto Alegre: Sulina, 1998.

MARX, K. *O Capital.* Rio de Janeiro: LTC, 1982.

MAUSS, M. *Ensaio sobre a dádiva. Perspectivas do homem.* Lisboa: Edições 70, 1950.

________. *Sociologia e antropologia*. São Paulo: Cosac Naif, 2003.

MILLER, Willian Ian. *Humiliation*. Ithaca: Cornell University Press, 1993.

MILLER, D. *Material culture and mass consumption*. Oxford; Nova York: Basil Blackwell, 1987.

MORIN, Edgar. *O método*. Porto Alegre: Sulina, 1998.

NELSON, Bob. *1001 maneiras de premiar seus colaboradores*. Rio de Janeiro: Sextante, 2005.

POPPER, K. *A lógica da pesquisa científica*. São Paulo: Cultrix, 2006.

ROCHA, Rose de Melo. "Imagens limiares: primeiras fundamentações para uma imagética do consumo", *Cadernos de pesquisa ESPM*. São Paulo: ESPM, 2005.

SAHLINS, M. *Cultura e razão prática*. Rio de Janeiro: Zahar, 1979.

SALOMON, Henry James. *A terceira mídia: como os brindes potencializam as marcas, melhoram os relacionamentos e aumentam as vendas*. São Paulo: Ed. Futura, 2008.

SARLO, Beatriz. *Cenas da vida pós-moderna*. Rio de Janeiro: Editora da UFRJ, 2004.

SIMMEL, G. *The philosophy of money*. London: Routlege, 1978 [1907], capítulo 1.

________. "Faithfulness and gratitude". In: WOLFF, K. H. (Ed). *The sociology of Georg Simmel*. Nova York: Free Press, 1964.

SILVERSTONE, Roger. *Por que estudar a mídia?* São Paulo: Loyola, 2002.

VCENKO, N. *Virando séculos. A corrida para o século XXI. No loop da montanha russa*. São Paulo: Companhia das Letras, 2001.

WEBER, M. "Classe, estamento, partido". In: *Ensaios de sociologia*. Rio de Janeiro: Zahar, 1982.

YAN, Yunsiang, *The flow of* gifts: *reciprocity and network in a Chinese village*. Palo Alto: Stanford University Press, 1996.

YANG, M. M., Gifts, *favors and banquets: the art of social relationships in China*. Ithaca: Cornell University Press, 1994.

ZOBARAN, Sergio. *Evento é assim mesmo! Do conceito ao brinde*. 2a ed. Rio de Janeiro: Ed. Senac Rio, 2008.

CAPÍTULO 2

AMULETOS DE MARKETING

AULI DE VITTO

Auli De Vitto atualmente é CEO da Forma Editora, empresa com 34 anos de mercado, responsável pelos guias e sites Free Shop, e pela Brazil Promotion, maior feira de marketing promocional do país. Também foi diretor e vice-presidente executivo da Ampro (Associação de Marketing Promocional) por 8 anos consecutivos. Já atuou como diretor das entidades APPROM (Associação Nacional dos Fabricantes de Produtos Promocionais) e POPAI Brasil (Associação Brasileira de Merchandising no Ponto de Venda). Em conjunto com a extinta ANFAB (Associação Nacional dos Fabricantes de Brindes), produziu o primeiro código de ética do setor de produtos promocionais.

Depois de 34 anos atuando diariamente com fornecedores e empresas que compram sistematicamente brindes e produtos promocionais, senti a necessidade de trazer a público essas experiências. Não são textos elaborados no sentido de formar um embasamento teórico sobre o assunto, mas sim identificar o leitor com o universo do mundo promocional na experiência do dia a dia, observando seus acertos e equívocos.

Nesta parte do livro são tratados aspectos históricos dos brindes, experiências e uma ampla gama de possibilidades de usos para os produtos promocionais, já que, na prática, são explorados em apenas uma pequena parte de suas potencialidades.

Procuro trazer também um entendimento prático de aspectos que muitas vezes são negligenciados durante as campanhas com brindes. E, por fim, procuro dar a minha visão de futuro para o setor, suas tendências e possibilidades.

Os amuletos foram provavelmente os primeiros objetos guardados pelo homem para lhes trazer proteção, fé, coragem e confiança.

A palavra "amuleto" vem do latim *amuletum*, sinônimo popular de "ciclâmen", uma planta que protege contra venenos. Seu uso remete-nos às mais remotas épocas, abrangendo todas as grandes culturas do passado, em todos os continentes, e se encontra arraigado nas mais diversas etnias, desde persas, etruscos, egípcios, incas, astecas, na cultura afro e mesmo em algumas tribos da Amazônia. Os amuletos transcendem raças e religiões e se encontram impregnados na alma humana.

Durante séculos, as pedras preciosas também têm sido usadas como amuletos. As joias, muito antes de servirem como ornamento, eram portadas com o objetivo precípuo de proteção. E até hoje, nos meios místicos e esotéricos, atribuem-se poderes especiais aos metais nobres, às pedras e aos cristais.

Muitos amuletos similares têm conotações distintas dependendo da época, da cultura ou da sociedade, levando-nos a pensar que o poder emanado desses objetos não vem propriamente deles, mas da crença de quem os possui.

Para se tornar ativo, um amuleto precisa ser magnetizado por meio de preces, rituais ou cerimônias que impregnem o objeto com as virtudes desejadas. A magia consiste exatamente em sua suposta capacidade para captar e ampliar a força de nossos pensamentos e canalizar o impulso necessário à concretização de um objetivo.

A força desses amuletos traz impulso adicional de confiança e certeza interior, o que ajudou muitos heróis da Antiguidade a vencerem batalhas, superarem doenças e enfrentarem as situações mais adversas.

É difícil imaginar a real origem dos brindes, e nenhuma referência foi encontrada sugerindo sua mais tênue ligação com os amuletos. Entretanto, a mecânica que os torna tão poderosos é a mesma: a capacidade de remeter o indivíduo a uma situação ou imagem mental preconcebida.

A identificação desse potencial inerente aos brindes é o que os tornou imprescindíveis nas campanhas de marketing promocional da atualidade. Entretanto, o que se vê, com frequência, é o uso do brinde em sua forma mais primitiva, quase pueril, sem que se extraia dele o verdadeiro potencial. Não é raro ver investimentos elevados sem que se tenha claro o resultado dele esperado. Muitas vezes, perguntas óbvias são esquecidas, tais como:

- O que estou realmente buscando?
- Qual o residual de imagem, conceito ou atributo que desejo ver associado à marca por meio do brinde?

- Qual sentimento espero despertar no público-alvo?
- O brinde reforça o tema da campanha ou dele está desvinculado?

Enfim, poderíamos preencher algumas páginas apenas com os questionamentos mais óbvios de uma ação promocional; mas o que se vê na prática são reflexos de uma grande acomodação e o uso de fórmulas bastante conhecidas, que funcionam bem, mas poderiam ser mais eficazes.

Há uma grande diferença entre receber um brinde como uma forma de dizer "lembrei de você" e esse mesmo brinde estar inserido no contexto de uma ação com objetivos mais desafiadores, estabelecidos por antecipação.

Muitas vezes, a ligação emocional que um brinde propicia tem sido negligenciada ou omitida. Imagine, só por um instante, que você seja fanático por futebol e que tenha participado de um concurso para ganhar uma bola igualzinha àquela que a seleção brasileira usa em seus jogos. Se você receber como prêmio uma bola comum, levará para casa e oferecerá a seus filhos para brincarem.

Agora, imagine que o ganho desse brinde ocorra no dia de um grande jogo do Brasil e que todos os jogadores escalados assinem essa bola. Evidentemente, ela assumiria uma importância muito maior para você, porque incorporaria um vetor emocional que a tornaria única. Talvez, nesse caso, você nem deixe seus filhos chegarem perto da bola.

Em seguida, suponha que você receba esse brinde diretamente das mãos do Neymar, no meio de um estádio lotado, antes do último jogo da Copa do Mundo. É claro que esse momento assumiria importância infinitamente maior que no caso anterior e é provável que essa bola fosse parar em uma vitrine de honra em sua sala.

Esse é o efeito magnetizador que potencializa os resultados de uma ação e que torna o momento inesquecível por toda uma vida. Assim como os amuletos, cada vez que você olhar para a bola autografada, estará resgatando todas as lembranças positivas vivenciadas, associando-as à marca que promoveu a ação.

RITUAIS DE MAGNETIZAÇÃO

Como já vimos, os brindes apresentam resultados muito mais efetivos quando associados a um ritual de magnetização. Agora, vamos aprofundar um pouco mais esse conceito.

Em eventos, a explosiva utilização de brindes não é um ato impensado nem se trata de coincidência. Na realidade, os eventos magnetizam os brindes com uma forte dose de emoção — e essa mesma emoção é revivida pelo usuário todas as vezes que utiliza o brinde.

Minha recordação mais antiga de um brinde tem mais de 30 anos e aconteceu em um evento. Não era um acontecimento qualquer, mas o décimo aniversário da revista *Playboy*, promovido pela Editora Abril.

Um jantar para mil pessoas, realizado no Clube Monte Líbano, na época um dos poucos da cidade com essa capacidade. A iluminação era o melhor que a tecnologia podia oferecer, e o som, ao vivo, era animado pela orquestra do Ray Conniff, um ícone das músicas românticas das décadas de 1960 e 1970. Circulando entre as mesas, estava nada menos que a Playmate do ano, acompanhada de outras tantas Coelhinhas superdotadas que davam um tempero extra ao evento.

Em cada mesa, a luz das velas deixava o ambiente ainda mais romântico. Ao final do show, recebemos das Coelhinhas uma fita K7 com as músicas tocadas por Ray Conniff naquela noite.

Foi algo marcante, pertinente e teve um significado especial para mim. Dessa forma, todas as vezes que ouvia a fita, eu era transportado para o clima emocional vivido durante o evento, absorvendo aquele residual positivo e associando-o às marcas *Playboy* e Editora Abril.

O brinde atua assim, como um ativador das experiências vividas, reforçando-as continuamente.

É PRECISO ALGO ALÉM DO *RECALL* DA MARCA

As grandes empresas acompanham continuamente os movimentos do mercado e buscam antecipar-se às tendências de comportamento do consumidor. Pesquisas recentes sugerem que *recall* de marca não é suficiente para gerar liderança. O gerenciamento eficaz de aspectos como distribuição, preço, produto, público-alvo, comunicação e logística é — e continuará sendo — muito importante para o êxito de um produto, mas novas variáveis começam a se apresentar. A excessiva carga de informações e propaganda a que são submetidos os consumidores gera um filtro natural que minimiza o retorno da comunicação. Então, ou você tem uma verba milionária para ficar martelando na cabeça do público-alvo ou tem de buscar alternativas que potencializem seus investimentos. Além disso as novas gerações, em especial a Y ou Millennials, têm se mostrado refratárias às formas tradicionais de comunicação, atuando sempre com duas ou mais telas simultaneamente, mantendo um elevado grau de dispersão. O engajamento só ocorre quando há uma explícita identificação com valores defendidos pelas marcas. Daí a importância de se ter uma bandeira, uma causa defendida pela empresa.

É preciso muito mais para ocupar a mente do consumidor, que, aliás, anda bastante concorrida. Agora, o momento é de conquistar o coração das pessoas. Ao consumidor, não basta conhecer a marca e o produto; é necessário interagir com ele, vivenciar a marca. E, para cumprir esse papel, não há nada melhor que eventos.

Os eventos apresentam algumas vantagens imbatíveis, como reunir em um só lugar grupos de afinidades para viver experiências inesquecíveis com sua marca.

O COMPORTAMENTO TRIBAL

A vida moderna tem trazido aos jovens maior independência em relação à convivência familiar. Por outro lado, a crescente evolução das redes sociais tem gerado grupos de afinidades que baseiam seu comportamento em inspirações obtidas no seio do próprio grupo de referência.

Melinda Davis, em seu livro *A nova cultura do desejo*, escreveu um longo capítulo mostrando que, por diversas razões, há convergência dos jovens às "tribos" em diversos países do mundo. Não se trata de um movimento isolado ou com características geográficas, culturais, sociais, e sim de um fenômeno abrangente em que os jovens buscam referências de comportamentos em grupos de afinidade.

Os padrões, hábitos e as posturas impostos pelos grupos trazem aos membros um suporte de proteção, e referenciais de comportamento que suprem as carências de uma relação familiar cada vez mais impessoal nos tempos atuais.

Identificar e estimular grupos de afinidades não é um movimento recente, e o marketing de relacionamento de empresas, como cartões de crédito, por exemplo, já faz uso de apelos do tipo Cliente Preferencial ou cartão Platinum, estimulados por essas premissas.

O Free Jazz Festival foi um dos primeiros grandes eventos proprietários a buscar interatividade com grupos de afinidades por intermédio de um festival de música para o qual as maiores expressões do mundo do jazz eram trazidas ao Brasil. Com a proibição de patrocínio para esse tipo de evento por marcas de cigarro, houve descontinuidade.

Mais recentemente, os fabricantes de bebidas e serviços de telefonia móvel têm apostado em eventos como forma de estreitar relações com seu público-alvo e deixar um residual mais consistente para a marca.

Eventos proprietários, isto é, aqueles que a marca detém os direitos exclusivos, como Coca-Cola Vibezone, Skol Beats, Skol Sensation, Kaiser Music, Kaiser Boat, Tim Festival, Vivo Open Air, Nokia Trends, entre tantos outros, contêm, em sua raiz, um denominador comum: criar situações de interesse comum ao público-alvo, permitindo-lhe vivenciar suas marcas em um ambiente de elevado envolvimento emocional.

Nesses eventos, veem-se, portanto, grupos musicais, DJs, oficinas de percussão, lan houses, tatuagens em hena, oficinas de artes, ilhas de experiências e, é claro, os brindes, que desempenham o importante papel de gerar cumplicidade e prolongar os efeitos do evento após seu término.

Os brindes assumem um papel ainda mais relevante se puderem identificar os membros de uma mesma tribo, por meio de bonés, camisetas, faixas, bottons, pins e itens que deem visibilidade. Nesses casos, a mensagem que pode ser traduzida é "Eu estive lá... Eu pertenço a esta tribo...", e é lógico que a marca do patrocinador capitaliza esse residual para si.

Como vimos, os eventos representam verdadeiros rituais de magnetização para os brindes, já que potencializam o *recall* da marca patrocinadora. Os brindes, por sua vez, carregados de conotações emocionais, associam esse *recall* às experiências vividas e sustentam a retenção da marca junto ao público-alvo no longo prazo.

A HISTÓRIA DA EMPRESA QUE VIROU BRINDE

Nos primórdios da década de 1980, quando os primeiros sintomas do desemprego começaram a afetar a cidade de São Paulo, surgiu na Avenida Paulista um bar cuja originalidade do nome o tornou inconfundível: "O Engenheiro que virou Suco". Ele retratava, em uma única frase, o choque das demissões que afetavam não só a mão de obra desqualificada, mas, a partir de então, níveis profissionais considerados escassos nos países em desenvolvimento. Não sei dizer se hoje o negócio vai de vento em popa ou se foi pelo ralo, mas o que chamou a atenção nesse caso foi a ampla repercussão que o sugestivo nome alcançou. Acredito que muitas pessoas já ouviram alguma história sobre "o Engenheiro que virou Suco", mas o que provavelmente não conhecem ainda é a história da empresa que virou brinde.

Tudo começou em Nova York, no princípio do século passado, quando um amante da literatura iniciou a venda de livros porta a porta. Em pouco tempo, David McConnell percebeu que teria um enorme desafio pela frente e, diante das primeiras dificuldades, resolveu implementar uma pequena promoção oferecendo um frasco de perfumes aos clientes que adquirissem livros. A iniciativa foi um sucesso, mas deixou evidente que o interesse pelo brinde, na maioria das vezes, era bem maior do que pela literatura.

McConnell, então, decidiu mudar de ramo, vendendo o *brinde* que o consumidor tanto queria. Fundou a Califórnia Perfume e fortaleceu a operação de vendas em domicílio. Convidou Florence Albee para tocar o negócio iniciado, recrutando mulheres para atuarem em um sistema que tornou a empresa conhecida em todo o mundo.

O nome Avon foi adotado em 1939, inspirado na cidade natal de Shakespeare: Stratford on Avon, em uma espécie de homenagem a um dos maiores ícones da dramaturgia mundial, do qual McConnell era um grande apreciador.

Portanto, um dos maiores nomes do mercado de cosméticos e perfumes no mundo começou sua trajetória de sucesso ao entender os mecanismos que motivam as pessoas e aprender a tirar proveito disso.

BREVE HISTÓRICO DO SETOR

João Rothschild era dessas pessoas carismáticas e envolventes. Sempre com um charuto na boca, conversava durante horas contando "causos" do setor, antes de entrar em qualquer assunto mais sério. Ele e o irmão, Ernesto, foram os fundadores das Agendas Pombo, uma das primeiras empresas do setor de brindes no Brasil e líder absoluta até meados da década de 1990, quando a concorrência se tornou mais agressiva.

Quando entrei pela primeira vez na Pombo, deparei-me com aquelas divisórias de madeira escura e bem antigas onde todos trabalhavam juntos. Uma sala era reservada para o gerente comercial, e outra, um pouco maior, para o Sr. João, que tinha uma mesa enorme ao lado de sua inseparável coleção de agendas, proveniente de diversos locais do planeta. Ele pertencia a uma associação internacional de fabricantes de agendas que se reuniam anualmente para definir como seriam os padrões, formatos e informações que deveriam constar nas agendas no ano seguinte. Gabava-se de possuir a menor agenda do mundo arrebatada em leilão, que precisava ser manipulada com uma pinça para se virarem as páginas, além de outras preciosidades de utilidade duvidosa.

Segundo ele, o mercado de brindes começou mesmo no país na década de 1930, com os primeiros cinzeiros de vidro, calçadeiras, lapiseiras de quatro cores, lenços e outras coisas que hoje pareceriam até um pouco ridículas. Durante a guerra, com as dificuldades de importação, o setor se desenvolveu bem, ocasião em que algumas empresas do Rio Grande do Sul lançaram objetos de couro, ainda com um acabamento muito primitivo, porém que atendiam às necessidades do mercado naquele período. Eram porta-níqueis, carteiras ou capas de livros em couro, mas as primeiras agendas surgiram, de fato, em 1941. Nessa época, eram consideradas supérfluas, quase desnecessárias, já que seu uso ainda não se disseminara nas empresas, entre os executivos. A princípio, as vendas foram muito tímidas e, na primeira década, tudo era muito precário.

Deve-se a ele o crédito por ter montado a primeira equipe de representantes de brindes nas principais capitais do país, seguindo os moldes de comercialização aplicados na Europa.

Até a década de 1980, o mercado evoluiu pouco. As empresas tinham enormes dificuldades em montar equipes de representantes, pois a maioria não contava com qualificação e as vendas não decolavam. As empresas, com raríssimas exceções, eram de pequeno porte, acomodadas em instalações precárias ou muitas vezes situadas na casa de seus proprietários. Era um mercado considerado marginal e as agências franziam a testa quando tinham de consultar algum fornecedor da área. Em geral, o contato era com um representante multimarca, que vendia para vários fabricantes, não tinha compromisso algum com o prazo assumido e, em muitas ocasiões, nem havia condições acertadas. Para as agências de promoção, era uma situação de risco e o caminho mais fácil para gerar desgastes inevitáveis com o cliente.

Mesmo com essas limitações, o mercado de brindes sobrevivia razoavelmente bem, em razão das ações de relacionamento comuns no mês de dezembro, que distribuíam os esperados brindes do fim do ano. Basicamente, o que se oferecia eram blocos, "Risque-e-Rabisque", calendários de mesa, porta-canetas, réguas e, é claro, canetas. Um hábito comum na época era oferecer uma garrafa de uísque ao gerente do banco, já que o crédito era obtido na base do saca-rolhas ou em função de um bom relacionamento. Para casos mais importantes, havia também as cestas de Natal, que reuniam uma série de produtos que você não queria, com alguns poucos interessantes, mas que causavam grande impacto. As mais conhecidas eram as cestas de Natal Amaral, que investiam pesadamente em mídia, anunciando, inclusive, em televisão, tamanha a importância que assumira na época.

Nessa ocasião, eu era diretor de atendimento da Link Publicidade, agência que havia fundado, juntamente com meu pai, Lino De Vitto, meu irmão Reano De Vitto e mais dois respeitados profissionais do setor, Plínio Gramani e Flávio Clemente.

O desconforto causado pelas complicadas relações com o mercado de brindes e a necessidade de ter produtos e serviços para utilizar nas campanhas promocionais de nossos clientes nos estimularam a buscar alternativas. Observamos que esse problema era comum também em outras agências e começamos a buscar uma forma de filtrar, entre as poucas opções, aquelas que poderiam nos atender com eficiência. Várias alternativas em que pensávamos mostravam-se inviáveis na prática e decidimos verificar como esse problema era solucionado em outros países. Em viagem pela Europa, um de nossos sócios visitou um grande representante de brindes na Inglaterra. Eles tinham uma enorme carteira de clientes e apresentavam seus produtos em um belíssimo catálogo.

A ideia nos pareceu óbvia. Como não havíamos pensado nisso?

Decidimos, então, lançar um guia de fornecedores de brindes no Brasil, o qual recebeu o nome de "FREE SHOP".

Iniciamos as primeiras pesquisas em 1983, e os resultados foram desanimadores. Havia apenas cerca de 70 empresas atuando exclusivamente no mercado de brindes, e a maioria era de pequeno porte, sem estrutura de marketing ou vivência na área de comunicação. Além disso, os preços praticados pela mídia impressa para esses *prospects* eram proibitivos. Estávamos diante de um voo cego de grande risco.

Mesmo assim, decidimos implementar o projeto. A partir de então, começamos a entender melhor o setor e vislumbrar as outras categorias que poderiam ser enquadradas em brindes, tais como artigos de couro, eletrônicos, copos, guarda-sóis, bolas, cadeiras de praia, chapéus, facas e por aí afora. Estimulados, e após um árduo trabalho de convencimento do mercado para anunciar, conseguimos lançar a primeira edição do FREE SHOP, no dia 28 de julho de 1985, com 84 páginas. Nossa primeira decepção foi com a própria Pombo, a maior empresa do setor, que não demonstrou interesse algum em anunciar, pois não queria fortalecer um veículo que poderia estimular a concorrência. E eles estavam certos. Em poucos anos, o mercado ampliou-se drasticamente e a participação da Pombo já não era como antes. Sua adesão ao FREE SHOP era inevitável e foi o que realmente aconteceu nos anos seguintes.

Como agência que éramos, decidimos produzir um guia sofisticado para amenizar as deficiências do mercado, dando-lhe conotação de maior credibilidade. Os anunciantes estavam em um estágio tão primitivo que não nos restava alternativa, a não ser produzir todos os anúncios. Era um trabalho adicional enorme, além do custo que havíamos de absorver, mas era compensado por uma apresentação limpa e um resultado mais efetivo ao anunciante.

O guia era distribuído às maiores empresas do mercado, e dirigido, inicialmente, a seu principal executivo. Com o tempo, isso foi se modificando e abrangendo outras áreas, como Marketing, Promoção, RH, Eventos, Gerências de Produtos, Trade Marketing, entre outras. Foram 10 mil guias distribuídos em primeira edição, que logo se ampliaram para 14 mil, 22 mil, até atingir os 32 mil atuais.

Os resultados foram expressivos já na primeira edição, pois, agora, os pequenos fabricantes tinham acesso aos principais "*buyers*" do mercado e começavam a receber consultas diretas da indústria automobilística, do setor bancário, de seguros, alimentos e bebidas, entre outros.

Havia, entretanto, limitações sérias de produção, e a demanda reprimida não foi atendida no primeiro ano. Porém, o serviço oferecido pelo guia se mostrou tão útil que tanto usuários quanto anunciantes ficaram satisfeitos, uma vez que a publicação representava um novo canal de acesso ao setor.

Em 1990, ocorreu um fato que afetaria profundamente o mercado, trazendo mudanças aos fabricantes nacionais: o governo brasileiro liberou as importações. Isso significava, além da possibilidade de comprar matérias-primas mais acessíveis já usadas em outros países, o surgimento de novos concorrentes, para os quais a incipiente indústria nacional de brindes não estava nem um pouco preparada.

O aparecimento de importadores gerou novo impulso ao setor, mas o processo de personalização dos produtos ainda era um fator de restrição, uma vez que tudo era produzido manualmente, da arte final à gravação, que, em geral, era em silk screen. Isso limitava muito o atendimento dos pedidos, uma vez que, no Brasil, graças à nossa descendência "suíça", tudo é feito com muita antecedência...

A inexistência de uma estrutura de distribuição adequada, somada à facilidade gerada pelo guia, criou uma situação única no Brasil, em que a comercialização passava a ser realizada diretamente entre fabricantes e compradores. Tinha início, assim, uma prática incomum em outros países, como os Estados Unidos e Comunidade Europeia, onde as relações se processam até hoje por meio de representantes ou distribuidores. No Brasil, o principal beneficiário dessas mudanças foi o próprio comprador nacional, uma vez que os preços aqui não embutem as margens do distribuidor, que, nos Estados Unidos, chegam a atingir 50% com facilidade.

Um mês antes do lançamento do guia *Free Shop*, a empresa Lemos Brito Congressos e Feiras promoveu a primeira feira voltada para o setor no Brasil. Arthur Lemos Brito, proprietário da empresa, era um entusiasta do setor e via com bons olhos a importação. Sustentava a ideia de que o importado não prejudicaria as empresas nacionais e que surgiriam parcerias, alianças comerciais, troca de tecnologia e design com empresas do exterior.

Durante muitos anos, sua feira foi única no setor, tornando-se, inclusive, internacional, com a vinda de expositores de vários países, principalmente de Taiwan e Hong Kong. Na década de 1990, a feira foi vendida para o grupo Miller Freeman, que, posteriormente, foi adquirido pela VNU, um dos maiores promotores de feiras do mundo, que decidiu por desativá-la.

Hoje, a Forma Editora é a responsável pela realização da Brazil Promotion, a feira que cobre todo o marketing promocional, inclusive a área de brindes e produtos promocionais, merchandising no ponto de vendas, serviços para eventos, marketing digital, digital signage, produção gráfica, logística promocional, entre outros.

As feiras e os guias foram responsáveis pelas mudanças no comportamento e na forma de uso dos brindes. Nossas pesquisas revelavam que, cada vez mais, eles estavam sendo usados com finalidade promocional, e não somente como brindes de fim de ano.

A cada dia, surgiam novas aplicações em que os brindes se mostravam eficazes: campanhas de marketing direto, fidelização de clientes, relacionamento, lançamentos de produtos, promoções junto à rede de distribuição, programas de treinamento e endomarketing, promoções no ponto de vendas e muitas outras. A aplicação do brinde como recurso para acelerar o retorno de ações promocionais cresceu infinitamente nos últimos anos e parece ter fôlego para muito mais.

A constante pressão dos prazos por parte dos compradores acabou gerando um movimento de modernização da indústria e, principalmente, a aquisição de equipamentos modernos de gravação a laser. Não só se adquiriu agilidade, como também a possibilidade de gravar individualmente cada produto com marcas diferentes sem grandes problemas de tiragem. O setor tornava-se mais flexível, mais ágil, trabalhando em uma dinâmica sem paralelo com o passado.

Atualmente, as empresas do setor de brindes são modernas, bem estruturadas e respondem de modo satisfatório às solicitações do mercado. Mesmo em termos de preço, alguns setores já têm excelentes condições de competitividade em relação aos importados.

O mercado está composto por mais de quatro mil representantes comerciais, distribuidores, importadores e, em menor número, os fabricantes nacionais. Em 2008, o volume de vendas era estimado em U$1,85 bilhões.

O VALOR EMOCIONAL DOS BRINDES

Receber um presente, uma lembrança ou um brinde é sempre muito gratificante. Lógico que ganhar um automóvel é muito diferente de ganhar um pin de lapela, mas o que há de comum entre ambos é a mágica que envolve o ganhar.

O que torna uma informação viva em sua memória enquanto o resgate de outras se torna impossível?

A resposta, segundo conhecidos estudos da neurociência, é: a capacidade de recordar um fato passado será tanto maior quanto maior for o estímulo emocional associado a essa experiência. O prazer de receber algo está, portanto, associado à nossa memória afetiva, ou seja, às recordações íntimas de nossa infância, das comemorações, de nossos aniversários, dos Natais, das competições de que participamos. Em ocasiões tais, o reconhecimento é sempre manifestado por algo a que aspiramos ou que tenha algum significado para nós. A medalha de campeão olímpico pode não ter o mesmo valor monetário que um carro novo, mas terá um valor emocional incomensurável.

Muitas vezes, oferecer aos clientes ou consumidores um presente de valor significativo para cativá-los é inviável. Nesse aspecto, os brindes desempenham papel primordial ao preencherem uma importante lacuna do mercado. Eles disparam um gatilho emocional que ativa a memória inconsciente que se deseja despertar no público-alvo, associando–a a uma marca ou empresa.

O brinde também é o modo de manifestar reconhecimento explícito, um gesto de agradecimento, uma maneira de dizer "Eu gosto de você", "Obrigado por confiar". Além disso, quando você recebe um presente de alguém, sente-se motivado a retribuir o gesto de alguma forma.

Com base nessa premissa, os profissionais de marketing e promoções constataram que o desejo de ganhar algo era tão forte que você poderia exigir alguma coisa em troca. Tiveram início, assim, as primeiras campanhas promocionais com o uso de brindes.

Segundo informações obtidas junto à PPAI (Promotional Products Association International), o primeiro produto promocional de que se tem conhecimento nos Estados Unidos são os *buttons* da eleição de George Washington, em 1789.

Do início até meados de 1800, já se tinha conhecimento de calendários promocionais, materiais artesanais feitos em madeira, mas somente nas últimas décadas do século XIX é que eles aparecem com a frequência e a variedade que caracterizam a indústria atual desses produtos.

Atribui-se a Jasper Freemont Meek o desenvolvimento de uma das primeiras campanhas promocionais nos moldes que conhecemos atualmente. Ele era proprietário de um jornal em Coshocton, Ohio, e, como muitos de seu tempo, complementava as receitas executando serviços gráficos para empresas nas horas ociosas das impressoras.

Um dia, observando as crianças irem para a escola, percebeu que, com frequência, elas deixavam os livros caírem na sujeira da rua principal. É bom lembrar que, naquela época, o transporte ainda era a cavalo. Ele, então, procurou um amigo, proprietário da Cantwell Shoes, importante loja de calçados local, com uma ideia em mente para gerar maior fluxo de clientes.

O plano consistia em imprimir uma sacola para livros feita de sacos de aniagem com a mensagem "Compre sapatos Cantwell" e distribuí-las gratuitamente a todos os estudantes que adquirissem calçados em suas lojas. Como eles circulavam várias vezes ao dia pelas ruas da cidade, isso seria uma maneira econômica de divulgar a empresa, além do retorno positivo associado à marca. Meek manufaturou e imprimiu as sacolas escolares e a campanha foi um enorme sucesso.

Logo depois, obteve grande repercussão com a impressão promocional de pelegos personalizados, aqueles tecidos grossos que cobriam as costas dos cavalos, iniciando sua primeira empresa de produtos promocionais, que se chamava Tuscarora Advertising Co. Meek atuou quase sem concorrência até 1889, quando começaram a aparecer seus primeiros competidores.

Ironicamente, seu primeiro concorrente foi Henry D. Beach, outro proprietário de um pequeno jornal na mesma cidade de Coshocton, em Ohio.

Ambos foram muito agressivos comercialmente e criaram uma vasta gama de produtos em tudo que era passível de impressão: bonés, aventais, chapéus para cavalos, sacolas para bolinhas de gude, capas para charretes, porta-cartões, calendários e leques, entre outros.

Beach foi o primeiro a aplicar a impressão em produtos metálicos, iniciando uma fase que consagraria as empresas de bebidas com suas famosas bandejas personalizadas, que são disputadíssimas por colecionadores até hoje, como as da Coca-Cola e de várias empresas de cerveja da época.

No livro *Incentives in Marketing & Motivation*, os autores George Meredith e Robert P. Fried creditam a primeira campanha promocional do tipo "junte e ganhe" de que se tem conhecimento nos Estados Unidos à empresa de sabonetes Babbitt, em 1851. Os consumidores tinham de juntar 25 embalagens do produto e trocar por um cartaz em cores impresso em litografia.

As promoções passaram por um longo período de evolução e novos usos foram descobertos. Além dos brindes corporativos de relacionamento, uma série de ações promocionais começou a fazer uso de brindes, fazendo-se acompanhar de sua extraordinária força emocional.

Apenas a título de ilustração, menciono, a seguir, algumas ações cujo uso de brindes tem se tornado frequente:

Campanhas de relacionamento ou fidelização. Embora fidelização implique uma ação bem mais complexa e profunda que relacionamento, podemos arriscar algumas generalizações. São ações criadas e desenvolvidas para gerar condições favoráveis à marca por meio de frequência de impactos e interatividade com o público-alvo. Muitas vezes, o brinde é utilizado para reforçar o *recall* do produto, da marca ou da campanha.

Sorteios, Jogos, Cupons-Resposta. São promoções com prêmios ou brindes que visam incrementar as respostas e ampliar a participação do consumidor. Os sorteios têm grande impacto quando aplicados ao ponto de venda, no ato da compra. Os jogos, por outro lado, têm obtido boa resposta na internet e o cupom-resposta é mais efetivo nas ações de marketing direto. Os sorteios necessitam de autorização da Caixa Econômica Federal, obtida em processo conduzido por empresas especializadas.

***Gift* Pack, On Pack, In Pack**. Modalidade de promoção em que o brinde vem acoplado ao produto ou inserido na embalagem.

Self Liquidator. Permite ao consumidor adquirir um brinde mediante o pagamento de uma parte dele. O valor aferido pela empresa ajuda a pagar a promoção. Campanhas promocionais que marcaram época como as implementadas pela Shell para a aquisição de uma cópia do carro de F-1 de Ayrton Senna ou a campanha dos bichinhos da Parmalat se enquadram nessa categoria.

Programa de Incentivos. Aqui, o brinde funciona como coadjuvante no reconhecimento de uma meta alcançada ou performance preestabelecida, como cotas de vendas, atendimento a clientes e redução de acidentes. Em geral, atua como suporte a um prêmio de valor unitário mais expressivo que represente uma grande aspiração dos públicos envolvidos. A tônica emocional é o vetor mais importante dessas ações, que trabalham em viagens inesquecíveis e realização de sonhos.

Campanhas de Endomarketing. São ações planejadas voltadas para o treinamento de funcionários com o objetivo de corrigir comportamentos, estimular o espírito de união, ressaltar aspectos positivos e tudo mais que vise melhorar a performance da empresa. Buscam a reversão de comportamentos que limitam seu crescimento ou o atingimento das metas. Muitos outros enfoques são trabalhados nas ações de endomarketing, que hoje representam a segunda maior demanda de brindes nas empresas. Os brindes criam unidade junto ao grupo e, quando usados adequadamente, estimulam os valores da empresa, trazem impulso adicional para a superação de desafios e fortalecem aspectos visados durante o treinamento.

Não há a pretensão de esgotarmos agora as diversas modalidades de promoção que podem ser implementadas por meio de brindes, já que esse assunto será tratado também nos capítulos desenvolvidos por João De Simone, mas apenas apresentar alguns grandes grupos que possam balizar o leitor.

Outro tópico que tem gerado certo desconforto é a terminologia adotada nessa área para definir brindes, prêmios, produtos promocionais e presentes. São tantas e tão variadas as aplicações de brindes que tentar defini-lo por aplicação ou uso seria temerário e geraria um glossário imenso. De todas as definições a que tive acesso, descrevo, a seguir, as que me parecem mais coerentes.

Brinde. Abrange todo tipo de objeto ou material de baixo valor unitário que seja personalizado com a marca da empresa patrocinadora. Em geral, são produtos de linha do fornecedor, oferecidos a título de cortesia.

Produtos promocionais. São projetos especiais desenvolvidos para determinada ação promocional ou uso específico, procurando adequar-se ao tema da campanha ou ao *briefing* fornecido. Podem ser personalizados ou não. Normalmente, exigem contrapartida do consumidor, seja a compra de algum produto ou seu pagamento em espécie.

Prêmio. Bem ou produto de elevado valor unitário, não personalizado, que tenha alto significado monetário, como joias, eletrodomésticos, automóveis, imóveis ou viagens.

Presentes corporativos. São produtos de valor superior a U$50,00, usados em ações de relacionamento com clientes. Em geral, não são personalizados e, em alguns casos, o são de forma muito discreta, preferencialmente na embalagem. Como referência, nos Estados Unidos, o teto para presentes corporativos é de US$100.

A fim de evitar uma overdose de definições e conceitos, vamos falar um pouquinho sobre o uso prático dos brindes.

AFINAL, O QUE DÁ CERTO NO BRASIL?

Sistematicamente, realizamos um levantamento de mercado junto aos usuários do *Guia Free Shop* para identificar hábitos, tendências e comportamentos.

Descobrimos que, além das musas que aparecem nos comerciais de cerveja e nos desfiles de carnaval, o brasileiro tem outras predileções.

Mais de 50% das ações promocionais com brindes implementadas pelas empresas visam atingir os clientes ou consumidores. O segundo público-alvo classificado por importância é constituído pelos funcionários das empresas com mais de 25% das ações. Em terceiro lugar, vem o trade: distribuidores, representantes, balconistas, repositores, com 17% do total. Esses percentuais variam relativamente pouco de ano para ano. No entanto, apresentaremos, na parte final deste texto, gráficos relativos ao período de 2008 a 2017 que trarão informações mais acuradas. Outro dado interessante é que cerca de 77% da demanda de brindes está situada na faixa de até 0,6 a U$ 3,00.

Dois terços dos investimentos são direcionados para ações promocionais, incluindo aí eventos corporativos, feiras, comemorações, palestras, seminários, congressos, convenções de vendas, treinamento e um terço para presentes de fim de ano.

Em todos esses anos que temos aplicado as pesquisas, sempre encontramos uma pergunta comum: Onde estão os brindes criativos? Não estão faltando novidades?

A reincidência dessas questões era tão grande que arriscamos concluir: O brasileiro gosta mesmo é de novidade.

Realizamos, então, diversas reuniões com os fabricantes no sentido de ampliar o leque de lançamentos. Descobrimos, contudo, que a maioria lança cerca de 10% de sua linha em novidades a cada ano, o que representa mais de 1.000 novos produtos, considerando aqui apenas os que estão em nossos guias, portais e feiras, que representam uma razoável amostra sobre este mercado.

Por outro lado, o que se observa na prática é um comportamento altamente conservador do brasileiro. Suas compras estão concentradas em itens convencionais, como canetas, camisetas, bonés, chaveiros, agendas, canecas, bolsas e relógios. Destes, as canetas representam 50% da intenção de compras. As novidades, com raras exceções, pouco representam no faturamento dos fornecedores e uma boa parte acaba sendo descontinuada.

Mas, então, estamos fadados à mesmice, aos lugares-comuns? Onde está a propalada criatividade do brasileiro?

Nos últimos anos, tenho acompanhado, com ávido interesse, as ações promocionais com o uso de brindes e observo que mesmo o consumidor tem restrições a algo com originalidade duvidosa. Os prêmios e brindes são habitualmente convencionais porque expressam receptividade de amplo espectro. Ou seja, o consumidor estará mais motivado em receber uma caneta do que um guarda-chuva com para-raios.

Na realidade, todo o esforço criativo deve estar voltado para a campanha promocional, e não para o brinde. Itens absolutamente convencionais podem ter performance excepcional quando ligados a uma campanha temática ou quando inseridos em um contexto que motive o público-alvo.

Imagine, por um momento, que você está desenvolvendo um programa de incentivos para a equipe de vendas de uma grande empresa cujo prêmio é uma viagem para as praias do Caribe. Está criado o contexto. Uma vez divulgado o tema, você tem de sustentar a ideia para manter o clima aquecido. Na primeira mala direta, o público-alvo recebe um guarda-sol e um postal do hotel em que o vencedor vai se hospedar se atingir as metas. Em um segundo momento, uma cadeira de praia acompanha a seguinte mensagem: "Você está quase lá" e assim sucessivamente, até o final da campanha.

Bem, o objetivo desses exemplos não é sugerir qualquer teor criativo, mas apenas mostrar como produtos absolutamente comuns fazem sentido e apresentam resultados mais efetivos quando inseridos no contexto da campanha promocional.

Convém frisar, contudo, que não há qualquer restrição a produtos criativos e inovadores, já que, sabidamente, exercem um fascínio quase hipnótico junto ao público-alvo. Seria injusto considerar inócuas as ações com novidades ou brindes originais. Entretanto, o ponto de vista que merece ser ressaltado é que o brinde não deve ser o ator principal, e sim um ótimo coadjuvante da promoção. Por isso, recomenda-se verificar, antes de mais nada, sua pertinência com o tema adotado na campanha. Se não houver adequação, é preferível escolher um item convencional que esteja mais associado ao tema.

O PRODUTO PROMOCIONAL COMO EXTENSÃO DA MARCA

Certa vez, um dos mais respeitados gurus da propaganda, David Ogilvy, afirmou: "Uma marca forte vale mais do que a soma de seus ativos". Por isso e pela própria dinâmica do mercado atual, seu gerenciamento tem sido motivo de estudos e preocupação em grandes empresas.

Segundo dados divulgados em 2017 pela Interbrands (consultoria de marcas internacional), o resultado do Best Global Brands — estudo que estabelece o ranking das 100 marcas mais valiosas do mundo — apresenta a Apple como a marca número um, com valor estimado em U$184,15 bilhões. Já a consultoria britânica Brandz apresenta o Google como a marca mais valiosa do mundo, com U$ 245,58 bilhões.

Polêmicas à parte, os montantes envolvidos representam, na realidade, a quantificação numérica da percepção dos consumidores pela marca, justificando, assim, a crescente preocupação das áreas de marketing com seu gerenciamento.

As estratégias de branding que invadiram as páginas das publicações de negócios e marketing nos últimos anos visam exatamente fornecer uma visão da gestão de marca, estando sua ótica voltada não para o próprio umbigo, mas para o que ela representa aos olhos do consumidor. O objetivo maior do branding é transformar a marca não só em uma identidade respeitada e admirada, como também em uma forma de pensar, em uma ideologia.

São sistemas que interagem, envolvendo o produto, a empresa e o consumidor, que buscam transformar a marca em objeto de desejo e consumo.

Quando nos lembramos de uma marca como Harley Davidson, imediatamente temos associadas a ela formas de comportamento, de pensar, de vestir, de libertação e aventura, enfim, toda uma ideologia, que consiste no grande patrimônio da empresa. Por isso, a visão atual se afasta cada vez mais do conceito de participação de mercado para focar os verdadeiros valores percebidos pelo consumidor, suas emoções e percepções mais subjetivas.

Nesse contexto, a extensão de marcas surge como uma alternativa mais econômica e segura para ampliar famílias de produtos, capitalizando o conceito da marca principal.

Algum tempo atrás, falava-se que a mídia representava o quarto poder constituído nas sociedades modernas e, hoje, já se aceitam as marcas como o quinto poder dominante do novo milênio.

Quando ficou claro que as empresas teriam condições de potencializar seus resultados por meio de suas marcas tradicionais, o conceito de família de produtos expandiu-se rapidamente.

Uma pesquisa realizada pela Troiano Consultoria de Marca concluiu que o século XXI será o de extensão e consolidação das marcas criadas no século anterior. A pesquisa abrangeu 64 categorias de produtos cujas 10 marcas principais de cada uma representavam 90% do volume de negócios, concluindo que 77% já são extensões de marcas existentes.

Um enorme contingente de empresas apostou seriamente na expansão de marcas nos últimos anos. Entre elas, tem-se a Nestlé, que desdobrou suas linhas com uma série de produtos complementares. Assim, o Leite Ninho tornou-se iogurte; o Petit Suisse Chambinho, biscoito; Leite Moça tornou-se cereal matinal Moça Flakes e mousse Moça, e Neston, barras de cereais.

No caso da Unilever, a linha Dove, que lançou um novo conceito de sabonete hidratante, expandiu sua linha na área cosmética, com xampu, desodorante, condicionador, loção e cremes para pentear e para tratamento dos cabelos. A Caterpilar estendeu sua imagem de robustez para uma linha de produtos para trekking, com botas, tênis e até relógios.

A extensão de marcas foi a solução encontrada pelas empresas para ampliar a penetração de novos produtos no mercado sem ter de investir pesadamente na construção de novas marcas. Dessa forma, aproveita-se a credibilidade das marcas tradicionais para alavancar os lançamentos.

Em um primeiro momento, pensar em produtos promocionais como extensão de marcas pode parecer estranho, mas há um imenso campo a ser desbravado por aqueles que acreditam nessa premissa.

O licenciamento, por exemplo, é uma fórmula bem conhecida que a Coca-Cola utiliza há muito tempo, por intermédio de seus credenciados, para a produção de copos, toalhas, camisetas, gravuras e uma infinidade de itens que ajudam a projetar sua marca junto ao consumidor.

As montadoras de autos e motos também já exploram, ao longo do tempo, suas marcas em roupas, acessórios e complementos. Assim, se você é fanático pela Ferrari, mas não tem US$500 mil para desfilar em um de seus supermodelos, pode, pela bagatela de US$7 mil, adquirir um jogo de malas, ou, por US$9.500, desfilar com uma exclusiva bicicleta feita em fibra de carbono, com tiragens limitadas de 500 unidades para cada modelo. A boutique da Ferrari tem uma ampla gama de produtos e todos levam as características esportivas da marca, ressaltadas pelas cores amarela e vermelha, sempre com design exclusivo.

Os veículos Audi A3, quando produzidos no Brasil, apresentavam uma linha especial de malas, pastas, bolsas e carteiras em couro, desenvolvidas no Brasil, que eram muito bem aceitas pelos exigentes consumidores. Hoje, existe a Audi Collection, uma loja própria da marca com uma ampla gama de itens envolvendo artigos esportivos, relógios, chaveiros, camisetas e bonés entre outros.

A BMW, por sua vez, desenvolveu uma linha em parceria com grandes marcas internacionais, como Mont Blanc e Moleskine. No caso da Mont Blanc, foi desenvolvida uma linha especial de instrumentos de escrita e acessórios de couro e com a Moleskine introduziram o SWS, dispositivo que transfere desenhos, roughs ou anotações feitas em papel, diretamente para seu smartphone ou tablet sem necessidade de upload ou scanner.

A Harley Davidson do Brasil, situada em Manaus, apresenta vários itens de confecções e colecionáveis ligados à sua marca. São casacos, jaquetas, botas, camisetas, boinas, bandanas, cintos, placas decorativas, carteiras, relógios, pins, adesivos, chaveiros, que são adquiridos em grande parte pelos membros do HOG — Harley Owners Group, que possui mais de 1 milhão de associados no mundo todo, sendo 15000 no Brasil.

Outro setor muito dinâmico fora do Brasil, no desenvolvimento de brindes próprios, são as redes de bares e restaurantes, que também começam a despertar por aqui. A Cervejaria Braumeister, por exemplo, tem, em seus restaurantes, uma vitrine apresentando vasto leque de produtos com sua marca, que abrange copos, canecas, camisetas, bonés e abridores, além de diversos acessórios complementares. São itens que valorizam a marca e divulgam a empresa.

Ainda no âmbito do varejo, as lojas conceituais, como M&M Store, ou lojas de parques temáticos como, aqui no Brasil, o Parque da Monica, Beach Park, Wet'n Wild, Beto Carrero World, Hopi Hari entre outros, representam um enorme potencial de desenvolvimento de brindes próprios. Trata-se de um segmento ainda pouco explorado no Brasil, mas, à medida que se desenvolva, abrirá grandes oportunidades para os fornecedores da área promocional. Ainda no âmbito nacional, podemos citar a Megastore da fábrica Cacau Show, na Rodovia Castelo Branco, que tem 2000m² de diversão para adultos e crianças. As atrações incluem o Museu do Chocolate, Parque Temático, Ursos falantes, Carrossel Gigante, vagão cinema, câmaras olfativas, customização de barras de chocolate e personalização com o próprio nome. Ao sair das atrações, você pode se deliciar também com um Outlet da fábrica e loja de brindes e gifts temáticos que atingem todos os gostos. Com a crescente preocupação das marcas em criar experiência ao seu público-alvo, esta será, sem dúvidas, uma iniciativa que estimulará outros fabricantes a criarem parques temáticos no ramo alimentício, assim como já acontece no exterior.

O PRODUTO PROMOCIONAL COMO GERADOR DE RECURSOS PARA O TERCEIRO SETOR

Nos Estados Unidos, um dos principais segmentos que demandam brindes e produtos promocionais é constituído por entidades assistenciais ou voltadas para ações comunitárias. São entidades do terceiro setor que buscam fundos para a sustentabilidade de suas atividades. Um dos aspectos mais preocupantes em um trabalho de apoio a qualquer entidade desse tipo é criar condições para que ela desenvolva formas de gerar receita por meio de suas próprias atividades, e não a tornar dependente de doações eventuais.

Um caminho que vem apresentando resultados consistentes é a utilização de produtos promocionais personalizados com o tema ou logo da entidade e que são comercializados em eventos comunitários, feiras, escolas ou mesmo em ações de bairro.

A sociedade americana é muito participativa nesse sentido, e o forte engajamento das pessoas, associado a ideias criativas, garante resultados que contribuem, de forma significativa, para as associações.

Uma das primeiras entidades a atuar intensamente nesse sentido no Brasil foi a AACD, que utilizou durante muito tempo cartões comemorativos como importante fonte de receita. Com o tempo, introduziram-se outros produtos, como agendas, camisetas, relógios, squeezes, mochilas, pipas, porta-CDs, frisbees, bichinhos de pelúcia e muito mais. A associação tinha uma loja virtual que funcionava o ano todo, com ênfase em datas comemorativas. Hoje, a AACD tem utilizado sua marca para o licenciamento de empresas e fornecedores credenciados, acabando com sua linha própria de gifts.

Temos também muitas outras iniciativas interessantes, como, por exemplo, a Campanha de Prevenção contra o Câncer de Mama, com as famosas camisetas com o alvo azul no peito, e as campanhas de Outubro Rosa ou Novembro Azul, com as famosas fitinhas coloridas que estimulam a prevenção ao Câncer com exames periódicos.

Ainda no terceiro setor, mas tomando outra vertente, houve o projeto "Faça Parte da Paisagem da Fundação SOS Mata Atlântica". Nesse caso, reuniu-se um grupo de fornecedores de brindes, o qual desenvolveu uma linha especial com couro orgânico, papel reciclado e outras matérias-primas que respeitam o meio ambiente. Os produtos foram vendidos em quiosques, feiras ou no site da Fundação. A cada item comercializado, os fornecedores reservavam um percentual que era destinado à produção de mudas. Em dois anos, foram plantadas mais de 200 mil mudas.

O BRINDE COMO MÍDIA

Há alguns anos, assisti à palestra de um especialista da França na área de brindes. Ele costumava se referir aos brindes como "propaganda através do objeto". A ideia se apoia no potencial do brinde para atuar como um meio de divulgação de marcas. Até hoje, a terminologia não emplacou, mas o conceito é interessante e tem fundamentos fortes.

O brinde não pretende ocupar o espaço da mídia convencional, mas se torna especialmente poderoso quando se trata de grupos segmentados de clientes, pois pode adequar-se a seus hábitos, costumes e afinidades. O referido especialista comparava, entre outras coisas, o impacto de uma campanha de mídia convencional em que o público-alvo tem atitude passiva e a interatividade que o brinde estimula.

A palestra começava com perguntas do tipo: "Quanto vale sua marca na mesa do escritório de seu cliente, sendo vista centena de vezes por dia?", "Quanto vale o consumidor lembrar-se de seu produto a cada vez que abre a geladeira?", "Quanto vale o cliente lembrar-se da concessionária a cada vez que pega as chaves do carro?"

Essas situações do dia a dia não são consideradas em uma avaliação de retorno dos brindes, pois têm um efeito de longo prazo difícil de ser mensurado, mas apresentam uma frequência de impactos que se prolongam por longos períodos, com efeitos expressivos sobre o *recall* da marca.

Uma pesquisa realizada pela L. J. Market Research para o PPAI (Promotional Products International Association) em aeroportos revelou o poder indelével dos brindes. O questionário foi apresentado a 800 executivos e empreendedores e começava com a seguinte pergunta: O senhor leu jornais na semana passada? O senhor se lembra de algum anúncio que tenha visto nessas publicações? O senhor recebeu algum brinde nos últimos 12 meses? O senhor lembra a marca que está gravada em seu brinde?

As respostas foram contundentes.

Cerca de 80% dos entrevistados tinham lido jornais na semana anterior, mas somente 53% conseguiam lembrar o nome de algum anunciante.

Por outro lado, 71% tinham recebido algum brinde nos últimos 12 meses e, desse total, 76% podiam lembrar o nome da empresa ofertante.

No exato momento da pesquisa, 33% dos entrevistados traziam algum brinde consigo e 86% lembravam a marca gravada nele.

Por outro lado, há que se considerar que a mídia de massa desempenha papel muito importante na divulgação e na consolidação das marcas, e que essa situação não será alterada com facilidade. Portanto, ninguém aqui está querendo substituir uma ação convencional de comunicação por brindes, o que seria uma insensatez.

O poder de mobilização que a mídia oferece é incomensuravelmente maior, porém, o que se pretende mostrar é a efetividade do brinde quando se está em contato direto com o público-alvo. Nessas situações, além do impacto gerado no ato da entrega, o brinde atua com frequência na sustentação da marca. Sempre que ele for usado, um novo *recall* remete o consumidor à sua marca e às experiências vivenciadas quando de sua entrega. E todos nós sabemos como é importante a sustentação de uma campanha na mídia, então por que não por meio de objetos que estejam nas mãos do consumidor?

A maioria das pessoas já ouviu falar em Hard Rock Café, mas, até hoje, quantos viram um comercial, anúncio ou jingle dessa empresa no Brasil?

Considero o *case* do Hard Rock um dos mais bem-sucedidos em termos de massificação de imagem por meio de produtos promocionais. Por trás disso, há, evidentemente, uma brilhante estratégia de envolvimento emocional do consumidor por meio de shows, programações de festas, encontros com artistas e eventos que se processam nas instalações de sua rede. Vale lembrar que, hoje, ela abrange cafés, hotéis, cassinos, lojas e um clube exclusivo para os aficionados em rock.

O site do HRC é muito envolvente e apresenta constantemente atrações para seu público. São os últimos lançamentos musicais, seleção de downloads, agenda de shows, concursos, loja dos produtos, a Hard Rock Academy — onde os interessados podem fazer uma imersão musical por uma semana com o instrumento de seu interesse —, a School of Hard Rock 101, que apresenta seminários sobre as melhores práticas de gerenciamento da empresa e que se encontra aberta ao público, o Famoso Hard Rock Vault, um verdadeiro santuário do rock, que apresenta roupas, equipamentos, artefatos e acessórios usados por astros do rock, sala de som com apresentação de clipes e músicas de todas as épocas, raízes do rock, onde são apresentadas as histórias das músicas e dos precursores do movimento, além de, é claro, uma loja enorme com os produtos promocionais da marca Hard Rock.

Como as jaquetas de couro e os pins são os verdadeiros ícones do rock, recebem um tratamento à parte. Há uma enorme coleção de pins que se renova periodicamente, oferecida ao público em razão de eventos, comemorações ou encontros. Há também as séries especiais que são colecionadas e difíceis de conseguir. Para tanto, o interessado deve associar-se ao Pin Club para ter direito a comprar séries exclusivas.

Um capítulo à parte são os protótipos dos pins, os primeiros de cada edição, os quais são vendidos até por US$200 cada.

Na realidade, o Hard Rock criou um ambiente, uma ideologia, uma vivência do consumidor com o mundo do rock absolutamente únicos em sua categoria. Esse envolvimento faz com que as pessoas se sintam pertencentes à mesma tribo que respira rock e orgulhosas de estampar no peito a marca que traduz suas aspirações e modo de viver. Toda essa filosofia permitiu a rápida expansão da marca por meio de seus brindes e produtos promocionais em diversos países do mundo, transmitindo esse conceito até mesmo àqueles que nunca estiveram em um Hard Rock Café.

INTERNET: FEITA SOB MEDIDA PARA OS BRINDES

A internet está relacionada ao aspecto de interatividade, dotando o consumidor da capacidade de reagir imediatamente a uma ação de marketing ou comunicação. Isso traz, em si, um poder adicional que as publicações ou a televisão não possuem (pelo menos, por ora). A convergência da mídia tradicional para a internet reflete essa necessidade de interagir com o público, gerando relações mais próximas e novas dinâmicas de consumo.

Quando falamos em interatividade, estamos oferecendo ao público-alvo uma nova qualificação, a possibilidade de escolher, de tomar decisões no processo de comunicação. Por isso, os sites têm se tornado cada vez mais customizados, visando atender a necessidades específicas que fazem os consumidores voltar com maior frequência.

Ações focadas nos interesses dos internautas não somente incrementam a taxa de resposta, como permitem captar informações qualificadas para a formação de um database.

Entretanto, interatividade não quer dizer que o consumidor vá fazer exatamente o que você deseja. É preciso criar envolvimento e motivações que justifiquem a troca de informações, o que implica, muitas vezes, a utilização de recursos promocionais.

Não se trata de qualquer novidade, uma vez que os primeiros sites de comércio eletrônico já utilizavam abundantemente ações promocionais com brindes para estimular as vendas.

Com o tempo, à medida que os bancos de dados foram reconhecidos como importantes instrumentos de relacionamento e vendas, os brindes começaram a migrar também para essas áreas, com o objetivo de estimular o fornecimento de informações.

O Starwood-Aloft Hotels, sofisticada rede norte-americana pertencente ao grupo Sheraton, lançou um site digital no Second Life, contendo figuras e ambientes em 3D cujo objetivo era estimular a visitação virtual de suas instalações. Todas as acomodações do hotel foram disponibilizadas no site, de modo que o visitante podia circular por diversas áreas. Vários eventos virtuais foram programados, como lançamento de álbuns de CDs, releases e trailers de novos filmes, lançamento de livros e outros assuntos relacionados ao público-alvo, criando, assim, maior proximidade e estreitando o relacionamento. Tudo isso seria absolutamente normal não fosse o fato de o hotel ainda não existir. O projeto de construção estava sendo iniciado na época do lançamento do site e sua conclusão estava prevista para dois anos após.

Todo esse esforço visava basicamente gerar a difusão de comentários boca a boca, fidelização à marca e obtenção de inputs dos usuários sobre o hotel.

Simultaneamente, lançou-se um blog em que a construção poderia ser acompanhada passo a passo e discutida em detalhes com os arquitetos e especialistas, além de permitir a sugestão de mudanças no projeto, estilos, cores e outras observações sobre design, recursos eletrônicos e decoração. A ideia era que o site permanecesse após o lançamento do hotel, visando manter viva a comunicação com esse público.

Em apenas um mês, o projeto recebeu mais de 600 mil inscrições, sendo 65% dos visitantes do sexo masculino, com idade média de 32 anos, que transitavam pelo site 22,8 horas por mês. Imagine o impacto que uma ação desse tipo teve quando o hotel físico foi concluído. Milhares de pessoas conheceram virtualmente o hotel e participaram de sua construção. Você não se hospedaria no hotel que "ajudou" a construir?

Situações assim, em que o relacionamento de longo prazo é importante, também são propícias ao uso de brindes, os quais podem atuar como um estímulo permanente para se obterem respostas, informações do público-alvo ou conduzi-los a realizar tarefas que sejam de interesse da empresa. Os brindes tornam-se elemento de ligação entre o mundo virtual e o real, trazendo um vetor de maior tangibilidade à ação implementada.

Alguns anos atrás, acompanhei um *case* muito criativo e divertido elaborado para a web pela Ray-Ban nos Estados Unidos, que visava estimular o fluxo de clientes ao varejo, levantar um precioso banco de dados de usuários de óculos e analisar as preferências em função do perfil de cada um. Tratava-se de uma promoção em que a empresa estimulava o público-alvo a testar virtualmente sua linha de óculos de sol.

As pessoas convidadas faziam o upload de uma foto e recebiam uma senha com a qual podiam testar na própria foto todos os óculos que desejassem. Aqueles que enviavam fotos recebiam um e-mail resposta e um vale-brinde com direito ao disputado boné oficial da Ray-Ban, mediante nota fiscal de compra de algum de seus produtos. A campanha desenvolvida não somente expandiu as vendas e estreitou o relacionamento com seus consumidores e com a rede de varejo, como também ajudou a criar um database com as preferências do público-alvo.

Com certeza, o sucesso da campanha não se deveu à originalidade do brinde, mas à forma criativa de envolver o consumidor. Os brindes estimularam o movimento do consumidor ao varejo, estabelecendo conexão do mundo virtual com o mundo real.

RELAÇÕES CLIENTE-FORNECEDOR: QUEM VAI VENCER A QUEDA DE BRAÇO?

O sonho de toda empresa é ser o fornecedor estratégico de seu cliente. Mas o que é, na realidade, um fornecedor estratégico? Bem, essa não é uma resposta simples e o entendimento adequado da questão exige alguma reflexão.

Inicialmente, pode-se pensar que o fornecedor estratégico é aquele que, dentro da cadeia de negócios, tem importância fundamental para o êxito de um evento, uma ação promocional ou uma campanha de incentivo, por exemplo. Entretanto, esse conceito é muito relativo, pois depende da posição em que você se encontra nessa cadeia. Além disso, se olharmos pelo lado do cliente, qual seria o nível de erro que ele estaria disposto a aceitar? Se estivermos organizando um evento e o ar-condicionado não funcionar, o convite chegar atrasado ou o som estiver ruim, qual grau de falhas seria admitido? Possivelmente muito próximo a zero, porque, nessas ações, assim como nas relações entre empresas, são os detalhes que fazem toda a diferença.

Seguindo esse raciocínio, chegamos à conclusão de que todos os fornecedores são estratégicos para alguém. Se todos têm uma importância relativamente grande, como a atenção do cliente se distribui ao longo da cadeia? Ele está dedicando o mesmo nível de interesse a cada elo? Como ele está se comunicando com o fornecedor de brindes, com a empresa de logística ou com os prestadores de serviço que se encontram na outra ponta da cadeia de negócios?

Toda ação promocional tem uma área de inteligência, um setor em que os planos são desenvolvidos, e as decisões estratégicas, tomadas. Em geral, essa área se situa entre o cliente e a agência de promoção. Em seguida, entra a cadeia de fornecedores. Quanto mais distante estiver o fornecedor da área de inteligência, mais seus produtos ou serviços serão tratados como commodities. Isto é, eles serão facilmente substituídos e considerados unicamente em função do preço, pois não há diferenciais competitivos.

Em geral, os problemas ocorrem porque as informações detidas pela área de inteligência vão se perdendo ao longo da cadeia de negócios.

Muitas vezes, o fornecedor de brindes não tem a menor ideia dos objetivos de uma campanha. Simplesmente recebe um pedido de orçamento e é pressionado por preços e prazos de entrega. É lógico que esse fornecedor vai contribuir muito pouco para o resultado da campanha. Nesse processo, o que se perde é que cada elo tem uma expertise que deixa de ser explorada em toda a sua potencialidade. E sabemos que as coisas só acontecem realmente quando há profundo comprometimento de toda a cadeia na execução de um projeto.

Algum tempo atrás, uma concessionária de veículos desejava fazer uma ação promocional e rastrear a equipe de vendas de cada região para verificar o grau de assimilação dos conceitos desenvolvidos. A agência já sugerira vários caminhos, mas o cliente ainda não estava totalmente convencido. Então, a agência se reuniu com um fornecedor de brindes, que já a assistira várias vezes, e explicou detalhadamente toda a campanha, suas necessidades, objetivos e expectativas. Com um trabalho conjunto, desenvolveram uma etiqueta numerada que deveria acompanhar cada camiseta, juntamente com as instruções da ação promocional. O vendedor deveria responder a certas perguntas via internet, participando de um concurso nacional para um prêmio de maior valor. Além disso, ao digitar o número da etiqueta, uma parte do valor da camiseta que ele recebia era doada a uma instituição escolhida pelo cliente. Assim, a empresa obteve um feedback interessante da abrangência de sua ação, avaliou o grau de absorção dos conceitos divulgados no treinamento das equipes e obteve um mapeamento da performance de cada região.

Outro caso interessante é a distribuição dos Guias Free Shop. São produtos editoriais que pesam cerca de 2kg, cuja tarefa de logística exige certos cuidados. Esses guias são distribuídos para empresas em todo o território nacional, por meio de um fornecedor credenciado que nos atendia até 2006. O principal problema — que sempre gerava preocupação — era a falta de certeza se o produto chegaria às mãos de nosso público-alvo. A empresa de logística que nos atendia informava todas as mudanças de endereço em nosso mailing após o envio do guia. Eles nos davam 15 dias para atualizar esses dados e devolvê-los para nova distribuição. No caso de levarmos um período maior, o valor da remessa era cobrado novamente. É claro que essa situação de pressão gerava enorme turbulência na empresa, pois tínhamos de desviar um grupo de pessoas para proceder às atualizações rapidamente. Um fornecedor concorrente, ao nos contatar, observou o estresse que essas atualizações geravam e se propôs a fazer uma experiência com um de nossos produtos. E assim foi. Só que um pequeno detalhe alterou completamente o processo: após identificarem as etiquetas desatualizadas, eles se anteciparam e procederam à atualização integral das empresas não localizadas e reenviaram automaticamente o guia, devolvendo apenas aquelas que efetivamente haviam desaparecido, ou seja, algo como 15 em um mailing de 32 mil. É lógico que acabamos mudando de fornecedor, mas isso não aconteceria se eles não tivessem acessado áreas de inteligência dentro de nossa empresa.

O objetivo desses exemplos é mencionar que um trabalho em parceria pode ser enriquecido significativamente quando há o envolvimento de elos da cadeia que muitas vezes não têm acesso a informações.

Voltando a nosso tema, identificamos duas situações diametralmente opostas nas relações entre clientes e fornecedores. Do lado do cliente, há um enxugamento das estruturas com reflexo nas equipes que estão cada vez menores e com sobrecarga de trabalho. Em decorrência disso, há um distanciamento natural do cliente com relação à cadeia produtiva que o assiste. Elos importantes vão ficando cada vez mais distantes da área de inteligência da empresa, restringindo, assim, o âmbito de sua contribuição.

As novas exigências das empresas e o pouco tempo disponível dos profissionais têm modificado as relações com os fornecedores, empurrando muitos serviços que anteriormente eram de exclusiva responsabilidade do marketing para áreas como compras, que, muitas vezes, não estão totalmente inteiradas dos objetivos de cada ação e exercem apenas as técnicas habituais para obter o menor preço. E, nesse processo, vão afastando cada vez mais o fornecedor das áreas de inteligência da empresa.

Mesmo o departamento de compras, que, já que já atende áreas de serviços como a de marketing, também se encontra sobrecarregado e tem, igualmente, ingerência nos processos, imputada pelas consultorias externas ou pela própria matriz, no sentido de obter melhores resultados nas negociações.

O e-procurement é um movimento implementado pelas empresas no sentido de obter resultados consistentes na redução dos custos de compras. Vale lembrar que ele não atua apenas em leilões, mas também na análise dos processos que envolvem a produção do item adquirido, buscando um caminho crítico que possibilite menor custo com resultado equivalente. O leilão reverso, conhecido também como leilão perverso, consiste em uma situação em que o cliente credencia um grupo de fornecedores, teoricamente de níveis equivalentes, e passa a todos o mesmo *briefing*, solicitando orçamento. O menor preço ganha. Nesses casos, não se leva em conta que o fornecedor X pode ter uma ideia genial no meio do caminho. Mas como discutir isso sem que sua ideia seja orçada por outro fornecedor que tenha melhor preço? Perde-se, assim, o potencial criativo de cada fornecedor, no sentido de contribuir para um melhor resultado.

Do lado do fornecedor, há um movimento oposto em que se busca, por sobrevivência, uma aproximação maior com a área de inteligência das empresas. Quanto mais distante ele estiver, maior será sua vulnerabilidade a preços e a chance de ser substituído. Há um movimento no sentido de agregar valor ao produto ou serviço prestado.

Hoje em dia, muitos fornecedores de brindes não somente gravam os produtos, como também os personalizam, embalam e distribuem onde for necessário. Mais do que isso: muitos deles têm condições de contribuir, de forma expressiva, para o desenvolvimento e o planejamento de campanhas no âmbito de sua atividade. Alguns já trabalham com conceitos de *key account* para determinados clientes, prestando um serviço diferenciado, aproximando-se mais da área de inteligência e ficando menos vulnerável à concorrência.

O exemplo a seguir não se refere propriamente à área promocional, mas mostra o movimento de aproximação do fornecedor por meio da prestação de serviços complementares à sua atividade.

Uma grande empresa de varejo focada em confecções atua, de forma muito agressiva, na contratação de seus fornecedores da área de logística. Esse setor se encontra na ponta da cadeia de negócios e, portanto, numa situação bastante vulnerável. Um fornecedor, buscando maior aproximação com a área de inteligência da empresa, identificou quais seriam as necessidades básicas do cliente para o transporte das mercadorias até as lojas. Em seguida, levantou quais eram as principais preocupações que o cliente tinha após enviar a mercadoria.

A resposta mostrava que o principal problema do cliente — fruto de constantes desgastes — era a necessidade de as confecções, amarrotadas pela viagem, serem passadas após o transporte e dispostas nas gôndolas. Identificada a oportunidade, o fornecedor passou não só a transportar as mercadorias, como também a entregá-las passadas diretamente nas gôndolas. Criou, assim, um diferencial competitivo em relação aos concorrentes, melhorou suas margens e resolveu um problema relevante ligado à operação. Essa atuação só foi possível porque o fornecedor se envolveu com áreas críticas do cliente, o que não seria obtido em uma simples negociação de preço, na área de compras.

Mesmo alguns segmentos considerados jurássicos em seus processos já iniciaram a implementação de compras em pregões. É o caso do próprio governo brasileiro, que, a partir de 2000, em decorrência do Decreto Lei 5.504, passou a adquirir produtos e serviços por essa modalidade. Os pregões de compras, como são conhecidos, foram implementados pela internet, trazendo um caráter mais democrático a essas relações, pois atingem um leque mais abrangente de fornecedores, dando a todos condições de competitividade, fugindo dos complicados meandros de licitações por meio de carta-convite e promovendo relações mais transparentes. Estima-se haver redução de custos da ordem de 20% quando comparado à licitação tradicional, e mais de 50% dos fornecedores são constituídos por pequenas e microempresas.

Trata-se, contudo, de um sistema que ainda carece de amadurecimento, mas que tem evoluído de forma acelerada, principalmente a partir de 2002, quando foi normatizado pela Anatel, servindo, inclusive, de referência para outros países. Só para se ter uma ideia, em 2005, o portal Comprasnet, www.comprasnet.gov.br, já reunia mais 235 mil fornecedores cadastrados.

É importante que as empresas da área promocional comecem a se preparar para atender a esse tipo de solicitação, que se tornará cada vez mais frequente nas relações comercias com os principais *buyers* do mercado. Mesmo áreas específicas, como serviços para eventos, já são amplamente contratadas por *procurement* nos países que compõem a União Europeia.

RELAÇÕES CLIENTES *VERSUS* FORNECEDOR: UMA QUEDA DE BRAÇO SEM VENCEDOR

Adoro as publicações americanas, que sempre apresentam regras muito práticas para tudo que possamos imaginar. Por isso, não podia deixar de apresentar os 10 passos, segundo minha visão, para um relacionamento saudável entre fornecedor e cliente, tomando o cuidado de me colocar em ambas as posições, alternadamente.

Pelo que já vimos, existem posições divergentes entre os interesses imediatos do cliente e do fornecedor, então seguem algumas dicas que podem fazer toda a diferença. A ideia não é fornecer a receita do bolo, mas evitar que a massa desande.

SOB A ÓTICA DO CLIENTE

1. Conhecimento é poder.

Há ocasiões em que não se pode falhar. Trata-se de um evento, um congresso, uma comemoração com data e hora marcadas. São aquelas situações em que pequenos erros produzem enormes reflexos e a consequente decapitação de alguém. Some-se a isso que o tempo hábil para a execução é sempre exíguo. Nessas situações, não hesite; experiência é fundamental. Escolha, preferencialmente, um fornecedor que o tenha atendido com eficiência em outras oportunidades. Experiência é sinônimo de segurança.

2. O fornecedor conhece a ação promocional ou está só tirando um pedido?

Um dos erros mais frequentes que observo no dia a dia das empresas do setor é quando o cliente começa a interferir tanto no produto que acaba prejudicando o resultado. É a mesma situação de uma operação plástica em que o paciente começa a discutir com o médico não o que deve ser feito, mas como ele deve operar. Essas situações embotam o verdadeiro potencial que o fornecedor tem em uma especialidade.

Nessas situações, é recomendável *brifar* adequadamente o fornecedor, para que ele entenda todo o processo no qual seu produto será inserido. Assim, ele poderá pensar na melhor solução e em eventuais alternativas que sejam até mais eficientes que as sugeridas pelo cliente.

3. Divida preocupações, medos e ansiedades.

Sabe aquele aspecto que o está preocupando, mas que você considera que não é importante passar adiante? É aí que reside o perigo. Às vezes, são detalhes bobos, como referências de cores que não batem. É comum, por exemplo, o cliente apresentar um código Pantone para ser seguido, esquecendo, porém, que cada material tem uma refração de luz diferente e o resultado pode ser completamente diferente do esperado. Ou quando as dimensões precisam ser exatas e não se dá o devido acompanhamento a isso. No final, o produto não se encaixa. É fácil devolver tudo ao fornecedor, mas é justo?

Se você está inseguro com relação a prazo, não é indicado ficar ligando de cinco em cinco minutos para o fornecedor. Conhece aquele manjado refrão: "O caminhão acabou de sair para fazer sua entrega"...?

Quando o pepino é iminente, melhor acompanhar o processo *in loco.*

4. Não faça alterações importantes por telefone.

Em nossa empresa, uma pesquisa interna revelou que 70% dos problemas com fornecedores estavam relacionados à comunicação.

Você já participou daquela brincadeira em que todos ficam em fila e uma história é contada de um para outro? Pois é, lembra qual era o resultado no final da fila? A mensagem original foi totalmente distorcida. Então, para que isso não aconteça com seu fornecedor, tome pelo menos o cuidado de documentar quaisquer alterações no pedido original. Mas não pense que, ao agir assim, seus problemas terminaram; ainda há a possibilidade de ele entender a mensagem equivocadamente. Portanto, certifique-se de que ela foi bem compreendida.

5. Identificar os erros não é suficiente.

Não basta identificar onde erramos; é preciso criar rotinas e procedimentos que minimizem essas ocorrências. É preciso desenvolver processos. Nos programas de normatização ISO, por exemplo, sempre se trabalha no conceito PDCA, ou seja, Plan, Do, Check e Act (Planeje, Faça, Confira e Atue). Obedecer a certas rotinas é como aprender a andar sobre as águas.

6. Originalidade é importante, mas não é tudo.

É bom que se saiba que ser diferente implica também uma dose de risco maior. Pode ser um novo produto, um acabamento diferente ou um formato original, enfim, uma excelente ideia que resulte em um ótimo impacto final. Entretanto, lembre-se: ser diferente significa também medo, ansiedade, riscos, erros não previstos. Portanto, não exagere na dose. Às vezes, o arroz com feijão bem feito é melhor que um *bouillabaisse* azedo. Entretanto, quando as coisas dão certo, o benefício final compensa o sacrifício.

7. Economia em excesso conduz ao desastre.

Ninguém teria coragem de falar, nos dias de hoje, que preço não é importante, mas há uma tênue linha que, se ultrapassada, conduz a resultados frustrantes. Você deve estar vigilante e atento para não exigir aquilo que não pode ser oferecido. Além disso, você só poderá contar com um fornecedor fiel quando há uma situação ganha-ganha. Ninguém sobrevive se trabalhar permanentemente abaixo de seus custos. Embora pense que não, você também é responsável pela saúde de seu fornecedor, "física" e financeira.

8. A ética é a base de um bom relacionamento.

Nesses muitos anos de atuação no mercado promocional, a queixa mais frequente que tenho ouvido se refere ao cliente que pede um projeto ao fornecedor e depois executa com outro. Isso é o mesmo que usurpar ideias, tempo, experiência e dedicação de toda uma equipe e passá-la ao concorrente. Dá até a impressão de que você está economizando para a empresa, mas o que está fazendo é fechando as portas para novos negócios e para si mesmo quando buscar um novo emprego. O maior patrimônio que um profissional tem são os relacionamentos que constrói ao longo da vida.

9. Dê feedback a seu fornecedor.

Com o término de uma campanha, faça um balanço do que ocorreu, quais foram os pontos positivos e onde houve problemas. Para poder melhorar, o fornecedor necessita de um posicionamento transparente e sincero.

10.Errar é humano, mas...

Erros acontecem e decorrem de uma infinidade de fatores, mas insistir nos erros é displicência. Quando os mesmos erros voltarem a acontecer, caia fora o quanto antes ou a próxima vítima será você.

SOB A ÓTICA DO FORNECEDOR

1. Ouvir é bom; perguntar é ótimo.

Erros por omissão são muito comuns. O cliente tem certeza de ter dito algo, mas o fornecedor diz que não. Pronto, está armada a confusão. Portanto, não se contente apenas com as informações que o cliente fornecer. Procure estabelecer um roteiro básico com perguntas que possam ajudar na concepção e na execução do orçamento ou pedido. Você pode começar, por exemplo, a conhecer em maior profundidade a ação promocional que será implementada. Um *briefing* bem transmitido já é meio caminho andado.

2. Falta de comunicação gera insegurança.

Você se lembra daquele filme, "O piloto sumiu!!!"? Pois é, a insegurança é ainda maior quando o fornecedor sumiu. Não importa se a encomenda está atrasada, se há problemas com a matéria-prima ou se o caminhão capotou, o importante é manter o cliente monitorado a todo instante e seguro das informações que passar. É preferível dizer a verdade nua e crua a tentar enrolar. Você provavelmente será punido em ambas as situações, mas, no primeiro caso, o cliente terá a oportunidade de tentar um plano B, e sua empresa, maior chance de voltar a fornecer no futuro.

3. Não prometa o que não pode cumprir.

Esta é uma das principais fontes de aborrecimentos e também uma das mais comuns. É uma espécie de suicídio consciente. Para não perder aquele pedido importante, você vai fazendo concessões e mais concessões, até concordar com o impossível. Você já sabe de antemão que não vai dar para atender a todas aquelas solicitações, mas, por insegurança, continua concordando com tudo.

Em geral, situações que começam mal terminam pior ainda. Seja transparente em suas posições e você verá que a maioria dos problemas desaparece.

4. Na hora do problema é que se conhece o fornecedor.

A quebra de expectativa é o principal gerador de insatisfação do cliente. O problema é, portanto, a diferença entre o que foi planejado e o que foi executado. Nem sempre é para pior, mas talvez não atenda às necessidades do cliente. Se você não quiser ser um fornecedor de um pedido só, pense muito bem antes de se posicionar diante de um problema. Nessas ocasiões é que se distingue um parceiro confiável de outro qualquer e que se estabelecem laços de fidelidade. O bom fornecedor vai tentar, em primeiro lugar, resolver o problema do cliente, e não justificar os erros cometidos.

5. Amplie os horizontes do negócio.

Procure identificar as necessidades do cliente e supri-las além do âmbito de sua atuação. Às vezes, uma embalagem diferenciada é algo relevante. Em outras, um serviço complementar, a logística, uma gravação adicional, enfim, o importante é tornar-se um fornecedor único, cujo fator "preço" passe a ser secundário e o serviço prestado represente um diferencial competitivo importante.

6. Queimando a imagem ao tentar agradar.

Reduções de preço podem ser o recurso final para não se perder o cliente. Entretanto, quando essas reduções são muito expressivas, podem gerar uma impressão negativa em relação ao fornecedor.

Em geral, acontece que o cliente nunca mais vai aceitar o primeiro preço apresentado, seja ele qual for. Depois, se o fornecedor podia fazer 50% a menos, por que não fez logo na negociação inicial? E, por último, esse fornecedor provavelmente está em situação financeira difícil para aceitar uma proposta como esta! Ou seja, a confiança cai vertiginosamente, com evidentes prejuízos em negociações posteriores.

7. Não adote a medicina homeopática na entrega de seus pedidos.

Como não há condições para atender o prazo proposto pelo cliente, habilmente o fornecedor aceita o pedido e depois começa um longo e penoso processo de entregas homeopáticas que podem trazer enormes problemas, principalmente em campanhas de massa em que a ação promocional fica sujeita a descompassos entre a demanda e a oferta dos brindes.

É muito comum que pequenos pedidos gerem, na sequência, demandas maiores. O fornecedor deve estar preparado para repiques de pedidos com prazos ainda menores que o inicial.

8. Cuidado para seu produto não ser um "Eu Também"

Ao longo de tantos anos acompanhando os fabricantes de brindes e produtos promocionais, posso afirmar, com alguma segurança, que, mesmo quando o mercado está crescendo tremendamente, existem empresas que estão enfrentando enormes dificuldades de vendas. Em geral, essas empresas são as que eu chamo de "Eu Também", ou seja, aquelas que tornam um produto igual a tantos outros, sem diferencial competitivo, sem inovações, sem serviços complementares, sem agregar valor. Na relação com seu cliente, se você não quiser que seu produto seja tratado como commodities e a negociação focada unicamente em preço, comece a pensar seriamente em inovar. A criatividade é a saída de emergência para escapar ao desgaste desse tipo de relação. Talvez a única porta para a sobrevivência de sua empresa.

9. Bem, erramos. E daí?

É difícil admitir que errar é humano, mas prefiro dizer que errar decorre do pouco conhecimento do que se está fazendo e, muitas vezes, da falta de informação ou de planejamento adequado, mas mesmo que todos os cuidados sejam tomados os erros podem aparecer. E nesse caso qual a postura correta a ser adotada? Este é o momento em que o cliente espera um suporte do fornecedor. Eu me lembro de uma situação que enfrentamos muitos anos atrás, quando distribuíamos os *Guias Free Shop* por intermédio de um importante grupo editorial do país. Um problema na impressão das etiquetas, ocorrido no fornecedor, fez com que distribuíssemos cerca de 15 mil exemplares sem que houvesse o nome do receptor, cargo, departamento etc., ou seja, jogamos o produto no lixo. Pior: nossos clientes não teriam o retorno esperado e, consequentemente, não teríamos renovações de anúncios na próxima edição. De imediato, conversamos com nosso fornecedor gráfico, que reimprimiu com prioridade zero os guias adicionais, bem como o distribuidor que, ao admitir seu erro, nos ressarciu dos gastos que tivemos com a reimpressão do produto, concedendo-nos descontos nas distribuições subsequentes.

É lógico que ninguém deseja ter problemas, mas, se eles acontecem, a postura correta do fornecedor é que determina se ele vai continuar servindo essa empresa ou não.

Um erro também é uma oportunidade para reforçar os laços com o cliente, atuando de forma ética e respeitosa com seu investimento. Sempre que o cliente se sente recompensado por alguma eventual falha, no momento seguinte ele amplia os investimentos com o fornecedor.

Por outro lado, se o cliente nunca está satisfeito e sempre está em busca de vantagens após o recebimento da encomenda, talvez seja o momento de você procurar novos *prospects*.

10.Não há mais espaço para a lei de Gerson

Enganar o cliente é o caminho mais rápido para a insolvência. Há alguns anos, um grande banco encomendou 1 milhão de bandeiras de times de futebol e de sua caderneta de poupança para serem distribuídas nos estádios. O fornecedor, que fizera um preço muito baixo para não perder o pedido, resolveu "economizar" em alguns aspectos do produto e, após ter o modelo aprovado, produziu as bandeiras com alguns centímetros a menos. Na entrega do produto, o departamento responsável identificou a diferença e rejeitou o recebimento. O fornecedor, desesperado, entrou com uma ação na justiça e perdeu. Dizem que as bandeiras eram do Corinthians e o juiz era palmeirense, mas, torcedores à parte, não entregar o que foi prometido é falta grave e sem oportunidade de revanche.

O futuro (próximo) que nos aguarda em produtos promocionais

Ao longo de muitos anos atuando na área promocional e em entidades do setor, tenho encontrado pessoas que, por desconhecerem a importância e a magnitude do setor de brindes e produtos promocionais, se referem a ele como algo menor, sem importância, que se desenvolve sem uma estratégia definida e busca de resultados objetivos.

Desconhecem que, nos Estados Unidos, esse setor movimenta mais de US$20 bilhões, e é um dos mais dinâmicos e representativos da cultura americana. A feira desse segmento encontra-se entre os 40 maiores eventos dos Estados Unidos e possui mais de 1.700 estandes. Além disso, existem dezenas de estudos patrocinados por entidades, como PPAI (Promotional Products Association International), IMA (Incentive Marketing Association), veículos como *Promo Magazine* e diversas universidades que analisam a performance dos produtos promocionais em diversas situações, comparando-os com a mídia tradicional e confirmando o aumento incrível nos resultados quando os recursos e a mídia tradicionais são associados aos brindes, ou mesmo quando atuam diretamente em segmentos pré-qualificados do público-alvo, com excelente relação custo-benefício. Como há uma crescente preocupação em se estabelecerem métricas de mensuração em qualquer atividade da área de comunicação, pela representatividade que elas têm nos orçamentos das empresas, cada vez mais se confirmam essas performances e a atividade é incorporada aos programas de marketing e comunicações das empresas.

No mercado americano, o advento da internet possibilitou o acesso direto dos clientes a distribuidores, o que levaria a supor que o revendedor ou intermediário seria eliminado da cadeia de negócios. Mas na prática isto não se verificou. No Brasil, pela carência de uma estrutura de distribuição, o mercado se desenvolveu por meio de relações diretas entre fabricantes e clientes. Somente mais recentemente o mercado de distribuidores está adquirindo musculatura.

Assim como ocorre na América do Norte, o mercado brasileiro caminha para mudanças mais profundas na forma de se fazerem negócios. Tanto fabricantes quanto distribuidores não estarão focados somente na venda de produtos promocionais, mas, em breve, passarão a atuar como um bureau de serviços de seus clientes.

Hoje em dia, o fornecedor recebe um pedido de última hora sem um *briefing* específico no qual possa visualizar a ação promocional a ser implementada. Como resultado, o fornecedor oferece apenas o produto, sem incorporar sua experiência sobre as ações que surtiram maiores resultados ou mesmo propor novas soluções. Como consequência, toda a cadeia de negócios se ressentirá de resultados menos efetivos.

Haverá, paulatinamente, mudanças que conduzirão os fornecedores a se tornarem *bureaus* de criação para as próprias agências de promoção ou mesmo clientes. E, nesse caso, haverá a necessidade de maior envolvimento deste com os centros de inteligência da empresa contratante, bem como uma estrutura que o capacite a dar tal suporte.

Cada vez mais, os clientes querem soluções completas que envolvam personalizar, embalar, estocar, distribuir, avaliar performances e, mais do isso, soluções criativas adequadas às suas necessidades.

Dentro desse panorama, já existem nos Estados Unidos fornecedores que se especializaram em segmentos como sorteios, *rebates*, campanhas interativas e varejo, entre outras.

A própria PPAI já mudou a definição de *Fornecedores de Produtos Promocionais* para *Professional Promotional Consultants* e lançou a revista *Promotional Consultants*, com objetivos educacionais, para fortalecer os conceitos e divulgá-los aos profissionais com esse perfil.

COMENTÁRIOS SOBRE ASPECTOS LEGAIS QUE REGEM O SETOR

É difícil imaginar uma atividade que reúne um número tão grande de fornecedores não contar com representatividade junto aos órgãos legislativos, bem como junto àqueles que estabelecem as boas práticas do setor.

Como esse segmento é caracterizado por um número imenso de pequenas empresas cujas prioridades consistem em resolver, em primeiro lugar, as próprias necessidades, o setor é submetido a toda sorte de equívocos e interpretações limitadas pelas autoridades, que acabam restringindo o uso dos brindes e suas aplicações no mercado.

Nos últimos 25 anos, houve pelo menos três tentativas frustradas de se organizar uma associação forte que representasse o setor adequadamente.

A última iniciativa, fruto do esforço heroico de alguns abnegados profissionais, culminou com a fundação da APPROM (Associação Nacional dos Fabricantes de Produtos Promocionais). A entidade foi muito mais proativa que as anteriores, tendo se manifestado em vários processos que visavam a regulamentação do setor. Entretanto, apesar do esforço, a tentativa de ter uma instituição que representasse o setor não vingou mais uma vez.

Fruto dessa desunião, como veremos, a indústria de brindes e produtos promocionais foi submetida a diversos golpes no curso de seu desenvolvimento.

Anos atrás, algumas empresas, aproveitando a indefinição existente na legislação sobre o que é brinde, abatiam do imposto de renda montantes decorrentes da aquisição de automóveis ou bens de valor significativo quando concedidos a ganhadores de concurso ou em campanhas, mencionando-os como brindes. Essas iniciativas provocaram reação junto às autoridades tributárias, que criaram, durante a gestão Kandir, leis visando coibir tais abusos.

Apesar da excelente iniciativa, a forma como foi implementada gerou novas distorções, pois, segundo o artigo 13, inciso VII, da Lei n. 9249/1995, os brindes foram incorporados às restrições e não podem mais ser considerados despesa para efeito de abatimento do imposto de renda e da contribuição social sobre o lucro líquido das empresas. Por outro lado, essa mesma lei permite o abatimento de itens como cestas de Natal e festas comemorativas.

Na ocasião, elaboraram-se pareceres jurídicos amparados por tributaristas de inegável reputação que foram encaminhados às autoridades e à mídia, mostrando a inconstitucionalidade da medida. Entretanto, esses esforços não foram suficientes para eximir os brindes do "imbróglio" que os colocava no mesmo patamar dos sonegadores. Resumo da ópera: descontar brindes do imposto de renda é ilegal, um absurdo que o setor não engoliu até hoje. Mas a situação não termina aí.

Hoje, há no mundo um movimento que defende maior transparência nas relações entre médicos e laboratórios farmacêuticos, o que é justo, correto e louvável. Em países como o Brasil, onde produtos sujeitos à prescrição médica não podem ser divulgados pela mídia, recursos como a visita de propagandistas aos consultórios são vitais para o bom desempenho de uma marca. Nessas ocasiões, usam-se diferentes recursos para aumentar o *recall* do produto divulgado e seu princípio ativo junto ao médico. Com esse fim, são oferecidos, além da literatura científica, brindes e materiais de apoio que estimulam a lembrança da marca.

Por outro lado, estímulos altamente motivadores, como o pagamento de viagens para congressos, além de atrações, incentivos e entretenimentos, conduziam o profissional a maior comprometimento com determinadas marcas ou laboratórios, podendo gerar distorção na prescrição dos medicamentos.

A Anvisa (Associação Nacional de Vigilância Sanitária), estimulada por diversos órgãos, entidades e Ongs voltadas para a defesa do consumidor, em colaboração com o Conselho Federal de Medicina, decidiu cercear essas práticas.

É bom lembrar que, há alguns anos, a Anvisa estabeleceu normas e procedimentos para a distribuição de brindes aos médicos, separando-os daquilo que é considerado prêmio e acatando uma sugestão que regulamentava a atividade nesse particular.

Recentemente, as consultas que constituíram a base para a publicação da Resolução RDC n. 96/08, de 18 de dezembro de 2008, foram responsáveis pela proibição da distribuição de brindes a farmacêuticos e à classe médica.

São louváveis as iniciativas junto aos farmacêuticos, os quais, ainda hoje, aconselham pacientes sobre a indicação de determinado medicamento. Mas é difícil aceitar que um médico tenha sua prescrição alterada estimulado por um brinde de baixo valor unitário. Após seis anos de formação, dois de residência, além de toda a reputação profissional que está em jogo, é quase inadmissível que ele altere sua postura ética em função do brinde.

O que mais incomoda o setor é o enquadramento dos brindes junto a categorias de entretenimento ou de benefícios escusos, que não correspondem aos propósitos a que se prestam. Esquecem, por exemplo, que estes têm finalidades utilitárias que contribuem para a atividade do médico em seu dia a dia, tais como abaixadores de língua, reproduções de partes do corpo humano, lanternas, termômetros, entre outros. Essas peças foram simplesmente abolidas dos consultórios médicos quando patrocinadas por alguma marca.

Muitas benesses ainda foram mantidas nas relações laboratório-classe médica, mas itens que propiciavam transparência e alta visibilidade a marcas de produtos farmacêuticos, como os brindes, foram eliminados. Uma nova revisão realizada pela Anvisa, em 2009, permitiu que os brindes institucionais, ou seja, aqueles que não são assinados por marcas de produtos e sim por laboratórios, pudessem ser distribuídos nas ações de divulgação ou em eventos, congressos e feiras.

Também está em andamento um movimento de autorregulamentação que visa a redução dos estímulos ao consumo de alimentos e refrigerantes junto a crianças de até 12 anos. A Coca-Cola, a Pepsi, a General Mills, a Danone e a Nestlé foram signatárias de um acordo que cria regras e procedimentos na área de comunicação, com o objetivo de se antecipar aos órgãos reguladores ou fiscalizadores, que, a partir de 2009, estabeleceram limitações, regulamentações e controles a essas práticas. As ações publicitárias devem focar os adultos, e não mais as crianças, que ficariam imunes a impactos dessa natureza. Campanhas do tipo McLanche Feliz ou personagens colecionáveis deverão seguir o mesmo caminho, pois estão enquadradas nessas restrições.

É provável que, mais uma vez, os brindes venham a pagar a conta alheia. Se a alimentação inadequada está causando problemas aos jovens, não seria mais razoável regulamentar os alimentos, e não sua divulgação? Afinal, até hoje, não vi ninguém com sobrepeso por comer alface em excesso.

As ferramentas promocionais atuam apenas como catalisadores de uma ação, acelerando seus efeitos. Se o brinde for usado como um vetor positivo para a demanda de um produto saudável, não seria incoerente sua proibição, mesmo que dirigido a crianças de até 12 anos?

Sabemos, por outro lado, que podem ocorrer abusos e distorções e entendemos as limitações de discernimento das crianças nesta faixa etária, portanto o mais recomendável é a regulamentação, estabelecendo normas para o uso adequado deste recurso promocional.

O MERCADO DE BRINDES

Além de falar sobre tamanho de mercado, número de empresas fabricantes e importadores, entre outros aspectos já abordados neste livro, existem ainda muitas curiosidades que fomos acumulando ao longo de 34 anos de atuação no setor. São aspectos algumas vezes surpreendentes e que trazem uma visão complementar dessa atividade.

Desde os primeiros anos do lançamento do *Guia Free Shop*, decidimos realizar pesquisas que nos permitissem obter real feedback do usuário. Essas pesquisas eram sempre inseridas nos guias e, posteriormente, em outros meios, como a internet. Elas cumpriam — e ainda cumprem — o importante papel de nos orientar sobre os setores emergentes, as faixas de preço mais demandadas, as finalidades de uso mais comuns, o período do ano em que as ações ocorriam, entre muitos outros, para que pudéssemos ajustar os guias às necessidades do mercado.

Recentemente, começamos a construir séries históricas e avaliar não somente esses dados pontualmente, mas também sua evolução.

Em geral, recebemos mais de 800 respostas dos segmentos pesquisados, uma amostra representativa do universo atingido, o que nos traz um retrato bem apurado das características e percepções do mercado.

Não nos foi possível ainda inserir todos os dados dos últimos 34 anos no sistema, mas pudemos fazê-lo nos últimos dez anos, o que já traz possibilidades de reflexão interessantes.

Em 1984, quando lançamos a primeira edição de nosso *Guia de Brindes e Produtos Promocionais*, notamos que havia uma concentração na demanda de brindes nos três últimos meses do ano que representava mais de 80% do total. Entretanto, com a utilização desses produtos em ações promocionais, o comportamento da demanda foi se transformando e se tornou quase horizontal. Poderíamos tirar conclusões apressadas, imaginando que os brindes de fim de ano não são mais tão utilizados como no passado, mas, na realidade, o que houve foi um crescimento enorme de suas aplicações em campanhas promocionais, eventos, comemorações, feiras, congressos, relacionamento, fidelização e uma série de atividades que propiciaram esse comportamento explosivo durante outros períodos do ano.

A seguir, destacamos alguns aspectos relevantes que ouvimos em nosso dia a dia e as conclusões obtidas a partir da análise histórica dos dados.

Distribuição de demanda de brindes por trimestre

Período	%
1º	19
2º	21
3º	27,5
4º	32,5

Dados 2017 — Fonte: Free Shop

Quais setores investem em brindes e produtos promocionais?

Esta é uma pergunta que fazíamos frequentemente, entre nós, na editora, pois a distribuição dos guias é onerosa e não podíamos errar o alvo. Segmentos como hospitais, entidades assistenciais, funerárias, entre tantos outros, eram foco de nossas preocupações, pois imaginávamos que esses segmentos não compravam brindes. A prática, contudo, evidenciou que essas preocupações eram injustificadas.

As pesquisas mostraram que, excetuando-se alguns setores que adquirem brindes com frequência, há uma enorme variação dos segmentos que compram tais produtos de ano para ano. E esse leque abrange todos os segmentos de mercado indistintamente.

Não estamos falando aqui dos montantes investidos, mas da frequência de compras dos principais setores.

Não há como afirmar que um setor inteiro não compre brindes. Na verdade, o que se altera é a intensidade das ações. Ou seja, enquanto no setor de reflorestamento, por exemplo, há raríssimas ou nenhuma ação promocional, em outros, como o de alimentos, produtos químicos e correlatos, ou a área de comunicação, essas ações são muito frequentes. Por outro lado, o primeiro pode ter ações de endomarketing com maior constância que os demais. Enfim, não há uma regra clara nem um comportamento fortemente arraigado que possam definir perfis específicos em cada segmento.

A resposta correta, portanto, seria: "Todos os setores compram brindes. Alguns mais, outros menos, mas todos compram, compraram ou comprarão, alguns frequentemente e outros com menor regularidade".

EVOLUÇÃO DOS INVESTIMENTOS

Fazemos regularmente três medições anuais sobre o comportamento do mercado de brindes, produtos promocionais e gifts corporativos e temos também milhares de consultas em nosso portal que nos mantêm atualizados sobre mudanças diárias na performance de cada produto.

Atingimos 68 segmentos da economia e as demandas são bastante pulverizadas, dificilmente ultrapassando mais de 10% do total das demandas em um setor.

Interessante mencionar também que há uma mudança constante nos setores que mais investem em gifts corporativos e isso se deve ao desempenho de cada um e as influências econômicas no período.

Vale considerar que as agências de Live Marketing têm ampliado sua participação na especificação dos brindes que integrarão as campanhas de seus clientes e este movimento acentuou-se a partir de 2015

20 setores com Grandes investimentos em Gifts e Promocionais

Setores
Indústrias Químicas e Farmacêuticas
Sistema Bancário (bancos, financeiras...)
Indústria Têxtil e Confecções
Varejo
Indústria da Construção
Federações, Associações, Entidades, Ongs e Fundações
Máquinas e Equipamentos
Indústria Alimentícia
Setor Agropecuário
Atacado
Higiene e Beleza
Seguradoras
Saúde (Hospitais, laboratórios, clínicas...)
Empresas de Engenharia e Construção Civil
Tecnologia da Informação
Serviços Comerciais
Educação
Logística (Transporte e Armazenagem)
Comunicações
Hotelaria

Fonte: Free Shop 2017

Investimentos em produtos promocionais por porte de empresa.

As constantes variações de investimentos por setor dificultam uma avaliação quando se consideram a frequência de compras e os montantes investidos. Entretanto, pudemos observar que empresas de até 200 funcionários constituem um importante grupo que aplica montantes expressivos a cada ano, muitas vezes superiores a R$1 milhão por empresa.

Fizemos algumas tentativas de correlacionar o número de funcionários aos investimentos em brindes. Essa relação se mostrou mais favorável às pequenas e médias empresas do que às grandes multinacionais. Ou seja, considerando-se o número de funcionários, as empresas pequenas e médias investem proporcionalmente volumes mais significativos.

Esse é um nicho ainda pouco explorado pelos fornecedores de produtos promocionais e brindes, mas, ano a ano, tem adquirido maior importância.

Vale lembrar também que, nas empresas de menor porte, há um envolvimento maior dos gerentes na decisão de compra do que nas grandes multinacionais, em que essas tarefas são delegadas, em geral, a profissionais de menor nível hierárquico.

Departamentos emergentes na especificação e compra de produtos promocionais e brindes.

Uma interpretação desavisada dos dados a seguir poderia conduzir a uma avaliação equivocada quando se fala em especificação e compra de brindes se fizermos apenas uma simples análise da tabela evolutiva.

Segundo a maioria dos entrevistados, embora Marketing seja o setor mais solicitado para desenvolver campanhas com brindes e produtos promocionais, a demanda desses serviços muitas vezes é gerada por outras áreas, como Comercial e de Recursos Humanos.

Há fortes indícios, portanto, de que as áreas de treinamento e RH, que, aparentemente, diminuíram suas compras, estejam, na realidade, ampliando suas demandas, mas solicitando-as por intermédio da área de Marketing.

Além disso, algumas empresas estão se profissionalizando no sentido de criar uma estrutura específica para compras de serviços de marketing, o que também tem fortalecido a área de Suprimentos/Compras.

Departamentos ou Cargos que decidem compras de brindes

Cargo/ Função/ Depto	2008	2017
Comercial Vendas	9%	6%
Compras	4%	10%
Comunicações	12%	4%
Criação	3%	1%
Diretoria	5%	10%
Eventos	3%	1%
Financeiro	18%	12%
Marketing	32%	46%
Produção	3%	4%
RH/ Endomarketing	4%	3%
Outros	7%	3%
Total Geral	100%	100%

Fonte: Free Shop

Faixas de preço mais demandadas

Como veremos, os brindes e produtos promocionais que estão situados na faixa de U$0,6 a U$3,00 representam cerca de 77% do total das compras do setor, considerando-se a média anual em 2017.

Outro fato que merece destaque é que as verbas de comunicação são definidas em função do histórico de vendas alcançado pela empresa no ano anterior, a não ser em casos de comemorações ou lançamento de novos produtos. Tal conduta faz com que o bom desempenho do ano anterior se reflita no ano seguinte. Entretanto, a efetiva aplicação das verbas pode ser alterada em função do desempenho comercial no ano corrente.

Cabe mencionar também que, nos períodos de maior crescimento econômico, há uma evidente evolução da demanda de brindes nas faixas superiores de preço que atingem de U$60,00 ou mais, a unidade. Há também maior cobertura em todas as faixas de preço, evidenciando que as empresas atingem um público-alvo mais abrangente nesses períodos. Some a isso o crescimento do número de empresas de cada segmento que incrementam seus investimentos em brindes e teremos uma potencialização dos resultados na situação descrita.

Público-alvo das ações promocionais com brindes

Uma análise das informações dos segmentos mais significativos do mercado evidencia a convergência dos investimentos em algumas áreas comuns.

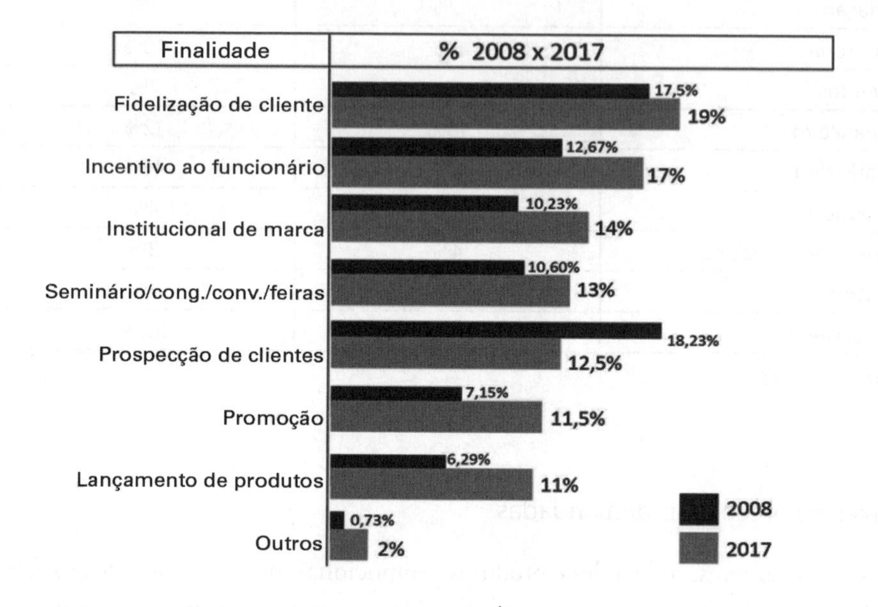

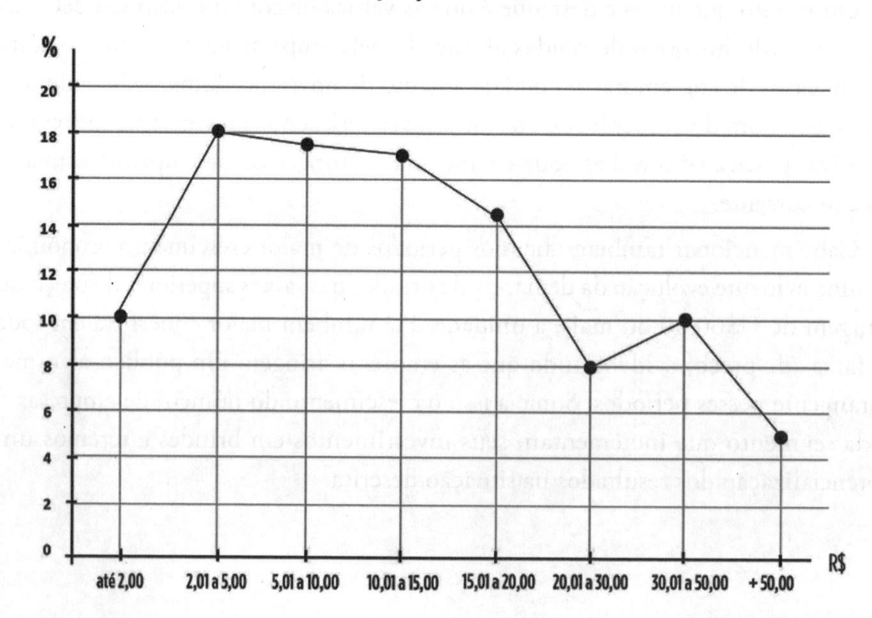

Comparando-se esses segmentos e o direcionamento que as empresas dão às suas verbas, temos quatro focos prioritários em praticamente todos eles.

1. Clientes Corporativos
2. Ações de Endomarketing/Treinamento
3. Consumidor Final
4. Distribuidores/Fornecedores

A crescente preocupação das empresas com o ambiente de trabalho, treinamento e qualificação de seus profissionais tem propiciado o crescimento dos investimentos na área de endomarketing. Paradoxalmente, essa área é uma das que recebem maior atenção nos períodos de crise, pois há necessidade de motivar as equipes em função dos cortes de pessoal, comuns nessas ocasiões.

É interessante comentar também que as campanhas com brindes são voltadas predominantemente a clientes corporativos, em um nível superior às campanhas dirigidas ao consumidor final, que normalmente têm volumes maiores e grande visibilidade na mídia.

Público-alvo das ações promocionais com brindes por atividade

SETORES	ALVO	2005	2006	2007	2008
ALIMENTOS E PRODUTOS ALIMENTÍCIOS	Clientes corporativos	17,33%	16,05%	7,59%	22,20%
	Consumidor final	0,00%	31,92%	15,45%	20,38%
	Distribuidor	8,76%	7,93%	30,89%	11,10%
	Equipe interna de funcionários	65,14%	28,04%	38,48%	22,20%
	Fornecedor	4,38%	4,06%	0,00%	3,73%
	Varejo	4,38%	11,99%	7,59%	11,10%
	Outros	0,00%	0,00%	0,00%	9,28%
COMÉRCIO ATACADISTA DE BENS DURÁVEIS	Clientes corporativos	26,69%	52,55%	28,64%	37,91%
	Consumidor final	19,94%	10,46%	7,04%	13,83%
	Distribuidor	19,94%	5,35%	0,00%	6,87%
	Equipe interna de funcionários	26,69%	21,17%	64,32%	25,87%
	Fornecedor	6,74%	0,00%	0,00%	5,17%
	Varejo	0,00%	10,46%	0,00%	3,48%
	Outros	0,00%	0,00%	0,00%	6,87%

(continua)

SETORES	ALVO	2005	2006	2007	2008
COMÉRCIO ATACADISTA DE BENS NÃO DURÁVEIS	Clientes corporativos	6,73%	22,31%	12,39%	31,77%
	Consumidor final	0,00%	33,33%	12,39%	18,12%
	Distribuidor	0,00%	0,00%	12,39%	9,17%
	Equipe interna de funcionários	79,82%	11,03%	50,44%	22,82%
	Fornecedor	0,00%	5,64%	0,00%	4,47%
	Varejo	13,45%	27,69%	0,00%	4,47%
	Outros	0,00%	0,00%	12,39%	9,17%
COMÉRCIO VAREJISTA DE MÓVEIS DOMÉSTICOS, ACESSÓRIOS E EQUIPAMENTOS	Clientes corporativos	0,00%	0,00%	0,00%	41,65%
	Consumidor final	0,00%	0,00%	50,00%	16,67%
	Distribuidor	0,00%	0,00%	50,00%	8,34%
	Equipe interna de funcionários	100,00%	0,00%	0,00%	25,00%
	Fornecedor	0,00%	0,00%	0,00%	8,34%
	Varejo	0,00%	0,00%	0,00%	0,00%
	Outros	0,00%	0,00%	0,00%	0,00%
COMUNICAÇÕES	Clientes corporativos	22,97%	27,31%	37,61%	30,68%
	Consumidor final	0,00%	18,07%	12,39%	15,53%
	Distribuidor	0,00%	0,00%	12,39%	7,58%
	Equipe interna de funcionários	77,03%	45,38%	37,61%	15,53%
	Fornecedor	0,00%	0,00%	0,00%	7,58%
	Varejo	0,00%	9,24%	0,00%	7,58%
	Outros	0,00%	0,00%	0,00%	15,53%
CONSTRUÇÃO PESADA, EXCETO CONSTRUÇÃO DE EDIFÍCIOS – EMPREITEIRAS	Clientes corporativos	33,17%	25,29%	0,00%	50,21%
	Consumidor final	0,00%	0,00%	0,00%	0,00%
	Distribuidor	0,00%	0,00%	0,00%	0,00%
	Equipe interna de funcionários	44,39%	74,71%	100,00%	33,33%
	Fornecedor	0,00%	0,00%	0,00%	8,23%
	Varejo	22,44%	0,00%	0,00%	0,00%
	Outros	0,00%	0,00%	0,00%	8,23%

SETORES	ALVO	2005	2006	2007	2008
COUROS E PRODUTOS DE COURO	Clientes corporativos	0,00%	0,00%	50,00%	35,79%
	Consumidor final	0,00%	20,18%	0,00%	14,39%
	Distribuidor	0,00%	39,45%	0,00%	7,02%
	Equipe interna de funcionários	0,00%	20,18%	50,00%	14,39%
	Fornecedor	33,33%	0,00%	0,00%	0,00%
	Varejo	33,33%	20,18%	0,00%	28,42%
	Outros	33,33%	0,00%	0,00%	0,00%
EQUIPAMENTOS ELÉTRICOS E ELETRÔNICOS E COMPONENTES, EXCETO EQUIPAMENTOS PARA COMPUTADORES	Clientes corporativos	14,20%	33,33%	6,59%	44,96%
	Consumidor final	4,80%	5,64%	6,59%	12,53%
	Distribuidor	28,60%	11,03%	20,00%	9,95%
	Equipe interna de funcionários	47,60%	44,36%	60,24%	14,99%
	Fornecedor	4,80%	0,00%	0,00%	7,49%
	Varejo	0,00%	5,64%	6,59%	5,04%
	Outros	0,00%	0,00%	0,00%	5,04%
EQUIPAMENTOS DE TRANSPORTES	Clientes corporativos	18,25%	54,62%	21,36%	37,13%
	Consumidor final	0,00%	0,00%	0,00%	8,58%
	Distribuidor	18,25%	45,38%	14,32%	11,39%
	Equipe interna de funcionários	54,37%	0,00%	64,32%	25,74%
	Fornecedor	0,00%	0,00%	0,00%	8,58%
	Varejo	9,13%	0,00%	0,00%	5,77%
	Outros	0,00%	0,00%	0,00%	2,81%
IMPRESSÕES, PUBLICAÇÕES E INDÚSTRIAS AFINS	Clientes corporativos	14,38%	29,95%	37,44%	35,26%
	Consumidor final	0,00%	40,09%	25,11%	11,85%
	Distribuidor	14,38%	19,82%	0,00%	11,85%
	Equipe interna de funcionários	56,88%	10,14%	25,11%	23,41%
	Fornecedor	14,38%	0,00%	12,33%	11,85%
	Varejo	0,00%	0,00%	0,00%	5,78%
	Outros	0,00%	0,00%	0,00%	0,00%

(continua)

SETORES	ALVO	2005	2006	2007	2008
INSTITUIÇÕES DE CRÉDITO NÃO DEPOSITÁRIAS	Clientes corporativos	0,00%	33,33%	0,00%	50,00%
	Consumidor final	0,00%	33,33%	0,00%	0,00%
	Distribuidor	0,00%	0,00%	0,00%	0,00%
	Equipe interna de funcionários	0,00%	0,00%	100,00%	50,00%
	Fornecedor	0,00%	0,00%	0,00%	0,00%
	Varejo	0,00%	33,33%	0,00%	0,00%
	Outros	0,00%	0,00%	0,00%	0,00%
INSTITUIÇÕES FINANCEIRAS	Clientes corporativos	50,00%	0,00%	0,00%	50,41%
	Consumidor final	0,00%	39,81%	0,00%	16,53%
	Distribuidor	0,00%	0,00%	0,00%	16,53%
	Equipe interna de funcionários	50,00%	39,81%	100,00%	16,53%
	Fornecedor	0,00%	0,00%	0,00%	0,00%
	Varejo	0,00%	20,37%	0,00%	0,00%
	Outros	0,00%	0,00%	0,00%	0,00%
PRODUTOS DE MADEIRA, EXCETO MÓVEIS	Clientes corporativos	0,00%	0,00%	0,00%	35,92%
	Consumidor final	0,00%	100,00%	0,00%	7,04%
	Distribuidor	50,00%	0,00%	0,00%	7,04%
	Equipe interna de funcionários	50,00%	0,00%	100,00%	35,92%
	Fornecedor	0,00%	0,00%	0,00%	0,00%
	Varejo	0,00%	0,00%	0,00%	7,04%
	Outros	0,00%	0,00%	0,00%	7,04%
PRODUTOS QUÍMICOS E CORRELATOS	Clientes corporativos	19,96%	28,04%	0,00%	27,25%
	Consumidor final	5,04%	19,93%	10,98%	18,17%
	Distribuidor	14,91%	19,93%	22,35%	12,14%
	Equipe interna de funcionários	55,04%	28,04%	66,67%	21,22%
	Fornecedor	0,00%	0,00%	0,00%	4,54%
	Varejo	5,04%	4,06%	0,00%	9,08%
	Outros	0,00%	0,00%	0,00%	7,59%

SETORES	ALVO	2005	2006	2007	2008
SEGURADORAS	Clientes corporativos	100,00%	14,47%	24,78%	31,61%
	Consumidor final	0,00%	28,29%	0,00%	5,18%
	Distribuidor	0,00%	0,00%	0,00%	5,18%
	Equipe interna de funcionários	0,00%	57,24%	50,44%	42,23%
	Fornecedor	0,00%	0,00%	0,00%	5,18%
	Varejo	0,00%	0,00%	0,00%	0,00%
	Outros	0,00%	0,00%	24,78%	10,62%
SERVIÇOS COMERCIAIS	Clientes corporativos	25,99%	56,16%	19,47%	52,32%
	Consumidor final	0,00%	12,32%	2,74%	0,00%
	Distribuidor	4,04%	0,00%	5,58%	3,49%
	Equipe interna de funcionários	61,98%	28,04%	66,73%	31,39%
	Fornecedor	0,00%	0,00%	0,00%	2,34%
	Varejo	7,99%	3,48%	2,74%	4,63%
	Outros	0,00%	0,00%	2,74%	5,83%
SERVIÇOS DE ENGENHARIA, CONTABILIDADE, PESQUISA, ADMINISTRAÇÃO E SERVIÇOS RELACIONADOS	Clientes corporativos	33,33%	44,42%	16,60%	37,95%
	Consumidor final	0,00%	11,12%	0,00%	10,35%
	Distribuidor	0,00%	11,12%	0,00%	0,00%
	Equipe interna de funcionários	66,67%	11,12%	66,80%	41,35%
	Fornecedor	0,00%	22,22%	0,00%	3,45%
	Varejo	0,00%	0,00%	0,00%	0,00%
	Outros	0,00%	0,00%	16,60%	6,90%
SERVIÇOS DE ELETRICIDADE, GÁS E SANITÁRIOS	Clientes corporativos	0,00%	24,05%	0,00%	33,34%
	Consumidor final	0,00%	0,00%	0,00%	0,00%
	Distribuidor	0,00%	0,00%	0,00%	0,00%
	Equipe interna de funcionários	100,00%	75,95%	100,00%	66,66%
	Fornecedor	0,00%	0,00%	0,00%	0,00%
	Varejo	0,00%	0,00%	0,00%	0,00%
	Outros	0,00%	0,00%	0,00%	0,00%

(continua)

SETORES	ALVO	2005	2006	2007	2008
SERVIÇOS DE SAÚDE	Clientes corporativos	20,00%	36,38%	11,20%	38,49%
	Consumidor final	20,00%	36,38%	0,00%	7,70%
	Distribuidor	0,00%	0,00%	0,00%	0,00%
	Equipe interna de funcionários	60,00%	27,24%	88,80%	38,49%
	Fornecedor	0,00%	0,00%	0,00%	0,00%
	Varejo	0,00%	0,00%	0,00%	0,00%
	Outros	0,00%	0,00%	0,00%	15,32%
TRANSPORTES DE CARGA E ARMAZENAGEM	Clientes corporativos	25,00%	37,50%	40,00%	50,00%
	Consumidor final	0,00%	0,00%	0,00%	25,00%
	Distribuidor	0,00%	0,00%	0,00%	0,00%
	Equipe interna de funcionários	75,00%	37,50%	60,00%	12,50%
	Fornecedor	0,00%	25,00%	0,00%	0,00%
	Varejo	0,00%	0,00%	0,00%	0,00%
	Outros	0,00%	0,00%	0,00%	12,50%

0,00% — Significa investimento nulo ou insuficiência de respostas que permitam análise estatística.

Fonte: Pesquisa Free Shop 2005/2008 — Usuário do Guia.

Comportamento dos gastos em brindes *versus* evolução do PIB

Em toda a minha vida, sempre ouvi falar da importância de se investirem montantes maiores em promoção nas épocas de crise. Nessas ocasiões, os concorrentes ficam mais vulneráveis, propiciando ganhos de participação de mercado.

A maioria das agências de promoção e de incentivos trabalha no sentido de sensibilizar seus clientes a investirem mais nessas situações, mostrando as oportunidades que se apresentam. Por outro lado, exceto as experiências individuais das próprias empresas, que podem validar essa assertiva, são raros os estudos no Brasil que corroboram estatisticamente essas premissas.

Estimulado pela possibilidade de estabelecer relações entre os gastos das empresas com brindes e a evolução do PIB, levantamos os investimentos médios dos 20 maiores segmentos de 2005 a 2008 e os comparamos com o crescimento do PIB no mesmo período.

Embora não se trate de um estudo de rigor científico, fiquei entusiasmado ao verificar, na prática, que os mencionados montantes têm comportamento inversamente proporcional à evolução do PIB, como é possível verificar a seguir.

Os gráficos demonstram que, nas épocas de menor evolução do PIB, as empresas investem proporcionalmente mais em recursos promocionais do que nos períodos de crescimento acelerado da economia. Trata-se de uma hipótese de fácil justificativa, pois, se a demanda se encontra muito aquecida, as empresas estarão focadas prioritariamente nos processos produtivos ou de logística para atender à demanda reprimida, e não nos instrumentos que acelerem as vendas.

Por outro lado, poderíamos perguntar por que, nessas situações, há também aquecimento nas vendas dos fornecedores de brindes, já que o investimento do cliente é menor.

Embora os dados estatísticos não tenham sido preparados para avaliar essa possibilidade, há indícios de que o número de empresas que aderem ao uso de brindes é proporcionalmente maior, compensando a redução individual das verbas.

Gasto geral médio/ano na compra de brindes

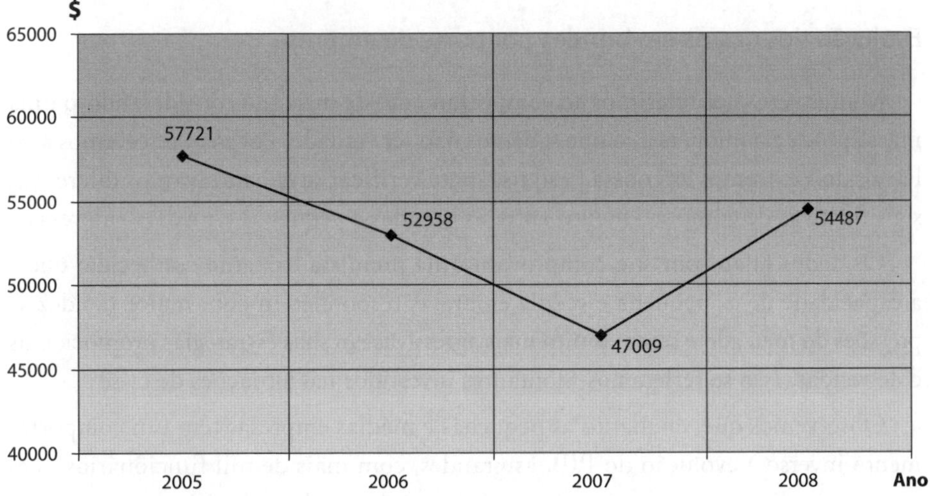

Fonte: Pesquisa Free Shop – 2005/2008.

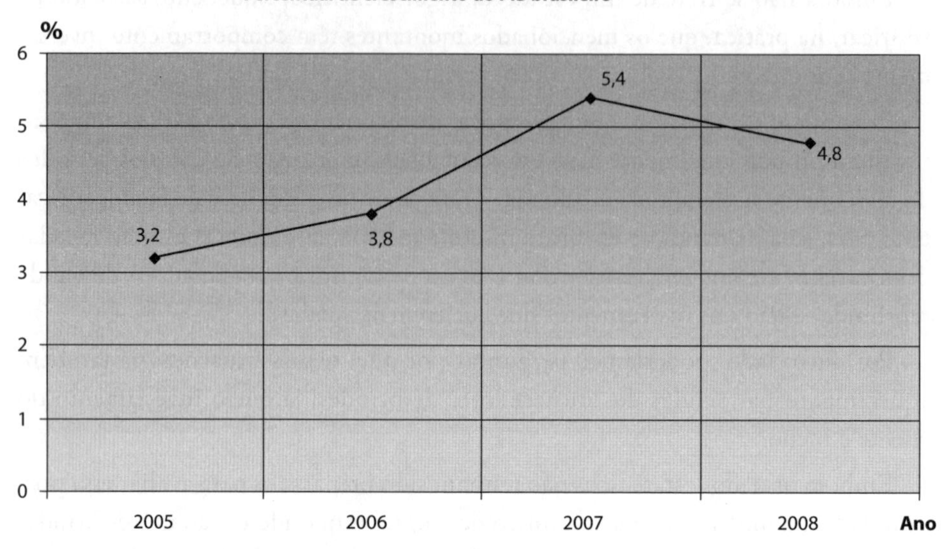

Fonte: Pesquisa Free Shop – 2005/2008.

Evolução dos gastos em brindes por porte de empresa

Muitas vezes nos referimos ao comportamento de mercado considerando-o uma massa única e homogênea, o que sabemos não ser verdade. Por isso, resolvemos avaliar os dois extremos em nossa pesquisa, para verificar se encontrávamos diferenças significativas de comportamento entre as grandes e pequenas e médias empresas.

Os dados falam por si e comprovam uma premissa bastante conhecida, que é a capacidade de as pequena e média empresas responderem com maior rapidez às pressões do mercado e serem muito mais agressivas em suas estratégias promocionais e de vendas. Isso se reflete nos montantes investidos nas situações de crise.

Observemos que, enquanto as pequenas e médias empresas têm um comportamento inverso à evolução do PIB, as grandes, com mais de mil funcionários, têm seus gastos diretamente proporcionais à sua evolução. Isso significa que, em uma situação decrescente da economia, as grandes estarão cortando verbas, enquanto as pequenas estarão investindo mais. Isso pode ser muito útil na estratégia de um fornecedor em momentos de crise, quando deverá focar mais os segmentos emergentes, as novas empresas, e pulverizar sua ação em empresas de menor porte. Isso corresponde a um posicionamento menos ortodoxo em marketing e vendas e mostra que o caminho da acomodação é a trilha mais rápida para o insucesso.

Fizemos também comparações em relação ao gasto médio em função do porte e constatamos que o *investimento per capita* em brindes das menores empresas é proporcionalmente mais significativo que o dos grandes grupos. Mas somos absolutamente conscientes de que as verbas das grandes multinacionais são, em volume, as mais importantes do mercado.

Gasto geral médio/ano das empresas com menos de 1.000 funcionários

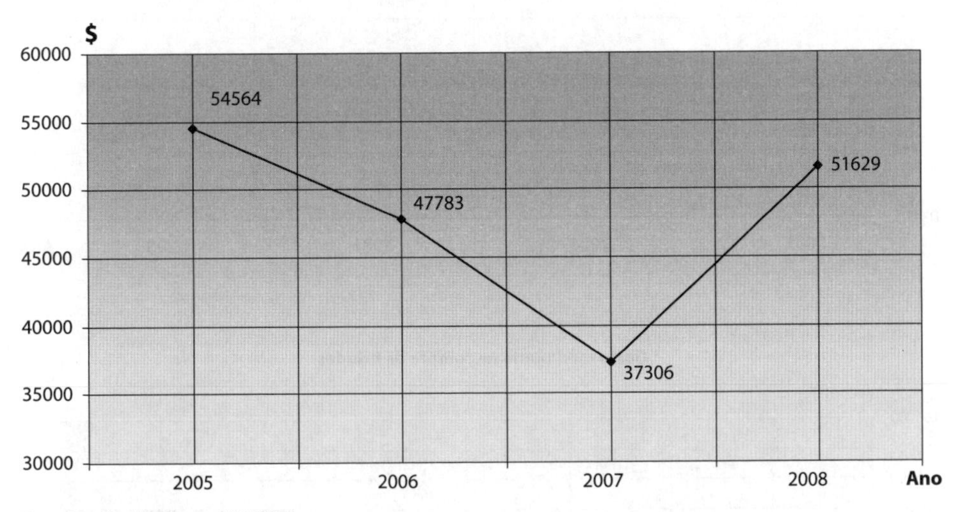

Fonte: Pesquisa Free Shop – 2005/2008.

Gasto médio/ano das empresas com mais de 1.000 funcionários

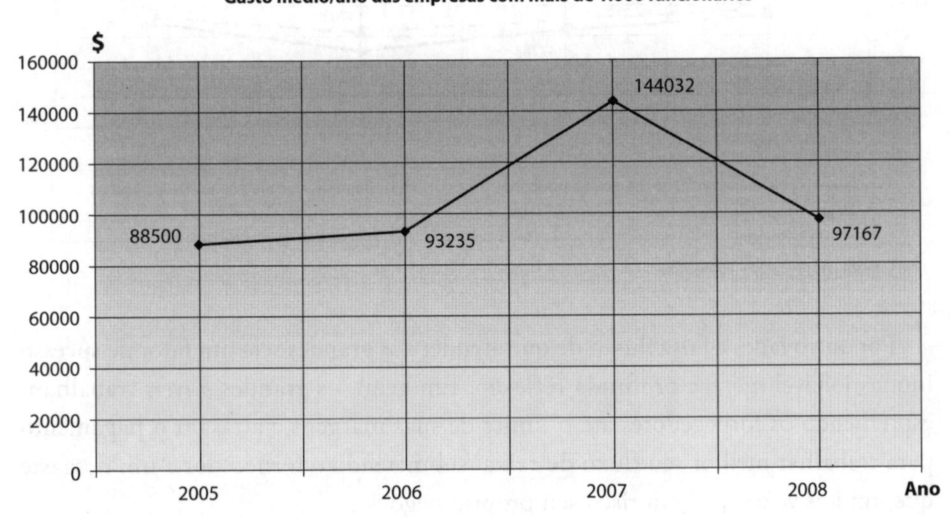

Fonte: Pesquisa Free Shop – 2005/2008.

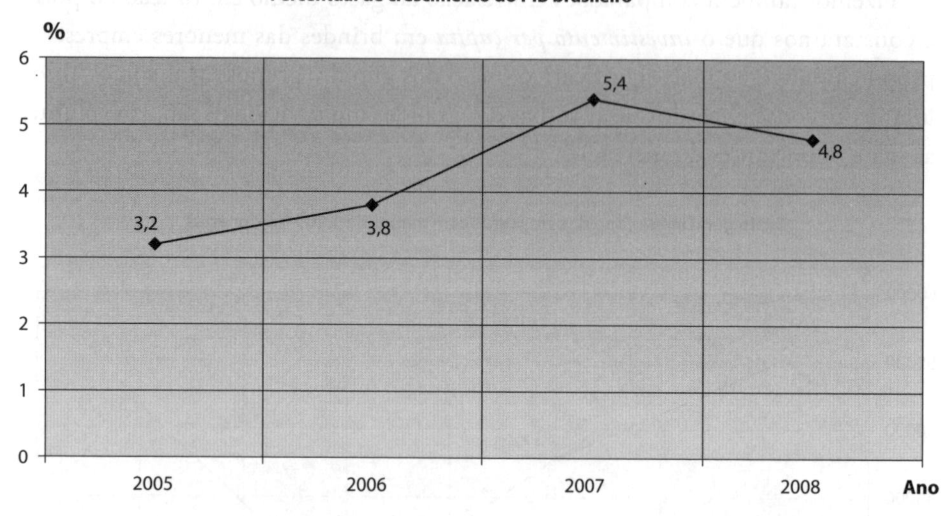

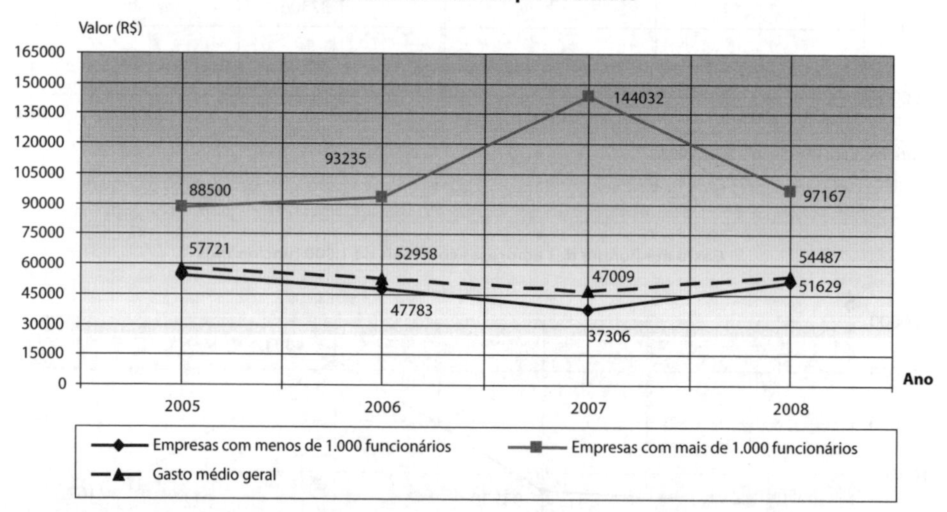

Fonte : Pesquisa Free Shop – 2005/2008.

Por outro lado, a falsa ilusão de que atender aos grandes seja um fator de sucesso inquestionável merece profunda reflexão. Em geral, os grandes *buyers* trabalham espremendo os fornecedores até o limite de suas margens e atrasam o pagamento para trabalhar melhor seu fluxo de caixa, submetendo o fornecedor a um desgaste que, muitas vezes, põe em risco seu próprio negócio.

Brindes mais vendidos

Durante muitos anos, monitoramos por pesquisas a demanda de brindes e acompanhamos a evolução dos itens mais vendidos. Produtos como canetas, relógios, camisetas, bonés, agendas e chaveiros sempre estiveram entre os mais cotados. Com o desenvolvimento de nossos sites, porém, começamos a ter um feedback diário do mercado e pudemos acompanhar a evolução dos novos produtos, seu comportamento e suas variações.

Essas variações são muito grandes se consideradas isoladamente e podem estar associadas a eventos programados para os meses seguintes como Oktoberfest, Carnaval, Festa de São João em Caruaru, Peão de Barretos, Boi Bumbá, e centenas de festas populares que alteram a demanda de itens promocionais durante o ano.

Vale lembrar que produtos como pendrives, canecas e squeezes tiveram sua ascensão na última década. O item Canetas deve ser considerado com cuidado, pois está subdividido em segmentos como canetas plásticas, canetas de metal, canetas tinteiro etc., sendo, ainda hoje, o mais demandado entre todas as categorias.

Categoria	%
Kit	6,47
Copo	4,42
Bolsa	3,97
Caneca	3,96
Sacola	3,62
Caneta	3,34
Chaveiro	3,10
Squeeze	2,47
Nécessaire	2,13
Garrafa	2,07
Pasta	1,93
Bloco	1,70
Toalha	1,65
Caixa	1,64
Pulseira	1,60
Mochila	1,60
Pendrive	1,58
Lápis	1,26
Balde	1,20
Caderno	1,14
Outras categorias	49,15

MERCADO B2B, UMA NOVA OPORTUNIDADE DE NEGÓCIOS PARA A SUA EMPRESA

Nenhuma empresa está permanentemente em situação de conforto nos mercados em que atua. Sempre surgem novos desafios que colocam em cheque as estratégias adotadas e os benefícios propostos por seus produtos e serviços. A palavra de ordem é desconstrução, pensar fora da caixa e buscar novas oportunidades de negócios.

Os mercados tradicionais são cada vez mais disputados, e concorrentes que você nunca imaginou passam a atuar sem a menor cerimônia no mercado que você desenvolveu por anos a fio, absorvendo parte importante da resultante de seus esforços.

No passado, você enfrentava um, dois, dez concorrentes, mas hoje "tudo" pode concorrer com sua empresa, vide os aplicativos que estão revolucionando setores conservadores e trazendo soluções absolutamente inovadoras. Avalie o que aconteceu no setor de transporte de pessoas e carga, na área de viagens, reserva de hotéis, restaurantes, locação de imóveis, de filmes, de música e até mesmo no setor bancários com as moedas virtuais. O setor de varejo também não ficou imune com o aparecimento das vendas online e dos marketplaces. Portanto, ninguém está em situação confortável.

Buscar oportunidades no âmbito de seu próprio setor de atuação costuma ser uma resposta rápida e com maior assertividade do que atuar em novos setores sem sinergismo com sua atividade.

Assim, temos observado inúmeras consultas e investidas de empresas tradicionais que atuam no setor de varejo ou industrial, buscando novos mercados para seus produtos.

A atuação no mercado B2B, ou seja, de vendas diretas de empresa para empresa, pode ser uma saída interessante para agregar novos patamares de vendas que compensem as perdas em seus mercados tradicionais. Isto tem acontecido com frequência em muitas empresas, de variados setores, que já encontraram aqui um nicho inexplorado de grande rentabilidade. São fabricantes de confecções, indústria de produtos plásticos, brinquedos, joalherias, acessórios de moda, utensílios para culinária e para o lar, empresas de bebidas, produtos alimentícios, ferramentas manuais, instrumentos de escrita, artigos de couro, cutelaria, fabricantes de óculos, guarda chuvas e uma infinidade de outros segmentos que mal conseguimos imaginar. Obviamente, não mencionamos aqui aquelas empresas que, por vocação, já são consideradas fornecedores tradicionais dessa área, como chaveiros, agendas, camisetas etc..

O mercado promocional de vendas B2B é robusto, movimenta montantes expressivos e pode, dependendo das características de cada empresa, complementar a curva de demanda de seus produtos, trazendo assim maior equilíbrio na produção e nas vendas.

Quase tudo pode se tornar um gift corporativo, bastando, é claro, um pouco de imaginação e o atendimento das expectativas do público-alvo. Na verdade, o cliente corporativo quer impactar seu público com itens inovadores, mas nem sempre isso significa um produto inédito. Você já ouviu falar nas toalhas prensadas? Elas se transformam em rodinhas de 10 por 3 cm, embaladas individualmente e personalizadas. Uma nova maneira de se apresentar um produto convencional. Cerveja não é presente corporativo, diriam alguns. Será que não? E os Kit de cervejas artesanais com copos personalizados e embalagens de madeira ou papelão? Você sabia que itens como guarda chuvas têm alta demanda promocional? O que fizeram os fabricantes? Tematizaram a parte interna dos guarda chuvas, dando a eles uma personalidade única.

E os brinquedos? Agora com os recursos digitais disponíveis, eles podem interagir com o comercial de sua empresa na televisão. Não é o máximo?

A verdade é que muitas empresas estão interessadas em investir em produtos criativos que possam agregar valor às suas marcas ou terem grande impacto em suas ações promocionais.

Evidentemente, são necessários alguns cuidados para tornar essa experiência efetiva e positiva. A seguir, destacamos algumas recomendações úteis para aqueles que desejam atuar neste setor.

PRIMEIRO DESAFIO, VENCER O PRECONCEITO.

Muitas empresas até gostam da ideia de atuar na área corporativa, mas há uma enorme barreira de entrada em razão da imagem que o setor de brindes carrega. Em geral, o empresário entrante não quer misturar sua linha de produtos com chaveiros, canetas plásticas e pendrives. Ninguém quer. Mas o que se deve entender é que ele não está entrando no mercado de brindes e sim no mercado de vendas corporativas. As grandes corporações têm necessidades de produtos promocionais e gifts dos mais variados tipos, seja para uma ação no PDV, um evento comemorativo, convenções de vendas ou presentes para visitas internacionais. Para cada atividade existe um produto específico para suprir esta necessidade. E em geral a pessoa ou departamento que procede as cotações para essas diferentes finalidades é o mesmo. Como se criou ao longo dos anos opções bastante eficazes para a cotação dessas linhas, por meio de portais especializados, iniciar um caminho solo pode ser muito penoso e pouco efetivo em termos de resultados. O que podemos dizer é que várias empresas do mercado de luxo atuam ou já atuaram neste setor por muitos anos com resultados animadores.

CUIDADOS PARA INGRESSAR NO MERCADO B2B

Entre as recomendações úteis, devemos começar com a avaliação de sua linha de produtos. Vale lembrar que não é necessário colocar uma vasta gama de itens inicialmente. Verifique quais têm maior vocação para atuar neste mercado e comece com uma linha reduzida, mas que possibilite respostas rápidas de produção, pois este é um forte requisito do setor.

Faça uma boa análise dos custos em função de quantidades crescentes e tenha em mãos os limites convenientes de cada negociação com os futuros clientes.

Lembre-se que está entrando em um mercado maduro, com muitos concorrentes já posicionados e que um diferencial competitivo pode fazer grande diferença. Este diferencial pode ser um design inovador, uma nova função para um produto já conhecido, novas apresentações e acabamentos, gravações diferenciadas, embalagens especiais, ou mesmo um atendimento especial com consultores que ajudam os clientes nas dúvidas e no processo de decisão. Sempre acredito no bom atendimento como fator determinante na escolha de um fornecedor. Lembre-se, nesse caso, um sorriso vale mais do que mil argumentos de vendas.

Com relação à concorrência, verifique nos portais do setor quantos *players* existem, quais são suas faixas de preço, os diferenciais competitivos, atendimento e recursos de personalização. Se não encontrar nenhum concorrente, isto não será totalmente ruim, já que o mercado está sempre em busca de novidades. É evidente que, quanto maior o número de competidores nos itens escolhidos, mais agressiva será a venda e menores as margens.

Sua empresa pode optar por itens de baixo preço unitário ou produtos de valor e custos mais elevados. Quanto mais baixo for o preço, maior será o volume de orçamentos e, portanto, uma estrutura de resposta rápida é recomendável. Muitos fornecedores já adequaram seus softwares financeiro e comercial aos portais do setor, possibilitando respostas imediatas a cada orçamento. No caso de produto de maior valor, as consultas serão em menor volume, mas deixarão margens de contribuição compatíveis.

Como este mercado é reflexo das oportunidades promocionais e eventos, na maioria das vezes, as demandas são de última hora. Então esteja preparado para automatizar seus orçamentos e respondê-los com brevidade. Perder um ou dois dias para montar um orçamento é uma estratégia letárgica para este setor, conduzindo a perda de muitas consultas.

Quando se pensa no atendimento ao cliente corporativo, é bom que se saiba que no primeiro momento o contato será predominantemente por e-mail ou pelos portais setoriais. Somente depois que se desenvolver uma relação de confiança é que os orçamentos eventualmente serão solicitados por telefone. Mas, mesmo assim, é muito importante designar uma equipe independente, ou seja, que não atenda aos clientes tradicionais, como o varejo.

Alguns anos atrás uma empresa muito grande de kits para churrascos e utensílios para cozinha realizou uma experiência de atendimento dos clientes corporativos através de sua equipe de vendas dedicada ao varejo. O resultado foi frustrante em todos os sentidos. Os vendedores consideravam os pedidos corporativos como uma obrigação a mais que tinham de atender, com o agravante que o cliente tem uma fidelidade menor do que uma carteira no varejo. O atendimento era frio e pouco prestativo. As necessidades do cliente corporativo eram muito diferentes das do varejo e a equipe formada por profissionais de longa experiência desconhecia frequentes questões sobre tipos de impressão dos logos, arquivos digitais, embalagens especiais, ou assessoria às dúvidas do cliente.

Em outra ocasião, uma rede de lojas de chocolates de fabricação própria divulgou vendas corporativas sem criar uma central de atendimento para coordenar as demandas, deixando os contatos para cada loja franqueada trabalhar. O resultado foi um fiasco total. Poucas pessoas estavam treinadas para fornecer informações sobre vendas corporativas. Muitas nem sabiam que a empresa realizava este tipo de serviço. Imagine um atendimento dessa ordem com um cliente que a priori está com a demanda atrasada.

Ainda no tema equipe, se houver comissão sobre vendas, não trabalhe com percentuais muito diferenciados para cada canal. Isto em geral cria distorções e o resultado é insatisfação geral.

E, para concluir, é recomendável também que se crie antecipadamente uma política para clientes insatisfeitos, definindo postura de atendimento, critérios para reposição de peças, substituição de produtos defeituosos, o que é aceitável e o que não é.

O QUE VEM POR AÍ...

Acreditamos ser muito difícil o exercício da futurologia e inócua qualquer tentativa de se preverem os setores que terão um desempenho mais significativo em produtos promocionais em face do grande número de variáveis envolvidas. Mas se fôssemos apostar, a área de Responsabilidade Social e Ambiental teria grandes chances de ser um dos setores em que os fornecedores de produtos promocionais poderiam crescer expressivamente.

Não estamos falando apenas de blocos de papel reciclados ou produtos que respeitem o meio ambiente. Trata-se também de usar brindes tradicionais, direcionando-os ao foco em questão.

Há um movimento crescente nas empresas, que buscam reduzir custos, principalmente de itens que têm forte impacto sobre a natureza, como o consumo de papéis ou o uso de copos plásticos não degradáveis. Em decorrência, muitas delas buscam a redução de consumo desses itens, utilizando-se de brindes convencionais para estimular o cumprimento do objetivo proposto.

Recentemente, tem sido frequente a aquisição de canecas térmicas visando a substituição dos copos plásticos para o cafezinho dos funcionários nas empresas. Elas são distribuídas a todos, sendo fator de forte estímulo e engajamento ao foco do projeto, além da redução de custo, que se apresenta como um dividendo adicional.

Produtos como pendrives também têm sido usados nesse contexto. As empresas têm distribuído o produto em eventos de treinamento ou mesmo como brinde de fim de ano às suas equipes. O propósito principal é evitar a impressão de milhares de folhas de papel para relatórios ou apresentações que, posteriormente, terminam nas fragmentadoras.

Dependendo da atividade envolvida, o uso desses recursos pode trazer reduções de mais de 40% na demanda de cópias, além da economia em toners e equipamentos.

E, é claro, existem também os brindes voltados para a exploração consciente da natureza, com a utilização de madeira certificada e mão de obra das comunidades regionais. São artigos de cerâmica, madeira, tecidos rústicos, palhas, itens que já apresentam forte demanda.

Em uma feira em Madri, tivemos contato com uma empresa focada em marketing direto e campanhas promocionais com flores e plantas. Além de trabalhar com diversos tipos, como ervas aromáticas, pinheiros, plantas medicinais, carnívoras, kits de sementes, flores exóticas, entre outros, ela apresentava produtos supercriativos. Um deles foi desenvolvido com sementes que podem ser gravadas a laser com o logotipo de sua empresa. O mais interessante é que, após a germinação, o logotipo se mantinha na primeira folhagem. Esse produto sofreu uma intensa tropicalização e encontra se disponível no mercado brasileiro já há alguns anos.

Imagine só o mundo de oportunidades que o movimento de preservação do meio ambiente, que é irreversível, criará nos próximos anos nesse setor.

Bem, chegamos ao fim deste capítulo trazendo informações que esperamos ter esclarecido um pouco mais o que é o mercado de produtos promocionais e brindes, como ele se comporta e suas aplicações mais frequentes.

Como vimos, os produtos promocionais são formas tangíveis de comunicação que mantêm a marca em evidência para o público-alvo, reforçando a mensagem a cada uso. E nesses termos não se diferenciam de nenhuma das ferramentas de comunicação, exceto pelo elevado *recall* que alcançam. Os produtos promocionais apresentam uma das melhores relações custo-benefício entre os instrumentos de marketing, atuando sempre como um complemento importante a qualquer ação de comunicação. Possuem grande flexibilidade e por isso se adaptam perfeitamente às formas convencionais de promoção em pontos de vendas, por exemplo, até aquelas que envolvam internet e redes sociais. Um poderoso recurso que deve ser considerado nos planos de comunicação de acordo com sua real importância.

CAPÍTULO 3

COMO CRIAR, PLANEJAR E OBTER SUCESSO POR MEIO DOS BRINDES

CLAUDIO MELLO

Claudio Mello trabalhou na área de vendas/marketing da Johnson&Johnson e atuou na SSC&B Lintas Worldwide/Grupo Interpublic. É diretor executivo da Emporium Negócios e Comunicação e vice-presidente de educação da AMPRO. É graduado, pós-graduado e mestre pela ESPM e atua há 22 anos na ESPM como professor na cadeira de Merchandising e Marketing Promocional.

Com 30 anos atuando no mercado promocional e de merchandising e tendo vivenciado experiências significativas durante essa jornada, tenho a sensação e a obrigação de transmitir tudo aquilo que o aprendizado me trouxe. Os acertos e erros que fizeram parte de meu cotidiano e vida profissional carregam um saber que com certeza precisam ser divididos e principalmente transferidos às pessoas que militam nesse segmento e que, assim, aprenderão cada vez mais. É essa a intenção de compartilhar uma viagem profissional regada de grandes realizações com vocês a partir de agora.

Boa leitura!

O QUE O BRINDE REPRESENTA EM NOSSA ATIVIDADE PROFISSIONAL?

Em todos esses anos dedicados à carreira profissional, consegui perceber a importância vital do brinde no marketing promocional.

Muitas vezes, ele passa despercebido de sua real e fundamental essência para a obtenção dos resultados almejados em uma campanha.

Mas é bom ressaltar que, por várias e consecutivas vezes, não damos a devida importância. Até mesmo por se tratar apenas de um brinde.

Dá para imaginar qualquer campanha de marketing ou de promoção sem um brinde estar agregado em uma de suas etapas?

Algumas vezes, um brinde pode assumir proporções maravilhosas. Quando lançado, nosso querido Kinder Ovo gerou furor em todo mundo. Os consumidores, sem exceção, eram presenteados com brindes diferentes, exóticos e muitas vezes inusitados. Veja o quão inteligente foi o caminho percorrido pela empresa para ter o sucesso merecido. O que temos por trás disso? Um brinde.

VAMOS PESQUISAR, PESQUISAR E PESQUISAR

Iniciemos então essa tarefa maravilhosa que é criar e compor uma orquestra envolvendo esses personagens tão generosos. Os brindes.

Sim, generosos, porque é por meio deles que os resultados podem estar atrelados ao sucesso.

Para que estejamos sempre bem antenados a este mundo tão globalizado, a pesquisa é uma das ferramentas mais vitais para aqueles que hoje militam no segmento do marketing promocional.

Essa pesquisa a que me refiro não é aquela tradicional que pode desenvolver os métodos quantitativos e/ou qualitativos e até mesmo os de profundidade.

Felizmente, no mundo em que vivemos, existem algumas editoras e profissionais que se organizaram para realizar a coletânea de mais de uma centena de milhares de brindes nos quais podemos pesquisar.

Observem que, nas páginas que vamos folheando nos catálogos, temos a sensação de um universo sem-fim para nossas necessidades. E, aqui, o mais importante é acertar na escolha.

Essa vitrine, composta de uma linguagem visual e uma acuidade sem precedentes que eles preparam, nos propicia uma forma incalculável de estabelecer contato com nossa sensibilidade criativa.

Logicamente, não devemos apenas nos ater a passear entre as folhas de papel, mas sim sonhar e imaginar com a materialização do conjunto que queremos compor. Conjuntos harmônicos, completos e que satisfaçam nossos desejos de sucesso e contentamento junto ao público-alvo. Uma marca é, com certeza, um organismo vivo que necessita de energia, de motivação e, principalmente, de estar vívida e bem apresentável a seu eventual ou eterno consumidor.

Uma roupa limpa, bem passada, cheirosa e que transpareça a melhor imagem possível para ser adquirida.

Por tudo isso, quando estamos viajando nessa pesquisa, que tanto pode ser efetuada via catálogo ou na fenomenal internet, estamos realizando, assim, um processo mental adequado ao propósito de associação desse brinde com a marca que estamos trabalhando.

Mas uma dica se faz necessária: devemos ser criativos na hora de realizarmos essa viagem, com o propósito de buscar e encontrar algum brinde que preencha esse vazio, esse branco, essa coisa que ao final se diz: Eureca! Achei! Era exatamente disso que eu tanto precisava.

Um brinde não é apenas uma caneta, um boné ou até mesmo uma camiseta com o nome ou a marca de um produto ou empresa, como muitos imaginam ser. Ele não deve ser tratado como uma lembrancinha; ele deve ter um significado e um objetivo, fazer parte de uma estratégia maior que sirva para fortalecer a imagem da empresa ou fortalecer ou promover uma linha de produtos. Muitos o veem apenas como uma coisa barata, que se compra às dezenas, centenas ou milhares de unidades. Não se pode pensar dessa maneira quando nos referimos a um brinde. Obrigatoriamente, devemos analisar o público-alvo e a mensagem que se deseja passar. Um brinde, na essência, gera relacionamentos, atrativos, sedução e encantamentos. Quem o recebe tem, por meio dele, a sensação de que algo ficará marcado em suas emoções e se recordará sempre quando visualizá-lo ou usá-lo. Refiro-me aos brindes que têm significância e que, de certa maneira, atingem em cheio aqueles que o recebem. Via de regra, não é isso que acontece, pois não estão alicerçados em uma estratégia de comunicação ou mercadológica (ou até podem estar). Os brindes, ou produtos promocionais, como são denominados atualmente, estão presentes em muitas atividades, quer seja um evento, uma campanha de incentivo, uma fidelização, uma pesquisa ou tantas outras. Não dá para imaginar uma atividade de marketing em que não se tenha a presença física de um brinde.

É DIFÍCIL CRIAR?

É muito importante saber que a criatividade está acessível a todos os seres humanos. Isso mesmo. Todos nós somos iguais nesse momento.

A criatividade nada mais é que ter a capacidade de olhar a mesma coisa que os outros, sob outro ângulo, mas ver algo de diferente nela.

Se o ser humano é criativo e evolutivo justamente pela capacidade de mudar os hábitos dia após dia, o que importa é não ficar parado esperando, pois, por menor que seja o passo que possamos dar, hoje mesmo, ele significará muito lá na frente.

Pare agora e reflita um pouco: falamos em pesquisar, em sermos criativos, mas o primordial é saber, antes de tudo, o que queremos.

Muitos não sabem. Vão buscar em suas memórias coisas que possam ser copiadas em função do sucesso que os outros obtiveram e, enfim, caem no marasmo de horas a fio sem saber o que, efetivamente, será o ideal para se ter uma promoção de sucesso.

Perceba e caia na real de que existe um processo mental e meramente cadenciado para que tudo isso se transforme em algo factível e que atenda aos anseios de nossos clientes ávidos por coisas novas.

Muitas vezes, o que buscamos não existe de fato e precisa ser idealizado por alguém ou por uma empresa parceira que nos ajude naquilo que pretendemos. Nessas pesquisas e até mesmo com a colaboração dos parceiros e/ou profissionais de outras áreas dentro da empresa, como o departamento de compras, de eventos, entre outros, eles poderão nos auxiliar a encontrar nosso precioso e estimável brinde. Essa busca incessante para se chegar ao vanguardismo ou ao ineditismo vem de encontro a uma "pororoca" que desaguará no pretendido. De nada adiantará trilhar todos esses passos se não houver uma conversa profunda com aqueles que mais entendem da marca e do produto. Esses profissionais que atualmente militam no marketing das empresas e com nomenclaturas diversas detêm um volume considerável de informações que precisam ser digeridas por aqueles que executarão a tarefa árdua de acertar na campanha e obter os números que ora foram comprometidos em termos de metas para a promoção ou campanha.

Informações mercadológicas diversas dentro do marketing mix devem ser oferecidas, assim como o público-alvo que se pretende atingir — esses são dados primordiais para que se alcance o sucesso.

Nessa conversa ou reunião formal ou informal, haverá um conjunto de idealizações que ambos se comprometem em acertar e buscar, para, ao final, realizar uma epopeia para nascer um filhote robusto e cheio de energia e vigor. Nesse comprometimento e com o volume de dados digeridos, o criativo — que pode ser tanto da agência quanto de uma pessoa da estrutura da empresa — dará o passo derradeiro, ou seja, encontrará algo que, de fato, se realize e atinja aquilo de que a marca tanto necessita.

Verifique e fique ligado, pois, antes de sair para construir a casa e começar pelo telhado, os alicerces são os principais sustentáculos dessa estrutura robusta que está sendo erguida. O passo seguinte é no sentido daquilo que denominamos mote, tema ou até mesmo chamada ou slogan, que denotará toda a nossa soberba e frenética campanha promocional.

Se o tema está muito bem afinado com a orquestra como um todo, em que os metais se sincronizam com as cordas e vozes, isso significa que o artista poderá interagir com todo esse conjunto maravilhoso, a fim de arrancar aplausos da mais contundente plateia.

OS *CASES* PODEM NOS AJUDAR — E MUITO — A PENSAR CADA VEZ MAIS E MELHOR

Neste livro, já foi citada a promoção da Parmalat, com seus bichinhos maravilhosos. Observem que a campanha, que divulgava as pretensões da marca, levou a empresa e a agência a apostarem em um mecanismo de coleção que elucidava exatamente os personagens protagonistas do filme. Esses brindes eram dotados de alma e falavam com as crianças, pais e adultos, o que acabou gerando um frenético show promocional no mercado publicitário e promocional.

Isso que acabo de citar mostra cabalmente tudo o que já foi mencionado, ou seja, tenho um tema, uma campanha fantástica e, por fim, os brindes, que serão o alvo e o êxito de minha promoção.

EXERCÍCIO DE CRIATIVIDADE

Pare e pense agora! Atualmente, a Parmalat comunicou ao público sua nova campanha, em que as crianças de outrora (1996), travestidas de bichos, se tornaram adultas, mostrando uma recordação memorável. Se você fosse, hoje, o executivo da Parmalat, que promoção criaria e que brinde ofereceria? Ou que mecanismo adotaria para obter um nível de sucesso, no mínimo, igual ou superior ao anterior? Reflita e faça o exercício, de modo a manter em mente todos os detalhes que já expus neste texto.

PENSE ESTRATEGICAMENTE!

Tudo se baseia em uma estrutura em que, se uma marca não estiver bem definida, tudo corre ladeira abaixo. Isso mesmo!

Chamo a atenção para a estratégia que a marca deverá perseguir, no mínimo, nos próximos cinco anos.

Nunca poderemos ficar oferecendo brindes e mais brindes, promoções e mais promoções. Isso poderá gerar um vício no cliente final, o qual, eventualmente, comprará nossa marca apenas quando oferecermos algo a ele.

No marketing de guerrilha, a guerra deve ser travada no mercado. A arte militar de escolher onde, quando e com quem travar uma batalha, explorando as condições favoráveis para alcançar os objetivos.

Do livro *A arte da guerra*, de Sun Tzu, poderemos extrair alguns aprendizados, como:

> "Aquele que conhece o inimigo e a si mesmo, ainda que em 100 batalhas, jamais correrá perigo."
>
> "Aquele que não conhece o inimigo, mas conhece a si mesmo, às vezes ganha, às vezes perde."
>
> "Aquele que não conhece nem o inimigo nem a si mesmo correrá perigo em todas as batalhas."

Dentre todas as situações explanadas pelo autor, qual delas, você, leitor, prefere vivenciar? Escolha seu caminho estratégico.

Uma marca deverá ter uma espinha dorsal perfeita, em que todos os componentes que a formam devem permitir uma articulação confortável, respeitando-se os limites.

Para escolher o brinde que acompanhará a campanha, a marca não deverá ser diferente. Os cuidados e a meticulosidade dos criadores deverão entrar nesse conjunto idealístico de propósitos de fortalecimento da marca.

Não será qualquer brinde que poderá vir a somar! Existem milhares, milhões deles, mas um em especial será o companheiro, que andará lado a lado e de mãos dadas com a marca.

Há mais de uma centena de *cases* que podem ilustrar todas essas colocações aqui expostas, mas, de antemão, afirmo que você deve fazer um esforço redobrado — ou triplo ou quádruplo — para não copiar, e sim ser autêntico, único e, preferencialmente, inusitado.

Não vá buscar aquele brinde que apenas folheou no catálogo e achou interessante. Busque o ineditismo, ou aquele que trará receitas financeiras e crescimento de *market share* para sua marca.

Os consumidores atuais estão plugados em muitas coisas ao mesmo tempo. A tecnologia está à sua disposição para todas as suas necessidades. O que ocorre é que, de repente, brindes alusivos, temáticos e até mesmo nostálgicos levam a sensações gostosas e prazerosas. E, no mercado, temos de tudo. É simplesmente magnífico, porque, no mundo inteiro, sempre existirá alguém criando um brinde novo que despertará o coração e o desejo dos clientes e consumidores.

AVALIAR O MERCADO É IMPORTANTE

Com toda essa coletânea de afazeres e criações de trilhas que nos levam ao sucesso, há também outras coisas com que devemos nos preocupar, ou seja, o histórico das campanhas, dos brindes e, principalmente, o da concorrência.

Nunca estamos sozinhos no mercado. Isso significa que meu concorrente deve estar se organizando e criando agora uma estratégia diferenciada e criativa. Tenho de ser flexível com aquilo que criarei, para poder agregar vantagens adicionais futuras caso o contra-ataque seja fulminante.

Com relação ao histórico de campanhas anteriormente realizadas, o criativo/estrategista deve levar em consideração aquilo que ocorreu no passado e quais foram os resultados obtidos. No mercado, ainda existem muitos profissionais que experimentam o sucesso por meio de campanhas que deram muito certo e que, de uma hora para outra, soltam a seguinte frase:

Não se mexe em time que está ganhando! Tudo isso é um engodo. Poderia muito bem funcionar — como funcionou, há algum tempo —, mas a evolução dos tempos requer que se alterem, rejuvenesçam e modernizem a promoção e o brinde que a acompanham, se for o caso.

Mais um exercício...

Vejamos:

Durante décadas, a União, por meio de sua marca líder, realizava a famigerada campanha de coleção de embalagens do produto, em que o consumidor as trocava por um belíssimo exemplar de receitas que se faziam com o café da marca. Minha tataravó, bisavó e avós já colecionavam as embalagens na época. E isso passou de geração em geração. Esse brinde — que sempre foram obras bem editadas, criativas e completas — teve seus anos dourados. O que você faria hoje se estivesse no lugar do executivo e dono da marca? Faça novamente seu exercício.

Para refletir...

Inúmeras vezes, a Coca-Cola lançou sua coleção de garrafinhas e de engradados com êxitos sempre memoráveis. O que levar em conta com todos esses sucessos por meio desses brindes?

Como reagem a cabeça e o comportamento do consumidor diante desses fatos?

A resposta não é tão complicada assim.

Observe que a mecânica de coleção ou elementos colecionáveis está no cotidiano das pessoas. Desde as fotos, os álbuns ou até mesmo os brindes de uma forma geral, tudo isso faz parte da vida das pessoas.

A EMOÇÃO FAZ PARTE DO JOGO!

Quando a empresa e a marca-alvo buscam realizar algum tipo de atividade atrelada a um brinde, devem estar preparadas para participar desse momento mágico, que precisa despertar um desejo enorme de adquirir aquilo que não se pode obter simplesmente em qualquer lugar. Somente sua marca pode dar o brinde diferenciado e tão desejado. Pronto! Acertou em cheio.

Mesmo em situações mais irônicas ou difíceis, os brindes participam dessa realidade. Sabemos que, no futebol, o Sport Clube Corinthians Paulista sofreu uma derrota que deixou muitos torcedores com a emoção à flor da pele. Imediatamente, a diretoria lançou um kit contendo brindes alusivos ao time e à marca, para surpreender e, ao mesmo tempo, arrecadar fundos para o novo momento difícil que tinha pela frente.

Em questão de dias e semanas, o sucesso foi fantástico. Nunca foram vendidos tantos brindes na história do clube como nessa fase.

O que ocorreu? Mais uma vez, a emoção toma conta dos torcedores, pois eles jamais deixarão de ser corintianos ou de torcer por seu time do coração. Por essa razão, qualquer estratégia bem idealizada e compelida levará sempre ao sucesso.

Com propósitos honrosos e objetivos bem alinhados, tudo aquilo que o Corinthians fizesse dali para frente levaria essa legião de fanáticos adormecidos e que sofreram com tudo isso a erguer suas bandeiras e reconduzir seu time à primeira divisão do futebol brasileiro. Essa marca forte, que se abateu temporariamente, já conta com grandes patrocinadores firmados e fechados, que acreditam na marca que é o Corinthians. Sabemos que, em breve, eles terão seu retorno garantido.

O BRINDE É QUASE TUDO!

Muitos se confundem com o que realmente é um brinde: vamos verificar o que nosso grande *Aurélio* nos diz e define:

Brinde é...

[Do al. ich bringe dir's, 'ofereço-te', pelo it. bríndisi ou pelo fr. brinde.] Substantivo masculino.

Objeto que se oferece, esp. como sinal de cortesia; presente.

Um brinde pode ser — ou é — tudo que estamos condicionando e criando para um momento. Qualquer produto pode tornar-se um belo brinde — depende apenas do propósito a ser atingido. Observe que aquilo que, de repente, denominamos de presente também pode desempenhar o papel de um brinde.

Quando analisamos o enorme ferramental que o marketing disponibiliza para nós, profissionais, o brinde pode, via de regra, sempre incorporar alguns dos caminhos que deveremos ou queremos trilhar. É a doce presença de algo que se quer ter ou se deseja receber.

Isso tudo precisa revestir-se de um estado de sensibilidade que, quando o brinde for tocado, jamais será esquecido por aquele que o recebeu.

Veja a importância dessas palavras. Quando você pensar ou decidir sobre seu brinde, faça a seguinte pergunta, praticando a empatia, ou seja, colocando-se no lugar do outro que o está recebendo:

"Eu gostaria de ganhar esse brinde que ora estou criando e/ou oferecendo?" Se, mesmo assim, ainda persistir a dúvida, não custa nada agrupar algumas pessoas para que seja possível ouvir e obter as respostas. Dessa maneira, faça a seguinte pergunta: Vou ou não adiante?

Na área de comunicação, um brinde pode ser um agregado e um elemento importantíssimo para ser divulgado com propriedade e enaltecimento junto ao público almejado.

Doce lembrança!

O universo do marketing promocional é muito extenso. Você poderia imaginar um evento sem um brinde?

Uma convenção de vendas sem um brinde?

Vamos lá! Recorra à sua memória agora e verifique quantos brindes você ofereceu até hoje em suas estratégias e quantos recebeu durante a vida.

Tente se lembrar qual foi o mais significativo! Aquele que talvez você guarde até hoje. Por que age assim? Analisando a situação, o brinde que conseguiu atingir em cheio sua emoção traduz um significado e uma representação em seu inconsciente.

Alguns profissionais conseguem enxergar brindes naqueles objetos que julgamos mais simplistas, como camisetas, bonés, chaveiros etc.

Os autores deste livro já deram notoriedade a esse fato, mas é importante ressaltar que, mesmo sendo simples, você tem de fazer dele algo que se torne um símbolo e que mereça ser guardado como recordação ou algo precioso.

Um exemplo: você pode comprar uma camisa da Seleção Brasileira em qualquer loja. Mas uma camisa da Seleção Brasileira autografada pelo Kaká tem outro valor e significa muito mais. É um troféu para quem a tem.

Essa mesma camisa poderia estar sendo oferecida em uma campanha promocional por uma marca renomada quando da aquisição do produto.

Momentos de paixão!

O brinde pode estar enquadrado em vários setores do varejo, da indústria, dos prestadores de serviços. Para propiciar fidelização, relacionamento ou simplesmente paixão. *Isso mesmo*, paixão.

Imaginemos a seguinte situação inusitada, que ninguém, até hoje, criou: uma mãe acaba de dar à luz uma bela criança. Em dado momento na maternidade, um fabricante de lâmpadas decide ofertar-lhe um brinde diferenciado. Uma lâmpada para ser colocada em abajures no quarto de dormir do rebento. Nesse brinde, que é o próprio produto da companhia de lâmpadas, encontra-se a seguinte inscrição: "Temos algo em comum. Damos à luz! (em um sentido bem popular). Receba esse brinde como forma de relacionamento de nossa marca com você e seu filho(a)."

Então, eu pergunto: Qual marca de lâmpada essa mãe comprará daqui em diante?

Por meio de uma estratégia simples, mas magnânima, a empresa conseguiu atingir o *target* com a oportunidade da ação promocional.

Esteja sintonizado!

Uma camiseta que você está oferecendo tem de ser usada por seu público; para tanto, verifique a qualidade, o acabamento e demais exigências. Ela será a comparação imediata com sua marca.

O preço é uma das coisas que sempre preocupam alguém que precisa decidir ou procurar por um brinde, mesmo que diferenciado. Ele vem sempre com a roupagem de uma coisa que denominamos 3Bs... BBB... Bom, Bonito e Barato.

Nem sempre, com essas características, conseguimos aquilo que procuramos. Mas uma coisa é certa: se, inicialmente, eu tolher minha criatividade, com o fator determinante que é o preço, dificilmente atingirei meu objetivo. Um brinde significativo e de boa qualidade talvez não seja barato e assim sucessivamente.

As redes de fast-food nos dão exemplos eloquentes. Com uma margem de contribuição pequena, têm de realizar fenômenos maravilhosos com os brindes que conseguem oferecer a seus consumidores. Em muitos casos, acertam em cheio, deixando as crianças malucas e desejosas por obterem os brindes ofertados. E o melhor de tudo: algumas empresas, com habilidade e inteligência, não só atingem as crianças, mas também os pais. Dessa forma, posso garantir que o sucesso está garantido.

Para exemplificar tudo isso, houve uma campanha promocional criada pelo McDonald's, em que o brinde oferecido na compra de uma McLanche Feliz era um conjunto promocional composto de creme dental e escova da Colgate. No comercial de televisão, de forma inteligente, Ronald McDonald ensinava às crianças a escovarem os dentes. Quer coisa mais fantástica do que isso? É um comercial educativo, pois ensina o processo de escovação a crianças em uma faixa etária que não o aprecia e, além do mais, oferece dois brindes complementares. Verifique atentamente que, nesse caso, assim como em muitos outros, há um conceito inserido nesse contexto, que é o de se trabalharem promoções cooperativadas. Isso significa que, quando, ao oferecer esses brindes geniais, que podem até ser produtos da empresa, deve-se analisar uma questão primordial: "Só poderei oferecer um brinde a meu consumidor quando este estiver à altura da qualidade de minha marca e compatível com ela". Em síntese, isso quer dizer: "Uma marca líder só pode oferecer ou estar ao lado de outra marca líder, ou o brinde tem de ser compatível com a imagem de meu produto ou serviço".

TRADIÇÃO DE QUALIDADE

Outro exemplo significativo é o da Kellog's. O volume de investimento que a companhia faz em mídia massiva não é tão significativo, mas a verba que a empresa deposita em suas campanhas promocionais é representativa. Em geral, as promoções são gift-pack (brindes acoplados à embalagem) e/ou concursos. Em toda a história dessa marca, a empresa sempre utilizou brindes diferenciados e de altíssima qualidade. O uso do brinde na campanha é sempre uma questão vital, pois se percebe que a linha estratégica e de pensamento é a agregação de valor à marca do portfólio e à linha de produtos da empresa.

Um exercício fenomenal é quando vamos passear em um supermercado. Antes de criar qualquer campanha, faça o seguinte: de forma descomprometida, vá pesquisar em uma dessas lojas. Analise o segmento para o qual está procurando desenvolver algo inusitado, mas, principalmente, não se esqueça de visualizar o ambiente geral da loja. Isso quer dizer: verifique o aspecto sintomático de como as empresas estão trabalhando e operando no campo promocional por meio dos brindes e perceba quanta coisa nova e diferente está sendo disponibilizada aos consumidores para decidir pela aquisição de uma marca. Há de se ressaltar que também existem muitas coisas horrendas e de mau gosto e que não agregam nada — elas sequer têm a ver com o que acabamos de ler até agora.

FIDELIZAR É POSSÍVEL?

No mundo atual, a fidelização é um aspecto muito questionável. Num mar crescente de oportunidades que são oferecidas aos clientes, e com as características, vantagens e os benefícios dos produtos e serviços correlatos, as empresas fazem de tudo para conquistar o coração e a mente de seus clientes potenciais, ou *prospects*. É um vale-tudo total. Às vezes, pegar o consumidor de forma despercebida e instigar sua decisão em função de uma promoção em que o brinde é o principal ator significa, para a companhia, uma aquisição personalíssima. Mas como mantê-lo? Teremos de lhe dar eternamente promoções para que se sinta fidelizado? Não necessariamente. Por isso, a combinação de diversas ferramentas e instrumentos de marketing e comunicação com uma pesquisa de desenvolvimento de produtos que, de fato, atenda e surpreenda o consumidor levará ao sucesso da marca. Isso quer dizer que se trata de um trabalho minucioso de planejamento de curto, médio e longo prazos, que deve ser acompanhado cotidianamente pelo executivo da empresa e por uma agência, a fim de realizar o ajuste necessário que uma estratégia deve ter ao longo da vida.

Recordo-me das promoções maravilhosas que os jornais em São Paulo realizaram em determinada época para conquistar mais clientes tidos como "assinantes", em vez de "compradores em bancas".

Coleções de fascículos, brindes diversos e outras variedades eram disponibilizados aos consumidores. Nessa maratona de vantagens imediatistas, percebe-se a vantagem no curtíssimo prazo, mas a lição é que só conseguimos liderar e fidelizar os clientes lançando mão de um arsenal de instrumentos mercadológicos e de comunicação disponíveis, e contando com uma boa equipe de arranjadores.

O CONSUMIDOR SABE DAS COISAS!

Reafirmando novamente: precisamos ter muito cuidado ao oferecer muitas promoções continuamente, deixando que o consumidor se vicie e somente compre a marca em função daquilo que ora lhe está sendo prometido. Analise, pense e mostre-se bem criterioso ao colocar sua criação nas mãos desse ser pensante — e que analisa, sim —, que é o consumidor. Ele reconhece aquilo que é bom ou não é.

Esse consumidor que sabe decidir no ato da compra examina o que ora lhe está sendo oferecido. Para tanto, ele expressa isso em várias pesquisas realizadas ou em quais concursos e sorteios são maravilhosos, aderindo às campanhas, mas, quando se trata de um brinde, em que a questão é decidir ou não por essa ou aquela marca, ele observa o valor agregado daquilo que lhe estão entregando no ato da compra. A racionalidade impera e, nesse momento, os fatores emocionais são importantes e merecem uma análise mais apurada, pois, se eles se fizerem presentes, o consumidor sequer pestanejará e, em fração de segundos, obterá e colocará o produto na cesta ou no carrinho de compras.

Muitas vezes, esses brindes são similares à marca que o está oferecendo. Essa complementaridade é interessante, pois o consumidor tem a percepção clara da importância do brinde. Mas, quando se tratar de oferecer gratuitamente sua marca a outra, alguns cuidados deverão ser tomados.

UM *CASE* PARA APRENDER!

Um exemplo clássico foi uma campanha em que a marca Band-Aid, da Johnson & Johnson, decidiu realizar uma promoção cooperada com o produto Merthiolate, dos Laboratórios Lilly. Em um conjunto promocional muito bem idealizado, em que os produtos estavam acondicionados em uma embalagem exclusiva, desenvolvida com esse fim, com *schrink-pack* (filme encolhível para juntar mais de um elemento, a fim de formar um conjunto), dois problemas fantásticos estavam escondidos nessa armadilha que ora acabava de ser montada, a saber: em primeiro lugar, o varejo adquiriu quantidades significativas dessa promoção, cujo propósito era um só — quando da chegada da mercadoria, o conjunto era desfeito e o produto Merthiolate, que deveria ir para a casa do consumidor como um brinde da promoção, era transformado em lucro total para esses varejistas. Na realidade, não eram todos os varejistas que tinham essa atitude, pois muitos são éticos e respeitam aquilo que as empresas desenvolvem. Mas isso aconteceu.

O segundo problema foi mais para a marca Merthiolate, pois, na época, era sabido que um produto desse tipo, para ser consumido, levava aproximadamente de três a quatro anos na residência de consumidores que não tinham crianças ou filhos pequenos em casa.

De modo geral, o oferecimento desse brinde/produto ao consumidor representaria um maior intervalo para a aquisição do Merthiolate em compras futuras.

No momento inicial, a estratégia, para ambas as marcas, era realmente importante, pois o volume de unidades a serem colocadas no mercado era significativo, e a lucratividade, tida como certa.

Algumas dicas para acertar...

Para se criar uma boa promoção com brinde, devemos seguir alguns passos:

- Criação e repertório
- Produção da ideia e viabilização
- Operacionalização
- Aspectos legais
- Custos e *budget*
- Consideração importante: para ilustrar essas fases, considero uma campanha promocional lúdica — uma empresa fabricante de vinhos, em maio, junho e julho de determinado ano, decide oferecer a seus consumidores uma tábua de madeira para a realização de cortes de queijos. De tamanho pequeno e boa qualidade, ela será acomodada em um conjunto promocional, *schirinkado*, com quatro garrafas do produto. Essa promoção será industrializada, ou seja, sairá de fábrica diretamente para os varejistas e com código de vendas e fiscal diferenciados.

Criação e repertório

Em páginas anteriores, falamos bastante sobre essa fase, mas há de se ressaltar que seu repertório, ou hardware, deve dispor de uma boa quantidade de informações para se chegar à estratégia ideal de que sua marca tanto necessita. O brinde? Pense bem e decida.

No momento do brainstorming, tenha sempre mais de uma ação promocional em mente. É sabido que, para cada oito a 10 ideias produzidas em nossa mente, apenas uma ou duas serão, de fato, viabilizadas por todos os aspectos que envolverão a campanha.

Produção da ideia e viabilização

Não basta ter uma boa ideia na mão/na cabeça. É necessário saber como será o processo de viabilização. Sua promoção será produzida em fábrica, artesanalmente, como ficará a embalagem, quais serão seus componentes e como ela se apresentará ao consumidor? Tente materializar o conjunto com o brinde por meio de um layout ou mock-up. Isso feito, você deve imaginar como ela será exposta no ponto de venda e quais recursos de merchandising serão utilizados para seduzir o consumidor.

De todas as maneiras, sempre tentaremos viabilizar nossa ideia e/ou conceito criativo. Sempre haverá alguns empecilhos e problemas que não nos darão a chance de torná-la viável.

Para que isso ocorra na empresa, devemos expor a ideia para vários departamentos que se verão envolvidos na campanha, com o propósito de obter a aprovação do conceito ou até mesmo da ideia promocional. Essas áreas fundamentais são o comercial, o jurídico, a fábrica e outras, dependendo da estrutura de cada uma.

Quando se faz isso, conhecemos, antecipadamente, os prós, os contras e as dificuldades que poderemos ter no momento da execução.

No caso da indústria de vinhos, o criador da ideia percebeu que seria impossível colocá-la em prática, pois a fábrica opera em um sistema de industrialização automático, em que todas as fases de fabricação não poderiam colocar nosso brinde em seu interior.

Pensou-se até em uma linha especial de produção em que a promoção seria produzida. Mas a quantidade de pessoas adicionais, o espaço físico na fábrica e os custos envolvidos nessas novas atribuições da fábrica, além de outras dificuldades que foram surgindo quando da tentativa de viabilização, impediram o prosseguimento e avanço de nossa ideia.

Operacionalização

São todos os fatores e/ou processos que envolverão todos os detalhes, tais como critérios de participação do consumidor, logística dos brindes e a ação promocional como um todo. Essa fase é de fundamental importância para o êxito de uma promoção. Deve-se pensar em tudo em seus mínimos detalhes, pois a não observância desses passos criteriosos levará a cabo uma grande ideia. Na realidade, isso significa que você deverá pensar no passo a passo de cada etapa promocional.

Aqui e agora, cito apenas alguns deles, com o propósito de ilustrar essa fase tão significativa.

Está-se realizando um concurso, então necessito que o consumidor envie uma prova de sua compra. Certo? Qual será ela? Pense na possibilidade mais fácil para ele e que não esteja em duplicidade na embalagem. A solicitação poderia ser... Recorte a marca ou logotipo... De repente, há quatro logotipos na mesma embalagem. Solicitação furada. Uma alternativa será o código de barras. Só que, no mercado, as matérias-primas que compõem uma embalagem são inúmeras e isso deve ser muito bem pensado.

Passo seguinte: envie sua embalagem para uma caixa postal. Nesse caso, existe o desembolso com o envio e a compra de envelopes e afins. A caixa postal é de quem? Sua ou de um terceiro? Estima-se receber quantas cartas? Talvez essa caixa postal tenha de contar com a retirada diária de cartas junto à EBCT. Portanto, custos adicionais e mais operação.

Voltando à nossa campanha lúdica. Viu-se que, na fábrica, não havia possibilidade alguma de se realizar essa atividade promocional. Para tanto, nosso criador/planejador decidiu enveredar por outros caminhos.

Pegar-se-ia uma embalagem que contém um saco plástico, uma orelha promocional para divulgação e mais o brinde. Com todos esses componentes, o conjunto seria colocado à venda. Tudo isso seria realizado em uma operação no próprio estabelecimento que comercializaria a promoção. Juntamente com essa mão de obra fantástica, uma parafernália estaria à disposição para que se realizasse a divulgação junto a nossos queridos consumidores. Em um balcão, uma promotora uniformizada realizaria essa atividade. Pensemos: quantas lojas estariam com essa campanha? Quantas promotoras deveriam ser contratadas? Como seria realizado esse treinamento? Quantos uniformes seriam necessários? Enfim, mais uma série de perguntas deveria ser feita para se enumerar a quantidade de afazeres e burocracias para que o processo fosse concluído. Uma engenhoca que, sob o ponto de vista de custos e operacionalização, já se tornaria inviável. Decerto, atualmente, os hipermercados já se estruturam para oferecer a seus parceiros esse tipo de serviço aos consumidores, junto aos departamentos específicos que operam as campanhas promocionais em seus estabelecimentos. Para tanto, isso acabando saindo caro, ou melhor, custos adicionais deverão ser pensados no tocante à viabilização.

É muito importante que se estabeleça um cronograma que denomino de step-by-step (passo a passo) para qualquer ação promocional. Isso quer dizer que se deve ter uma sequência lógica e pertinente dos caminhos naturais que a promoção deve trilhar. Para tanto, deve-se saber lidar com esses processos, para que eles não empaquem ou transformem a promoção num arsenal de afazeres, de modo que nenhum consumidor, em sã consciência, participe de tanta atividade exigida.

Aspectos legais: visão administrativa

Minha intenção não é transformá-lo em advogado neste exato momento, pois a matéria, com certeza, exigiria um livro dedicado somente a ela. Deveremos, então, apenas citar alguns dos cuidados que devem ser tomados nessa área.

Em primeiro lugar e o mais importante de todos os pontos que serão comentados: não faça absolutamente nada sem que uma assessoria jurídica avalize tudo aquilo que ora esteja sendo desenvolvido como caminho criativo ou estratégia. Quando o embrião estiver em formação, mesmo antes de ser passado o *briefing* para a sua agência — ou se você for a agência —, não o apresente ainda a seu cliente; converse com o departamento jurídico de sua empresa sobre suas pretensões. De qualquer forma, você obterá um retorno e principalmente estará sob a condição de tranquilidade nos aspectos que mais podem incomodar e impedir a realização de sua mais nova empreitada.

Existem muitas coisas que podem impedir a realização de sua ideia, isto é, se não consultar antes aquilo que efetivamente deva ser colocado e avaliado com cuidado, por exemplo:

Imaginemos que você esteja desenvolvendo um brinde que estará no interior de uma embalagem. Logicamente, antes de tudo, você deverá conhecer os componentes do brinde para depois colocá-lo no interior da embalagem. Será que essas matérias-primas são tóxicas? Ou elas exercem algum tipo de reação química quando em contato com seu produto?

Existem diversas empresas que fazem esse tipo de análise e um dos mais respeitados é o Instituto Adolfo Lutz. Isso deverá ser feito quando da inserção de algum tipo de vale-brinde (físico) em sua embalagem.

O IPEM e o INMETRO dão informações bem claras de como proceder para comunicar ofertas e até mesmo que tipo de amostra grátis pode ser entregue aos consumidores. Existem outras orientações que, na realidade, são leis, e, portanto, devem ser cumpridas à risca. Caso contrário, as penalidades são danosas à sua empresa, a você e principalmente à sua marca, que não deverá, em hipótese alguma, ser arranhada por causa de desatenções ou falta de informação.

Existem diversas legislações; para tanto, sempre tome muito cuidado. Para cada segmento de mercado, teremos, com certeza, um organismo que está legislando para que nenhum abuso ocorra e, principalmente, proteja os compradores de produtos e serviços. Os setores financeiros, imobiliários, químicos e farmacêuticos, dentre outros, têm seus controles e especificidades.

O governo, por sua vez, nos níveis municipal, estadual e federal, também legisla em diversos setores para que cada um cumpra seu papel.

O sistema de proteção ao consumidor, via código de defesa, impõe regras claríssimas e você deve acompanhar todos esses pormenores. Daí a necessidade vital de se estar bem amparado juridicamente em sua empresa e/ou agência. Isso tudo quer dizer: "Consulte sempre um advogado". Ele apontará o caminho correto para seguir avante com segurança e sem riscos.

Custos e *budget*

Várias vezes percebo que, ao analisar uma proposta muito criativa de *gift-pack* (brinde acoplado à embalagem), por exemplo, alguma coisa "não bate". Observo que o brinde é genial, criativo, mas, só de olhar, pensar e imaginar, já dá para perceber que o custo está acima do que o *budget* permite.

Para esse tipo de mecânica promocional, sabe-se que a margem de contribuição do produto para a realização da ação promocional é muito baixa; para tanto, quando for passar o *briefing* ou recebê-lo, é importantíssimo saber o valor do investimento que será realizado, livre de qualquer ônus, custos ou desenvolvimentos de qualquer natureza ou até mesmo remunerações/honorários. Em muitos casos, se isso não ocorrer, o que se vê é que, uma vez que a verba é comunicada, o criativo trilhará um caminho em função disso e, na hora H, os outros elementos que o compõem não permitirão o suporte de tal investimento. Atualmente, as empresas — cada uma em sua política de desenvolvimento de campanhas — não são claras em todas as regras de concorrência.

O ideal, e de bom-tom, é que se esclareça, já no *briefing*, o que se espera e o que, de fato, se pretende criar. O quanto será remunerado por essa ideia e se ela é, de fato, viável ou se a agência analisou todos os detalhes possíveis e imaginários. No caso de uma concorrência, é de suma importância que, antes de se analisar o número final em uma planilha de custos, verifiquem-se a ideia central e o respectivo conteúdo estratégico. Isso porque, em muitos casos, negociam-se valores e esquece-se que uma bela ideia, mesmo que ultrapasse o *budget* final, estabelecerá uma sinergia tão fantástica com o consumidor que valerá a pena investir alguns reais ou dólares a mais.

Cada vez mais, os departamentos de marketing/comunicação e os departamentos de compras necessitam estar alinhados para que, em conjunto, definam os caminhos mais adequados para a marca. Notoriamente, no mercado, vejo que, a cada dia que passa — quer em cursos profissionalizantes quer em muitas faculdades e universidades —, compradores estão ávidos por conquistar mais conhecimento no setor de varejo, de marketing e comunicação.

Como diz meu amigo De Simoni, o preço é importante, mas devemos ter muito mais apreço por nossa marca.

ALGUMAS DEFINIÇÕES...

A Promoção de Vendas está no contexto do Marketing Promocional. Antes de tudo, é importante compreender o significado e a razão de cada uma delas, para o entendimento correto das definições.

Há de se ressaltar que as definições são muitas e diversos autores lhes dão a compreensão necessária para o bom entendimento da matéria. Vejamos:

"A promoção de vendas é um conjunto de técnicas de incentivo impactante, de prazo determinado, que tem por objetivo estimular os diversos públicos à compra/venda mais rápida e/ou maior volume de produtos ou serviços."

COSTA & CRESCITELLI

"Promoção refere-se a qualquer incentivo usado por um fabricante para induzir o comércio (atacadista e varejista) e/ou os consumidores a comprarem uma marca ou incentivar a equipe de vendas a vendê-la de forma agressiva."

TERENCE SHIMP

"É a criação de um acontecimento apto a impressionar o público-alvo em relação ao bem ou serviço que está sendo vendido."

PETER DRUCKER

"Promoção de Vendas são todas as atividades além de propaganda, publicidade e venda pessoal que motiva e encoraja o consumidor a comprar por meio de brindes, amostras, descontos, concursos, demonstrações etc."

AMA (AMERICAN MARKETING ASSOCIATION)

Analise que, segundo a definição da AMA, o conceito é bem claro e, inclusive, dá ao brinde a devida evidência dentro do composto do marketing promocional, inclusive explicitando algumas das mecânicas promocionais.

Foram analisados diversos conceitos de promoção de vendas, agora examinaremos a definição que a AMPRO (Associação de Marketing Promocional) nos fornece:

"Marketing promocional é uma atividade estratégica, tática e de execução para uma marca, que utiliza todo o mix de comunicação desenhado para trabalhar de maneira orquestrada, visando influenciar o comportamento do consumidor e, assim, alavancar a performance de venda e de imagem dessa marca."

Devemos ter a percepção clara de que o marketing promocional está voltado para um estudo mais abrangente do mercado, do público-alvo e daquilo que o estrategista deve utilizar em suas campanhas para que, assim, a marca cresça cada vez mais forte e robusta.

SEDUZIR: ISSO É BOM DEMAIS!

A pergunta que fica sempre no ar... Como seduzir e encantar meu cliente...

Se pegarmos o *Dicionário Aurélio* e realizarmos uma busca sobre o termo "sedução", encontraremos:

"É uma daquelas palavras indefinidas, mas que despertam em cada indivíduo uma ideia, um sentimento, uma lembrança, um sorriso maroto, um desafio, um preconceito, uma censura, um aplauso, uma curiosidade, uma fantasia ou um sonho."

É um processo, uma relação dual, fugitiva em sua promessa de charme e intensidade das emoções prazerosas que podem ocorrer nesse encontro sugerido com a magia e o encantamento a ser desfrutado.

Não somente estratégia e cálculo, a sedução também é sensibilidade para ler o desejo, o seu e o do outro, e saber tocá-lo, saber dizer o que o outro quer ouvir e descobrir a melhor imagem que o outro faz de si ou do que pode vir a ser.

Em alguns temas aqui propostos, temos enaltecimentos sobre a representatividade e a significância do brinde. Mas entendo que, todas as vezes que conseguirmos encantar, sensibilizar e seduzir nossos clientes-alvo, teremos dado um passo gigantesco rumo ao sucesso de nossa promoção ou campanha.

HÁ QUE SE PLANEJAR!

Em toda e qualquer atividade profissional, em diversos ramos de negócios, sempre precisaremos realizar nosso plano de trabalho ou o planejamento daquilo que ora foi criado para a campanha promocional.

Todas as fases citadas e evidenciadas, sem exceção, merecem um cuidado especialíssimo.

O passo seguinte — e que merece a mesma acuidade dos anteriores, é partirmos para seu planejamento.

Segundo Ackoff, "*a priori*, planejamento é algo que fazemos antes de agir, isto é, antes da tomada de decisão. É um processo de decidir o que fazer e como fazer, antes que se requeira uma ação".

Funções do Planejamento

Mas por que devo realizar o planejamento? Será que ele realmente me trará benefícios?

Vejamos alguns itens listados para vislumbrarmos o quanto poderemos ganhar com a análise e as ponderações de um bom planejamento:

Viabilizar a estratégia

Isso garantirá que, dos diversos caminhos que se apresentarem para a viabilização, você escolherá o melhor e mais confiável, haja vista sua experiência no assunto. Se, porventura, você ainda não conseguiu vivenciar, em sua plenitude, algumas das fases promocionais, troque informações com sua agência ou com os profissionais que militam na área, para que se tenham convergências ou pontos de vista equivalentes, visando a validação da estratégia.

Reduzir riscos

Se a definição diz claramente que isso envolve antecipar os fatos, antes que eles aconteçam, isto equivalerá que estaremos, quando executamos o planejamento, evitando desperdícios de tempo, de recursos humanos e de materiais. Tudo isso tem por objetivo o sucesso da promoção, com a minimização dos eventuais problemas que, antecipadamente, foram previstos no plano.

Otimizar recursos

Mesmo que tudo esteja alinhado em nossa mente e em conformidade com o plano, ainda poderemos verificar procedimentos e formas de se obter ganhos, com as possibilidades dos recursos que ora não visualizamos e que, se bem planejados, poderão dar retorno acima das expectativas.

Coordenar esforços

O planejamento é lógico e racional. Por isso, quando o colocamos em prática, temos um completo raciocínio de como proceder no encadeamento de tudo aquilo que deveremos executar. Os esforços ora empreendidos deverão formar uma cadeia bem idealizada para que os passos se processem de maneira ordenada.

Organizar tarefas

O plano é um documento. Desse modo, se em sua empresa há grande quantidade de tarefas, esse documento servirá para consulta no dia a dia. Com ele em mãos, será possível elaborar um cronograma de atividades que o ajudará a cumprir exemplarmente tudo que foi planejado.

Criar sinergia entre áreas

Todas as áreas de sua empresa deverão estar cientes de seu planejamento. Um documento final deverá ser elaborado. Nele, todos os responsáveis pelas áreas envolvidas deverão conhecer o que vai para o mercado. Desse modo, eles deverão assinar o plano, tomando ciência dele. Dessa forma, você está criando envolvimento e responsabilidade em relação a todos, gerando certa sinergia para que o sucesso seja alcançado pela equipe, e não simplesmente por você.

O planejamento requer...

Para que um plano seja coroado de êxito, algumas premissas deverão ser seguidas à risca. São elas:

Sempre haverá a necessidade fantástica de **TEMPO.** Isso quer dizer que não é possível planejar em apenas 10 ou 15 minutos ou até mesmo em algumas horas. Um bom plano tem de ser muito bem pensado e principalmente idealizado. Portanto, trabalhe sempre com muita antecedência, para não deixar tudo para a última hora.

O antigo ditado "a pressa é inimiga da perfeição" nos ensina muito.

Vamos citar alguns exemplos: sabe-se que muitas organizações realizam feiras e eventos e que, em muitos, o brinde é obrigatório. O brinde está na mesma ordem de importância que o *briefing* para o estande. Isso significa que não é faltando um dia para a realização do evento que pensaremos no que ofertaremos a nossos clientes.

No final do ano, as empresas fazem a entrega de muitos brindes a seus fornecedores e clientes. Por que deixar para pensar em novembro o que queremos entregar no início de dezembro?

A **COORDENAÇÃO** de todas as atividades para que o plano seja implementado deve estar sob a responsabilidade de profissionais competentes. Muitas vezes, "quem pensa/cria o plano" não é quem executará as atividades. Para isso, é fundamental que os responsáveis tenham a incumbência de transferir para a coordenação tudo aquilo que desejam obter como resultado. Já presenciei muitas situações em que a pessoa que está na coordenação se encontrava na mera função de operacionalizar uma das tarefas do plano. Nisso tudo, sabe-se, com clareza, que há uma distância enorme no comprometimento com as metas e os objetivos a serem alcançados.

Para que se planeje algo, haverá necessidade de **EXPERIÊNCIA.**

É muito difícil pedir um plano para alguém que nunca vivenciou algum tipo de atividade similar. Não basta pedir para que se redijam belas linhas, bem colocadas, com linguagem impecável; é preciso que, em essência, observem-se as muitas lacunas entreabertas, deixando-se, assim, que até mesmo uma grande ideia seja colocada de lado em função de um plano mal elaborado.

A **OBJETIVIDADE** é uma qualidade primordial. Tudo tem de ser sucinto e direto. Com muita clareza. Nada de coisas confusas e que não traduzam aquilo que se deseja de fato.

Deve-se recorrer a palavras simples, mas que traduzam explicitamente seus propósitos. Use tópicos para repassar aos leitores de seu plano a mais completa lista de afazeres, objetivos e metas que deverão ser conquistados.

Para finalizar, quero complementar com uma frase:

"PLANEJAMENTO É ORGANIZAÇÃO."

O que levar em conta ao planejar uma promoção?

A seguir, elenco alguns tópicos de suma importância e que deverão ser considerados quando você planejar sua promoção, envolvendo ou não um brinde. Leve em consideração todas as possibilidades de cada um deles, pois assim você estará se colocando como um profissional competente e responsável em todos os momentos em que a campanha estiver em curso.

Qual o benefício para o cliente? (racional/emocional)

Segue um exemplo: imagine-se como um fabricante de ração canina. Quando seu consumidor adquirisse certo número de embalagens do produto, teria direito a um brinde gratuito, que seria uma coleira para seu animal de estimação, com o nome do animal e o número do telefone grafados no brinde. Imagine o *frisson* que isso causaria, mesmo porque uma das maiores preocupações dos donos é a possibilidade de seu animal se perder e nunca mais conseguir encontrá-lo.

Será fácil ele entender o benefício? (comunicação da promoção)

Entendamos uma coisa: comunicação é o que o outro entende, e não aquilo que achamos que estamos comunicando. Teremos de ser muito objetivos e claros em relação àquilo que estamos informando. É ler e entender. É ouvir e entender. É ver e entender. Em todas as formas e linguagens que poderemos vir a usar em nossa comunicação, sabe-se que, quanto mais criativo formos e mais simples e óbvios, mais teremos adquirido a compreensão daquilo que queremos informar e dizer a nossos consumidores.

Qual o impacto sobre nosso pessoal? (público interno)

Em muitas das vezes, não analisamos como realmente o nosso público-alvo está sendo beneficiado. Pratique a empatia e se coloque no lugar do público e verifique se gostaria de receber aquilo que está oferecendo e promovendo. O consumidor atualmente está muito bem-informado e sabe exatamente o que é bom para si e também para o seu bolso. Logicamente que, em muitos casos, poderemos utilizar a técnica da emocionalidade e sensibilizá-lo de tal forma que o deixaria perplexo e sem muito tempo para pensar e, assim sendo, decidir-se sobre a compra de nossos produtos.

Toda a prática correta nos ensina que tudo aquilo que está sendo oferecido ao comércio ou para o consumo, via nossas promoções, deve antecipadamente comunicar a todos os funcionários que mantêm contato de alguma forma com os clientes de tudo aquilo que estamos lançando, para que não ocorra dúvida alguma quando um deles ligar para a empresa. Deve-se evitar a desinformação. Além de fazer com que os clientes fiquem perdidos para conseguirem o que desejam, é insano para qualquer profissional que esteja comprometido com os esforços da companhia e da marca. Ao que tudo indica, é rotina de muitas empresas informar, mas um grande número sequer tem essa preocupação. Faça um teste. Compre um produto em promoção e ligue para a empresa promotora solicitando alguns dados sobre a campanha. Verifique como está sendo atendido e quais foram os procedimentos. Se bem atendido, ótimo, tente aprimorar o processo em sua empresa; se mal atendido, faça o possível para que sua empresa não seja vista da mesma maneira.

Como afetará a rotina atual? (operacionalização)

Uma campanha promocional sempre modificará a rotina da empresa. Seja ela na fábrica, no atendimento ao consumidor, no departamento de vendas etc. Por isso, o ideal é fazer de forma organizada e planejada aquilo que realmente seria modificado dentro da empresa para atender a seus propósitos e objetivos. Faça comunicados e aplique esforços concentrados e sazonais para que tudo ocorra como foi pensado e organizado.

Alguém já está fazendo igual? (análise da concorrência)

Quando se cria a campanha, é essencial que se faça uma viagem no histórico promocional da empresa e principalmente no mercado. Algumas práticas já foram executadas e sua ideia pode ser mais uma entre tantas que já foram bem-sucedidas, malsucedidas ou até mesmo uma inovação. No que tange ao planejamento, há de se pensar e raciocinar no poder de ataque que o seu principal concorrente detém para que não se anule por completo ou em parte aquilo que ora foi concebido estrategicamente. Fazer o famigerado plano B ou plano C é tarefa de um bom planejador, e fará com que a empresa tenha um olhar diferenciado e o poder de contra-atacar e, assim, aniquilar qualquer um deles.

Trará vantagens sobre os concorrentes? (diferencial)

Se no item anterior avaliamos o que poderemos fazer com relação a um ataque dos concorrentes, agora devemos pensar no avanço a ser obtido com nossa promoção. Isso equivalerá a alguns pontos de *market-share*? Poderemos conquistar frentes nunca dantes avistadas e, dessa forma, obter vantagem competitiva? Tudo isso nos dará maior fôlego e precisão para conquistar as metas pensadas e elaboradas em nosso plano.

Dará Lucro? (custos *versus* benefícios)

Nada será mais consistente em uma relação na qual o custo valerá a pena em função dos benefícios angariados. Os investimentos só poderão ser realizados se o lucro for consideravelmente interessante. Em situações adversas, poderemos ter casos em que a companhia queira efetivamente conquistar objetivos audaciosos, em que o valor em questão se trata de lucratividade a ser obtida em médio ou longo prazo.

Quanto custará?

Todo plano tem seu tópico de custos. Com uma planilha muito bem-feita e cuidadosa, ela deverá ser totalmente decupada e, de preferência, os custos devem estar dentro dos parâmetros da realidade, ou seja, nem muito além daquilo que de fato ocorreu nem muito inferior ao que se desejava em relação ao *budget*. Tenha sempre nos itens de custos aquilo que chamamos de *buffer*, ou seja, uma verba de contenção para eventualidades que possam ocorrer no transcorrer da implementação de sua engenhosa ideia.

Quando deveremos reavaliar a nova ideia? (pós-promoção)

Um dos maiores erros que um profissional de planejamento de campanhas promocionais pode cometer é ter uma visão de curtíssimo prazo. Há de se ter um calendário promocional, com um mínimo de 12 meses. Dessa maneira, ele conseguirá vislumbrar as demais estratégias — e os respectivos acertos — a serem adotadas na campanha em curso e principalmente naquelas que ocorrerão no futuro bem próximo. Com o final da campanha, *status reports* deverão ser confeccionados com todas as análises, e digo preto no branco, sem negligenciar alguns fatos ou tentar esconder minúcias relevantes e que não são aparentes.

O que pode sair errado? (Murphy — ele existe!)

A despeito da vivência e da experiência comprovada de muitos militantes no segmento, sempre haverá a possibilidade de algo dar errado em seu planejamento. A questão é:

"O que fazer exatamente quando algo deu errado
ou não foi planejado?"

Para muitos, dependendo do grau de adversidade, isso poderá comprometer, de fato, a campanha como um todo. Alguns desvios, se necessários, deverão ser adotados para a correção da rota e a obtenção de retornos mais satisfatórios. O que não poderá ocorrer de forma alguma são as sucessivas modificações, deixando a esmo qualquer nau que queira ter uma navegação tranquila e sossegada, sem sustos constantes.

Quando me reporto às leis de Murphy, é para chamar sua atenção para a revisão em seu plano antes da implementação, pois alguma coisa realmente poderá não se configurar da maneira idealizada e isso demandará ajustes precisos para a plenitude da concretização de seu plano.

Existe planejamento em promoção?

Nos dias atuais, observa-se uma grande quantidade de empresas que estão aplicando como técnica o planejamento. No mercado existem ainda poucos profissionais que se dedicam somente à elaboração de um bom plano. Bem pensado e estrategicamente correto, além de alinhado com as diretrizes corporativas. Com esse avanço, veem-se, no horizonte, aqueles que estão buscando cada vez mais se profissionalizar e, dessa maneira, voltam a oxigenar suas ideias por meio de cursos profissionalizantes e de formação universitária. Já são diversos os cursos que podemos encontrar no mercado e as instituições de ensino superior já começam a se movimentar nesse mercado crescente, que é o de marketing promocional, preparando grades interessantes que têm por finalidade educar e formar esse contingente numeroso de competentes profissionais. Se, por um lado, muitas aplicam o planejamento, eu poderia afirmar em função do que vejo atualmente no mercado que muitas empresas ainda estão distantes daquilo que seria pelo menos o ideal. Elas necessitam de profissionalização no setor, mas ainda se encontram emaranhadas com as atividades que precisam dominar e que, muitas das vezes, são novidades e, portanto, acabam idealizando algumas tarefas puramente burocráticas, para posteriormente correrem atrás do prejuízo. Se utilizassem corretamente o planejamento promocional, talvez mais recursos fossem aplicados e o retorno seria plenamente mensurável. Provavelmente, muitas ações promocionais nem sairiam do papel, haja vista os problemas de operacionalização, logística, custos e outros que passam despercebidos e sem a supervisão e coordenação adequadas que a atividade exige.

Tenha por hábito pelo menos fazer um plano. Por mais sucinto que seja, faça-o!

Sempre deverá ser gerado um documento para cada ação estratégica promocional que você desenvolver. A este documento, damos o nome de Plano Promocional, que deverá ter os seguintes tópicos quando de sua confecção:

1. Objetivos promocionais
2. Período da promoção
3. Público-alvo
4. Área geográfica de abrangência
5. Mecânica promocional
6. Premiação
7. Operacionalização e logística promocional
8. Legislação
9. Materiais promocionais de apoio
10. Divulgação — Propaganda
11. Custos promocionais envolvidos
12. Anexos
13. Aprovações

A seguir, veremos os detalhes que envolvem cada item do plano promocional, para que você possa executar um bom planejamento em suas campanhas promocionais.

Objetivos promocionais — primários e secundários

Mostre-se sempre claro e coloque objetivos tangíveis e exequíveis para o cumprimento das metas a serem fixadas e atingidas. A determinação dos objetivos deverá estar de comum acordo com os da marca e do *marketing plan*, para que, quando atingidos, reforcem ainda mais o sentido de utilização do arsenal promocional. Não se limite apenas aos objetivos convencionais; pense naqueles que possam dar maior abrangência, com consequente amplitude no atendimento das metas.

Período da promoção

Determine a periodicidade que a ação promocional deve contemplar, desde os meses, semanas ou dias em que acontecerá sua campanha promocional.

Público-alvo

Como sabemos, as promoções poderão ser dirigidas a diversos tipos de pessoas físicas ou jurídicas. Para tanto, especifique-os, inclusive dando detalhes e pormenores sobre os participantes: idade, sexo, grau de instrução, forma de salários ou remunerações que recebem, classe social e econômica a que pertencem e, por fim, seus anseios e desejos.

Área geográfica de abrangência

É neste item que você deverá especificar as regiões, cidades ou estados da atuação de sua promoção. Se possível, ataque pelas áreas em que você tem problemas ou pretende gerar oportunidades de ampliação ou até mesmo aumento de participação no mercado.

Mecânica promocional

Mecanismo significa a técnica que você utilizará para a realização de sua promoção. Isto quer dizer que concurso, sorteio, junte e troque, cuponagem, descontos etc. são mecanismos promocionais a seu dispor.

As técnicas são inúmeras e podem facilitar o desenvolvimento de sua ideia. Isso quer dizer que de nada adiantará ter apenas a criatividade, pois sua criação deverá passar por um dos mecanismos promocionais existentes ou até mesmo desenvolver algum novo que ainda desconhecemos.

Premiação

Este é um dos mais interessantes e mais difíceis dos itens de seu plano promocional. A tendência é determinar-se em relação àquilo que você gostaria de ganhar ao participar de uma promoção. Porém, o ideal é que a premiação nas promoções atenda plenamente aos desejos e anseios dos consumidores, principalmente aquilo de que necessitam ganhar.

Muitos profissionais chegam às alturas, prometendo aviões, carros importados, realização de sonhos etc. É certo que, quanto maior o valor do prêmio, mais o participante ficará com água na boca para ganhá-lo. Mas nem sempre isso é uma verdade. Vejamos: o que levaria uma avalanche de consumidores a obter um *tazzo* ou um bichinho de pelúcia? Em termos de valores, são prêmios baratos, porém despertaram atração sem precedentes nos consumidores para sua obtenção. É importante realizar sempre uma pesquisa junto ao *target* para que você possa ter a sensação de que o caminho está correto. Se, mesmo assim, a dúvida permanecer, dependendo do porte de sua campanha, faça um pré-teste promocional em uma região ou cidade para certificar-se.

Todas as vezes que você definir uma premiação, tente estabelecer empatia e, ao mesmo tempo, justifique-a. Se pelos meios aqui indicados você chegar à conclusão de que encantará o cliente, o caminho está correto. Do contrário, retorne e faça o exercício novamente até encontrar a resposta certa.

A seguinte pergunta poderá ser feita quando da realização do pré-teste: Meu concorrente descobrirá e realizará um contra-ataque?

Isto até é verdade, porém, se você adotar a pesquisa como ferramenta rotineira em seus pré-testes, deixará, sim, seu concorrente inseguro e sem saber o caminho a ser escolhido para adotar ou implementar sua promoção.

Operacionalização

Já é sabido que as atividades promocionais são carregadas de detalhes e seu follo-w-up deverá ser criterioso e preciso. Uma das fases mais importantes é a visualização do planejamento desenvolvido para a campanha.

Alguns especialistas chegam a dizer: é um parto para criar, um parto para implementar e um parto para terminar. Isso ocorre pelo simples fato de que algumas das fases que não estiverem bem alinhavadas e concluídas poderão conter surpresas inevitáveis e principalmente dolorosas/onerosas. Elas deixam de existir a partir do momento em que a operacionalização for verificada com propriedade. É neste item que você deverá definir todas as fases do fluxograma. Seja extremamente complexo e detalhista e preveja todos os caminhos para que os devaneios não ocorram. Nessa hora, você não pode deixar que Murphy o enlouqueça.

Mãos à obra. As mangas das camisas deverão ser arregaçadas e você precisar assumir a árdua tarefa de entender como vai funcionar sua ação promocional. É importante lembrar que, para cada promoção, haverá uma operacionalização diferenciada. Aliás, isso explica e serve para todas as campanhas. Isso quer dizer que uma promoção que foi implementada em determinada época deverá ter as mesmas características da atual. É certo que cada ação requererá visão e planejamento adequados ao momento e que o histórico é o repertório e a bússola para as novas campanhas.

A seguir, a sugestão de um modelo de fluxograma para você acompanhar suas campanhas promocionais:

Promoção / Job: Período:

Responsável pelo Acompanhamento:

Produto Envolvido:

Atividade entrega/ execução	Responsável	Data prevista	Observações

Legislação (aspectos administrativos)

Como ocorre em toda e qualquer atividade, a promoção também tem suas regulamentações e legislações. Para tanto, é importante lembrar que, para tudo aquilo que você estiver criando ou desenvolvendo em matéria de promoção, é bom manter contato e entender ao pé da letra o que o *Código de Defesa do Consumidor* prevê e dita como regras em sua complexa e versátil atividade. Além do *Código de Defesa do Consumidor*, é relevante considerar que, em qualquer atividade que envolva a formação de conjunto com mais de um produto, os itens recebem classificações fiscais diferentes — e isso implica impostos diferenciados.

Consulte sempre o departamento jurídico de sua empresa ou, se for um prestador de serviços, tenha uma boa consultoria para assessorar seu cliente de forma correta e sem riscos, tanto para você como para seu cliente. Hoje, existem no mercado empresas que prestam esse tipo de assessoria.

Para cada segmento de mercado, existirá uma lei que rege e comanda o setor. Antes de criar qualquer estratégia, esteja atento ao que elas têm em sua regulamentação para, posteriormente, desenvolver qualquer ação promocional.

A lei que regulamenta as campanhas promocionais é a da "Distribuição Gratuita de Prêmios a Título de Propaganda, mediante sorteio, concurso, vale-brinde ou operação assemelhada". A autorização para as promoções está sob os cuidados do Departamento de Proteção e Defesa do Consumidor da Secretaria de Direito Econômico do Ministério da Justiça. Esse órgão também funciona de forma descentralizada, ou seja, as autorizações poderão ser obtidas no Distrito Federal ou em seu estado específico.

Sem querer transformá-lo em advogado, trazemos, a seguir, o diagnóstico mais importante para você saber se sua promoção precisa ou não de autorização.

Duas perguntas-chave deverão ser executadas quando de sua criação: Todos os participantes que cumprirem as condições básicas de participação terão 100% de certeza de que ganharão os prêmios? Os prêmios são iguais para todos?

Se obtiver o sim para ambas as perguntas, você não necessitará obter o Certificado de Autorização do Ministério da Justiça.

Se, porventura, você responder não a uma das duas, haverá a necessidade do certificado.

O fator mais comum que determina se uma ação promocional necessita ou não de aprovação é a sorte.

Muita atenção em relação aos prazos. Não haverá disponibilidade de tempo para ações imediatistas, pois a lei prevê um prazo de 45 a 60 dias aproximadamente (antes da data do início da campanha) para se obter o número desse certificado, que deverá, inclusive, estar impresso e divulgado em todas as suas peças de comunicação.

O fato é um só: para cada mecanismo promocional, existe uma série de especificações na legislação. O importante é que sempre deverá haver consulta junto aos especialistas, para que não se corra o risco de sofrer penalidades, que vão desde a cassação da licença, multas e proibição da realização de promoções durante alguns anos (dois anos previstos na lei atual).

Materiais promocionais e de divulgação

Todas as peças que compõem o suporte para a visibilidade junto aos canais de distribuição, o apoio à equipe de vendas e o merchandising no ponto de venda deverão ser consideradas, de modo a darem uma ideia completa de como se deverá linkar a comunicação com os diversos públicos que a promoção contemplará.

Seja detalhista a respeito de todas as informações sobre sistemática, funcionamento e descrição de cada elemento criado para dar suporte e apoio à campanha.

Cada vez mais, percebemos que os materiais promocionais com o objetivo de merchandising para o ponto de venda estão sendo desenvolvidos sem o menor critério e conhecimento daquilo que o varejo precisa ou até mesmo a pertinência para aqueles que vão colocá-los nos pontos de venda.

O investimento é alto nesse caso, porém o desenvolvimento dos materiais promocionais deverá ser em número suficiente e adequado às mais diversas necessidades. Há de se verificar o número de clientes que possivelmente deixem colocá-los em seus estabelecimentos comerciais.

Divulgação — propaganda

Quando do planejamento de sua ação promocional, envolva o departamento de criação da agência, após ter checado todos os detalhes relativos à estratégia mais adequada.

Muitas vezes, aciona-se o departamento de criação sem que a área de planejamento ou de promoções tenha checado todos os pormenores.

Isso significará custos e perda de prazos que, às vezes, podem gerar a perda da concorrência ou até mesmo de um cliente. Para que isso não ocorra, faça um check-list preciso e ative as áreas de pertinência conforme seu follow-up diário. Hoje, o paradigma para se criarem temática e roteirização mesmo antes do planejamento está sendo quebrado, pois as agências, de forma geral, já conseguem entender que as áreas de criação e planejamento precisam de consultas junto aos especialistas antes de envolver o planejamento de comunicação. O que se percebe é que uma área não pode viver sem a outra.

O que haverá é a adequação e somatização dos especialistas em comunicação para oferecerem ao cliente ou à empresa a melhor estratégia em termos de propaganda.

Acabou-se aquela época em que a promoção era considerada alijamento do processo de comunicação. Hoje, ela ocupa seu espaço e é necessário que se eleve o nível de profissionalização e entendimento para que traga os resultados tão esperados pelo mercado. Diversos *cases* e exercícios têm sido executados por profissionais de ambas as áreas e os resultados têm sido plenamente satisfatórios, desde que haja compreensão e entendimento dentro do sistema proposto.

À medida que os fatores determinantes vão evoluindo entre os especialistas, percebe-se que os resultados são fantásticos, sob todos os pontos de vista. Criam-se peças diferenciadas, inéditas e principalmente adequadas ao momento e às necessidades de cada produto/serviço, fatores interessantes para atender aos anseios dos diversos públicos.

Conscientização e profissionalização dentre os diversos setores da comunicação levarão ao sucesso do *marketing plan* da empresa cliente.

Custos promocionais envolvidos

Como já alertamos, sabe-se que, para uma composição de custos correta e precisa, é necessário que a etapa operacionalização esteja dentro dos parâmetros de detalhamento e complexidade perfeitos e bem visualizados. Divida os diversos itens em campos específicos ou por setores.

Exemplo: materiais de apoio, materiais de recursos humanos e administrativos, operacionalizações diversas, produção de filmes, jingles, spots, mídia, honorários advocatícios, legislação e impostos federais, estaduais, municipais etc. Tudo que se refere a termos de custos deverá constar em seu planejamento e em suas planilhas, pois é dessa forma que não teremos surpresas nem adversidades.

É muito desagradável você ter um plano promocional aprovado e, no meio do caminho, descobrir determinados custos que não foram planejados tampouco previstos por você.

Além do fato desagradável, ficam as seguintes dúvidas: Quem paga por aquilo que não foi previsto ou informado? Sua empresa ou sua agência?

A resposta está naquilo que você deverá fazer de maneira organizada e refletida, mesmo que envolva outros profissionais para ajudá-lo na confecção dos itens. Seja prudente quanto à decupagem dos custos e não permita que lhe apresentem propostas que não estejam devidamente detalhadas, para que você possa analisar e questionar cada passo e envolvimento dos pontos a serem questionados.

Assim, você terá uma previsão muito próxima da realidade, sem sustos ou correrias. Nesse mesmo item, há de se considerar o das condições de pagamento de todos os fornecedores envolvidos em toda a cadeia de produção da campanha. Parece que não é relevante, mas é na hora dos pagamentos aos envolvidos que seu cash-flow vai para o espaço e a coisa pega, ou seja, se não houver uma perfeita previsão dos pagamentos a seus colaboradores, como se exigirá qualidade no fornecimento?

Anexos

Tudo aquilo que foi citado em seu plano deverá ser documentado e comprovado. Para tanto, disponha de todos os anexos para mostrar-lhes e, ao mesmo tempo, conferir a devida credibilidade.

Lembre-se de que seu plano promocional deverá ser lido por vários profissionais, além de ser completo e conciso, de forma a lhe dar relevância e conteúdo.

Aprovações

Para que seu plano se torne um documento e abranja direitos e responsabilidades, é importante que você registre a data em que foi apresentado e para qual(ais) profissional(ais) ele se dirigiu.

Se porventura você obtiver a aprovação no ato ou posteriormente, solicite, mais uma vez, a data da aprovação e principalmente o nome e a assinatura do profissional que o está aprovando.

Reveja todas as condições da aprovação para que as cobranças posteriores não sejam alvo de deturpações ou disse que disse.

De preferência, após a aprovação, se necessário for, consulte seus advogados e cobre de seu cliente ou agência um contrato de prestação de serviços, para que todos os envolvidos estejam de acordo quanto ao cumprimento das regras e metas estabelecidas entre as partes.

Seria indicado se a capa de seu plano promocional contivesse todos os dados da campanha e principalmente as assinaturas dos responsáveis de cada setor ou departamento da empresa que nele terá envolvimento direto ou indireto.

Solicite a leitura e a aprovação para que, posteriormente, não venham questionamentos do tipo: "Eu não sabia" ou "Eu não fui envolvido" ou ainda "Meu departamento jamais foi informado do que seria colocado no mercado, portanto não tenho nada a ver com esta estratégia". É nessa hora que se assumem os compromissos e as responsabilidades. Enfim, o que está escrito e assinado pelos responsáveis jamais poderá ser discutido posteriormente.

Enfim, seu plano já está pronto. Agora, basta aprová-lo e implementá-lo...

Ok! Você acaba de ter em mãos um belo plano promocional, que fará com que sua empresa, sua marca ou seu cliente se interesse ou coloque em prática todos os passos ora definidos.

Ufa! Deu trabalho, mas compensou. A partir daí, é só começar pelas atividades diárias e de acompanhamento para que cada passo programado cumpra criteriosamente o estabelecido.

Do contrário, cuidados especiais se farão necessários, pois os desvios e descaminhos são tantos que, para trazer a nau novamente para seu rumo, deverá haver análises mais profundas e novos redirecionamentos.

Lembre-se de que nunca se deve voltar atrás, pois o caminho já foi determinado e você terá de cumpri-lo à risca.

Um dos primeiros passos: suas relações profissionais e comerciais no mercado promocional

É importante frisar, mais uma vez, que você precisa ter um relacionamento confiável e duradouro com as agências de propaganda ou de promoção.

Não fique por aí realizando apenas concorrências para tirar proveito de preços. Pense que o processo informativo a seus parceiros e do conhecimento de seu negócio é fundamental para que os resultados sejam favoráveis financeira e profissionalmente.

Conforme a quantidade de negócios a serem viabilizados, eles poderão ser negociados em patamares representativos e seu tempo envolvido, que já é reduzido, será maximizado. Consequentemente, o custo será muito menor. Pense nisso. Existem empresas/ profissionais altamente capacitados para gerir seus negócios em nível de promoção.

Muito bem. O primeiro passo já foi dado. Você está com a empresa certa e os profissionais competentes. A partir daí, comece a analisar os diversos segmentos de mercado e veja o que está ocorrendo. Não se limite à sua área de atuação. Informe-se e esteja bem "antenado" sobre tudo que ocorre na área.

Participe de seminários, estude e, principalmente, troque "figurinhas" com outros profissionais desse segmento. Analise atentamente os *cases* que estão sendo colocados no mercado. Faça de tudo para não os copiar.

Essa é uma tendência muito forte nos dias atuais, ou seja, se uma campanha deu certo, por que não trazer a experiência da outra empresa para a minha?

Aí é que mora o perigo, pois, para cada promoção desenvolvida, sempre haverá uma configuração ou situações que somente a própria empresa poderá explicar. Os *cases*, de certa forma, são convergentes e nossa visão de mercado deve ser divergente, como a de um caleidoscópio.

Imagine e tenha representações diferenciadas em relação àquela promoção que ora se apresenta como a melhor receita.

É chegada a hora de colher os resultados

Conforme os resultados começam a ser colhidos, positivos ou não, faça um monitoramento dos fatos primordiais que estão acontecendo, para poder comentá-los em sua avaliação final, de modo que fiquem registrados no histórico promocional do produto e da empresa.

Tenha sempre o hábito de fazer uma análise ao término de cada ação promocional, inclusive registrando todos os fatos ocorridos em um documento, que denominamos "Resultados Promocionais — Ação "X".

Da mesma maneira que os responsáveis assinaram a implementação, eles devem saber e estar conscientes do que ocorreu com a promoção anteriormente aprovada.

É importante que se coloque aquilo que chamamos de "preto no branco", ou seja, sem máscaras ou protecionismos, sem prevalecer determinada área da empresa ou até mesmo massacrar outra. A análise tem de ser coerente e correta sob todos os aspectos.

Analisar os sucessos ou insucessos nos ajuda no processo de criação de uma boa estratégia promocional. A seguir, analisaremos alguns *cases* promocionais que nos darão uma boa reflexão sobre o que podemos ou não realizar com esta ferramenta poderosa sob todos os aspectos.

Para construir ou até mesmo destruir.

Quem não se lembra de campanhas que ficaram em nossa cabeça até os dias atuais? Será que elas trouxeram bons resultados para as marcas ou empresas? Sem entrar no mérito dos resultados de *market-share* ou financeiro, o objetivo básico a que estamos nos propondo é situacional, ou seja, para que você, profissional de marketing, propaganda ou promoção, crie uma estratégia de promoção de maneira eficiente, em função dos dados que ora se apresentam...

COMO OBTER BONS RESULTADOS

Alguns passos são importantes para se obter uma estratégia correta e atingir os objetivos de forma geral:

1. Planejamento correto, de acordo com o *briefing*, com a criação diferenciada e impactante sob todos os aspectos.
2. Verificação da viabilidade produtiva da ideia criada, antes de se apresentar ao cliente ou à gerência/diretoria.

3. Obter, por meio da operacionalização da campanha, todos os passos necessários para a verificação de eventuais problemas que possam prejudicar o desenvolvimento natural da ação promocional.
4. Para tanto, estabeleça um fluxograma de atividades, mensurando todos os passos envolvidos na campanha, determinando, inclusive, as responsabilidades dos envolvidos e as datas críticas para cada fase da promoção.
5. Por fim, os custos devem ser precisos, verificando-se o detalhamento e a decupagem de todos os pontos necessários.

O cumprimento rigoroso desses quatro passos parece simples. A experiência e o profissionalismo são fundamentais para a viabilidade ou visualização de todos os prováveis caminhos que deverão estar no fluxograma.

Conhecimentos da legislação promocional, Código de Defesa do Consumidor, legislações específicas que norteiam cada segmento de mercado, produção gráfica, produção geral e fornecedores dos mais variados tipos de prestação de serviços etc. fazem do militante da área de promoção um especialista que, quando da transmissão de conhecimentos de suas funções, tem de ser preciso e calculista o suficiente para dar o suporte necessário às áreas competentes de sua empresa ou de seus clientes.

É evidente que grande parte dos erros cometidos está exatamente na microvisão de alguns profissionais, que somente analisam o momento presente, esquecendo-se de que o mercado é ativo e competente, deixando para os menos audazes o árduo e doloroso tormento dos resultados negativos em função da inexperiência. A concorrência dita anteriormente como inescrupulosa está à espreita, aguardando não somente para ver seus resultados, como também para torpedeá-lo com ações mais eloquentes e objetivas, ficando para o consumidor a decisão por seu produto ou o de seu concorrente. Tudo o que se desenvolver ou criar deverá ser fator agregador à marca. Isso mesmo! Todas as vezes que você estiver idealizando, criando uma estratégia promocional, leve sempre em consideração o que de valor agregado há em sua ação promocional. É lógico que jamais será possível esquecer-se de todos os itens e questões abordadas anteriormente. A partir do momento em que você despertar o encantamento, o interesse e o desejo pela conquista dos prêmios por parte do público-alvo, com certeza estará muito próximo para a obtenção do sucesso em sua promoção.

CAPÍTULO 4

BRINDETING: O BRINDE E SEU MARKETING

JOÃO DE SIMONI SODERINI FERRACCIÙ

João De Simoni é membro da Academia Brasileira de Marketing, da Academia Brasileira de Eventos e da Academia Brasileira de Arte, Cultura e História; pioneiro nas atividades de Marketing Promocional no Brasil; idealizador e fundador, em 1978, do Grupo De Simoni Associados; premiado como Empresário de Promoção do Ano (Prêmio Colunistas 1986/1987) e Profissional do Ano no Festival Brasileiro de Promoção, Embalagem e Design (1988); prêmio Caboré na categoria de Empresário e Dirigente da Indústria da Propaganda e Marketing do Brasil (1993); prêmio APP — III Prêmio de Contribuição Profissional (1999); prêmio Caboré especial, considerado uma das 10 mais importantes personalidades da indústria da comunicação de marketing do Brasil (1999); prêmio Caboré especial , uma das 25 personalidades que fizeram a história da propaganda no Brasil, no período de 1978 a 2003; ganhou o Grand Prix do PRÊMIO CAIO (Jacaré de Ouro), 2004 , a mais importante premiação da indústria dos eventos; agraciado com o título de Personalidade de Ouro (50 anos da ADVB); virou nome de troféu: os Grand Prix do Prêmio Colunistas Promoção foram batizados com seu nome desde 2005 (Troféu João De Simoni); mentor e fundador da AMPRO (Associação de Marketing Promocional); elaborador e redator dos estatutos e do código de ética do marketing promocional do Brasil; vice-presidente do Conselho Deliberativo da ESPM (Escola Superior de Propaganda e Marketing, conselheiro associado); conselheiro da ADVB (Associação dos Dirigentes de Vendas do Brasil), da Fundação Brasileira de Marketing, da APP e ADVP (Associação dos Dirigentes de Vendas de Portugal); autor do livro *Promoção de vendas: 40 anos de teoria e prática* (1999), convertido para *Marketing promocional: a evolução da promoção de vendas* (2007); Coautor do livro *Gestão de marketing* (FGV) e *Causos da propaganda I e II*, da APP, figurando ainda no livro *10 profissionais de sucesso: Como eles chegaram lá*, de JRWPF. É um dos autores brasileiros convidados a participar do *best-seller* Administração de marketing, de Philip Kotler; Atleta profissional (1957 a 1959) do Palmeiras e ex-Diretor de Planejamento do Clube (1971 a 1975, Campeão Brasileiro de 1972 e 1973).

Bilhões e bilhões de reais e dólares são gastos, ou investidos (quando o marketing é bem feito) em brindes, em todo o mundo e no Brasil.

O brinde é, antes de tudo, um veículo de comunicação, por conter impressa a marca ou a mensagem de quem o está dando, seja para conquistar simpatia e boa vontade, seja para predispor o receptor favoravelmente às ideias, produtos ou serviços do doador, seja para persuadir e facilitar o convencimento, seja até para um ato de suborno emocional.

O brinde se presta a tudo. No entanto, seu marketing é, ainda, com raras exceções, precário e amadorístico. Poucas são as pessoas e as empresas que tratam do brinde com o mesmo peso como cuidam de sua propaganda, de sua promoção de vendas, de suas relações públicas, merchandising, feiras, exposições, eventos, endomarketing, marketing direto, telemarketing etc., bem como de todas as suas atividades de comunicações multidisciplinares.

Este capítulo, que realizo em conjunto com a querida Marina, e com Claudio e Auli, tenta abordar o uso e a aplicação do brinde em todo o contexto das comunicações de marketing, para ser de interesse comum tanto dos fabricantes como do público intermediário, dos receptores e usuários finais. Por pertinente, dei a meu capítulo o sugestivo nome de "Brindeting", isto é, o Brinde e seu Marketing.

Entenda por "seu" tanto o marketing do brinde como o marketing de sua empresa. Por se aplicar a quase todas as atividades de marketing, deve ser tratado pelos interessados com muito talento e criatividade, essência do marketing. É tão importante como o "pênalti" no futebol, que deveria ser sempre batido pelo presidente do time, diz a sabedoria popular.

Se depois de ler este trabalho você sentir que me dediquei ao assunto tentando enveredar por todas as nuanças de sua aplicação, ótimo. Sinto-me realizado. Valeu.

Confesso que busquei, ao receber o convite, o mais que pude, encontrar literatura sobre o assunto e não encontrei nenhuma, prova de que não é tratado como importante ou, ao contrário, exatamente por isso é que alguém deveria ter a iniciativa de escrever sobre ele.

Finalmente, o Brasil já tem, com este livro, uma literatura formal sobre esse importante assunto.

Esperamos que o "brindado" seja você, leitor amigo.

BRINDES E PRESENTES: DIFERENÇAS E SEMELHANÇAS

A freira e a loura

Ia uma freira a caminho do convento quando uma flamante e esplendorosa loura gentilmente lhe ofereceu carona. Agradecida, a freira entra no carro e começa a reparar em seu luxuosíssimo interior.

Mas que belo carro a senhora tem! Deve ter trabalhado muito arduamente em sua vida para conseguir, ainda tão jovem, comprar um carro como este.

Olhe, irmã, não foi tão difícil assim. Foi um industrial com quem dormi durante uns tempos que me ofereceu, prazerosamente.

A freira olha para o banco traseiro e vê um luzidio casaco de vison e exclama:

Oh! Seu casaco de peles é lindo! Custou certamente uma fortuna e você deve ter trabalhado muito para comprá-lo.

Que nada, freira — diz a loura. Bastou-me passar algumas noites com um empresário.

Impressionada, a freira olha para o braço da loura no volante do carro e comenta:

— E esse lindo relógio Rolex, você também o ganhou?

Sim, ganhei de um jogador de futebol, depois de passar um fim de semana com ele.

Após ouvir isso, a freira manteve-se calada por todo o resto da viagem.

Ao chegar ao convento, foi direto para seus aposentos. Tomou um revigorante banho, sentou-se em seu rude e tosco catre, quando ouviu alguém bater à sua porta.

Quem é?

É o Padre Afonso.

Quer saber de uma coisa? — diz ela. Vai se catar! Você, seus santinhos e suas balinhas de menta!!!

Embora bem distintas, muitas vezes são tênues e sutis as diferenças entre brindes e presentes. Suas fronteiras são pouco definidas, assim como a extensão ou os limites de suas aplicações. Em realidade, o que caracteriza e define um brinde é a maneira como ele é destinado a seu receptor, ficando claro e inconfundível na cabeça de quem o recebe tratar-se definitivamente de um brinde.

É tão infindável o campo de aplicação dos brindes, quase sempre associado a diferentes ações, principalmente promocionais, que é impossível estabelecer os limites e parâmetros para sua definição conceitual.

O brinde distingue-se por si só, conjugando dentro de si um misto de arte e ciência e, como tal, é mais predisposto a aceitar concepções que definições.

O termo "brinde" transformou-se em um nome genérico, particularmente de seus produtores e fabricantes, estando bastante associado a artigos e mercadorias de produção em massa.

Quase sempre, quando alguém pede um brinde de uma empresa, já imagina que vai ganhar um chaveirinho, boné, canetinha, buttons, calendários etc.

Evidentemente, todas essas peças são brindes, mas estão longe de esgotar seu infindável arsenal de diferentes produtos, artigos e mercadorias.

A maioria é criada e concebida pelos fabricantes especificamente para ser brinde e é naturalmente aceita como tal. Mas, em realidade, é vastíssimo o campo de brindes, dependendo da ideia criativa que o acompanha.

Ouso afirmar que a ideia criativa é, na maioria das vezes, tão ou mais importante que o próprio brinde.

Como o Marketing é, em essência, uma verdadeira usina de criação e transformação de ideias, podemos facilmente inferir que quase todos os bens e produtos fabricados podem transformar-se em brindes, dependendo da mensagem que os acompanha e da correspondente ação promocional.

Para um profissional de marketing, o que conta, em primeiro lugar, é o foco, o enfoque, a mensagem em si. O brinde é coadjuvante da mensagem, salvo no caso daqueles, como as canetinhas, chaveirinhos, lápis etc., que são utilizados principalmente como propaganda para registrar a marca de quem o está dando.

Reproduções de quadros a óleo, serigrafias, livros de arte, livretos contendo regras e curiosidades sobre futebol, apenas como exemplos, não são produtos concebidos como brindes e, no entanto, podem ser usados como tal. Basta ter uma boa mensagem acompanhando-os. Logo, a mensagem prepondera sobre o brinde. Mas um não exclui o outro. Na maioria dos casos, compram-se os brindes e só depois se pensa na mensagem para remetê-los. Fica evidente que falta, nesses casos, mentalidade de marketing por parte dos promotores, uma vez que cuidaram somente de adquirir o brinde pelo brinde.

Todo e qualquer brinde deve ter uma relação de conformidade e correspondência com a marca que o está dando. Quando você põe sua marca, isto é, a marca de sua empresa ou de seu produto em um brinde, é como se ele estivesse se transformando no próprio produto. Na pior das hipóteses, ele deve ter o mesmo padrão de qualidade do produto. Sim, a qualidade do brinde é a de seu produto e vice-versa.

FILOSOFIA E APOLOGIA DO BRINDE

Atrás de todo e qualquer brinde, no ato de entrega, há sempre um manifesto gesto de amabilidade para conquistar espíritos obstinados e hostis. O brinde serve para quebrar, arrefecer ou eliminar resistências. Depois de recebê-lo, o receptor fica mais moldável e predisposto a aceitar sem resistência propostas honestas.

Sim, o brinde, quando pertinente, serve para adoçar relacionamentos. A sensação que permanece é que você não apenas dá uma peça material, mas também acrescenta seu coração.

O brinde desarma.

Se não despertar sorrisos, alegria e contentamento em quem o recebe, certamente não vai despertar hostilidade. Estas, se existirem previamente, serão, naturalmente, desarmadas.

Trata-se de um ato de cortesia que pouco custa e muito compra, do ponto de vista emocional. Transmite a ideia de que quem o dá é, externamente, uma pessoa tão boa quanto é, ou deveria ser, internamente. Isso é válido também no caso das figuras jurídicas das empresas.

O brinde é uma prece silenciosa.

Ele dobra, convence, quebra o gelo, reduz resistências, predispõe positivamente seu interlocutor, demonstra afeto e carinho, amaina críticas, ameniza asperidades de diálogos, é um aceno de boa intenção, um agrado, uma lisonja de um para outro, conquista simpatia e até compra emocionalmente as pessoas.

O brinde serve para tudo — essa é sua essência.

O brinde que você dá jamais está perdido. Mesmo quando quem o recebeu o esquece, tanto do brinde como de você, paciência, fica sempre a recompensa de que ele foi e está sendo visto por outras pessoas a quem foi ou está sendo mostrado. Circulou sua marca.

Por isso, jamais hesite em dá-lo. Dê o brinde sem relutância, pois dá pela metade quem hesita em dar e, assim, o brinde não cumpre seu papel principal de motivação; ao contrário, quem o está recebendo questiona a razão de sua relutância, dúvida ou demora em dá-lo. Dê-o pleno de espontaneidade, pois isso transparece e valoriza o brinde.

Se, contrariamente, você o estiver dando para que lhe agradeçam ou com o nítido propósito de cobrar pela dádiva, tenha em mente que o receptor não é idiota e, cristalinamente, vai saber que você não passa de um mercador, de um negociador. Ele saberá que você está apenas e tão-somente fazendo troca, e você ficará envergonhado dessa sua falsa e mascarada ação quando o receptor descobrir os reais motivos de sua atitude. Descoberta sua intenção, o brinde perde valor extrínseco. Só permanecerá o intrínseco, de seu valor físico e material. O emocional esvaiu-se. Você também.

Quando você dá pela própria satisfação de dar, dobra o valor do que dá, multiplicando em quem recebe o sentimento de gratidão.

Afinal, o brinde não é para isso?

O BRINDE NAS COMUNICAÇÕES DE MARKETING

As atividades de comunicação de marketing ou de comunicações multidisciplinares envolvem a somatória de tantas disciplinas e técnicas quanto o problema da marca ou do produto requeira.

Alguns produtos podem viver só da propaganda. Outros, só das promoções de vendas. Outros ainda, de ambos. Outros exigem investimentos em marketing direto, relações públicas, merchandising, "exibitécnica" no ponto de venda, ações de telemarketing, endomarketing, além de investimentos em propaganda e promoções de vendas, e em outras técnicas e disciplinas, chamadas de comunicações multidisciplinares. E tudo isso combinado com as atividades de vendas, para as quais todas essas atividades devem estar a serviço.

Vendas têm seu foco nas necessidades do vendedor, e Marketing tem seu foco nas do comprador. O brinde atua intermediariamente em todo esse processo, e consoante cada técnica ou disciplina escolhida. Marketing serve para "abrir" negócios. Vendas, para "fechar"!

O brinde é instrumento importantíssimo em cada uma dessas atividades. Mas seu uso não é uniforme. Em cada caso, ele cumpre, ou pode cumprir, um papel diferente.

Em vez de dissertarmos sobre o uso do brinde em cada uma dessas disciplinas, estamos escolhendo o caminho de dissertar sobre como são "tecnicamente" usados, isto é, como o brinde se aplica a cada técnica, na medida em que essas técnicas se aplicam àquelas disciplinas. Quem melhor conhece as técnicas melhor pode aplicá-las individualmente ou conjunturalmente junto a cada uma dessas atividades de comunicações multidisciplinares.

Tomo a iniciativa de apresentar essas técnicas por ordem alfabética, extraídas de meu próprio livro *Marketing Promocional — A Evolução da Promoção de Vendas*. Aqui, estamos acrescentando ampla dissertação sobre as melhores aplicações e usos dessas técnicas, sob a ótica dos brindes.

Você vai notar que elas estão expressas em língua inglesa e são mundialmente conhecidas como tais, filhas que são da genealogia do marketing deste mundo global. Internamente, nessas empresas, são usadas por executivos de marketing, em alguns casos até com certo pedantismo, para mostrar conhecimento. São expressões correntemente utilizadas, em especial aquelas que se referem às técnicas mais aplicadas, razão pela qual prefiro relacioná-las aqui em seu original, com o objetivo de melhor ilustrar o profissional que trabalha com brinde, qualquer que seja sua área de atuação. São elas:

Advance premium

Prêmio, ou brinde, concedido adiantadamente, antes mesmo da própria realização de compra do produto. O brinde é dado antecipadamente ao consumidor, incentivando-o e motivando-o a adquirir o produto em promoção. Exemplo: você ganha espontaneamente uma revista. Após recebê-la, recebe o "malho" para fazer uma assinatura anual. A revista virou brinde e chamariz para estreitar o relacionamento entre vendedor e consumidor. Vendedores de bíblias costumam dar pequenos livretos contendo salmos, só para atrair a atenção do interlocutor e, imediatamente, tentam persuadi-lo a adquirir a Bíblia. Essa técnica é aplicada, também, em campanhas de degustação, em que sachês ou os próprios produtos são dados como brinde, tudo para forçar sua experimentação. Essa técnica é aplicada invariavelmente para a venda de milhares de diferentes produtos e serviços.

Entregue de forma adiantada, o brinde predispõe o receptor favoravelmente ao diálogo, deixando-o mais à mercê do vendedor, embora alguns clientes até o devolvam apenas para evitar "papo". Aliás, o principal objetivo do uso dessa técnica é precisamente o de "abrir o papo", isto é, o diálogo, entre o vendedor e a pessoa prospectada.

Banded pack

É a técnica que envolve o acoplamento do brinde à embalagem do produto em promoção, oportunidade em que o brinde é oferecido instantânea e gratuitamente ao consumidor, por ocasião do ato de compra. Técnica muito usada principalmente em supermercados, com o objetivo de desovar logo estoques de produtos.

Tecnicamente, o brinde leva o sugestivo nome de "premium", cujo termo é de origem latina e serve para configurar o fato de se tratar de um brinde que se torna prêmio para o consumidor.

Nenhum produto é igual a outro. Quando não há diferenças nos predicados e atributos dos produtos concorrentes entre si, sempre há esforços de comunicações de marketing que desempenham o papel de estabelecer essa distinção na mente dos consumidores.

Mas, muitas vezes, o impasse permanece, e o consumidor não sabe por qual produto optar por ocasião do ato de compra.

É precisamente nesse caso que a técnica de "Banded Pack" melhor se aplica, pois é ela que vai fazer a diferença na mente do consumidor, eliminando seu impasse de julgamento frente a dois ou mais produtos aparentemente iguais.

Ao observar que um dos produtos está lhe dando um brinde, adicionalmente, o consumidor opta de imediato por ele, por lhe estar dando tal vantagem. Entende que, mesmo que esteja cometendo um erro de julgamento, está tendo a vantagem psicológica de ganhar algo adicionalmente. O jogo de marketing se desempata, graças à força do brinde. A promoção com o brinde atraiu e o consumidor traiu os outros produtos, que vão permanecer por mais tempo ganhando poeira nas prateleiras.

Quem trabalha com brindes deve ter em mente que não está meramente no mercado de brindes, mas no de promoção, no de marketing, no de vendas, e precisa conhecer bem as técnicas que usam melhor os brindes para rodar produtos.

É importante que esse brinde agregue valor à marca do produto em promoção, o que implica dizer que deve haver uma correspondência, uma relação de conformidade entre o brinde e o produto promovido, para não se correr o risco de prejudicar a imagem da marca do produto promovido. Quando você "dá" algo ao consumidor, pode correr o risco de tirar algo da imagem do produto, aviltando, sucateando, vilipendiando e esvaziando o conteúdo de marca do produto em promoção.

Exemplificando: um bonito pente pode transformar-se em um ótimo brinde para ser acoplado à venda de um xampu, pois há uma relação de conformidade entre ambos os produtos, destinados que são ao embelezamento dos cabelos. Mas não cabe dar uma lâmina ou uma faquinha, digamos, junto com o xampu, pois isso vai sinalizar para o consumidor que aquele produto não está sendo naturalmente comprado pelos consumidores, e precisa de esforços supremos — como esse — para rodar nas prateleiras. O pente agrega valor à marca; a faquinha é uma facada na imagem do produto.

De resto, você diria que um pente é um brinde?

Neste caso, é, como poderão ser inúmeros outros artigos e mercadorias produzidos. Brindes fazem parte do mercado de ideias, não do mercado de brindes.

Bonus pack

Embalagem contendo bonificação, isto é, que oferece ao consumidor uma quantidade adicional do produto, a título de oferta, comparativamente à embalagem normal.

Trata-se de um bônus, de bonificação, de um "brinde" extra que o consumidor recebe ao adquirir o produto.

Portanto, o próprio produto pode tornar-se um brinde de si mesmo, exageros à parte. Quando um lojista faz, exemplificando, uma dúzia de 13, está dando um item a mais como brinde e bonificação ao consumidor. Se tudo isso estiver em uma só embalagem, é um "bônus pack". Quando soltos, é um brinde extra. Quando você adquire uma dúzia de flores e a floricultura dá uma extra, embala-a e entrega-a à sua esposa, a seu lado, está dando um brinde extra.

Então, eu pergunto, flor é brinde?

Neste caso, é, na filosofia já expressa de que quase tudo pode virar brinde.

Business gifts

São brindes/lembranças para facilitar as relações de negócios, entre pessoas e empresas. Desenvolvidos principalmente por empresas que vendem de empresas para empresas, o chamado *business to business*, são brindes criativamente desenvolvidos para ser encaminhados às pessoas-chave nas decisões de compras, "adoçando" o relacionamento.

Quando você, exemplificando, adquire uma boa porção de balas, coloca-as dentro de um belo potinho de vidro e as envia às pessoas com quem mantém costumeiramente relações de negócios, acompanhadas da mensagem "Para adoçar nosso relacionamento", está usando a técnica "*business gifts*", transformando balas e potinhos em brindes ou lembranças de você e sua empresa junto à pessoa com quem deseja manter amistosas relações de negócios.

Container premium

Embalagem reutilizável oferecida como brinde na compra do produto. É isso. A própria embalagem transforma-se em brinde.

Cross sampling

Técnica de promoção de amostragem cruzada, em que um produto de grande penetração dá "carona" a outro, funcionando como veículo e facilitando sua aceitação. O novo produto a ser amostrado utiliza-se e capitaliza a penetração do produto mais forte junto ao mercado.

Técnica, enfim, em que o próprio produto se transforma em brinde ou oferta extra ao consumidor.

Door-to-door sampling

Técnica de amostragens com distribuição dessas "amostras" porta a porta. As amostras são grátis e funcionam como um verdadeiro brinde junto aos consumidores, cumprindo seu papel de estimular a experimentação do produto. Via de regra, são sachês, miniaturas etc.

Free-in-the-mail-offer 15

Brinde ou premium enviado diretamente ao consumidor, com resposta paga pelo próprio promotor.

Gift-pack

É uma das técnicas mais utilizadas. É a embalagem com brinde ou premium previamente desenvolvido pelo próprio fabricante e acoplado ao produto em promoção para ser oferecido grátis ao consumidor, isto é, voluntariamente, sem qualquer compensação.

Técnica bastante parecida com a "Banded Pack", diferenciando-se daquela por ser, via de regra, previamente desenvolvida pelo próprio fabricante. Já sai pronta, de fábrica, a promoção com o brinde acoplado ao produto e com a campanha promocional já elaborada, primando pelas mensagens e pelo visual gráfico.

Por que os Gifts Packs são tão utilizados no mundo todo? As razões são as já expostas e se referem ao impasse de julgamento dos consumidores, que ficam indecisos no ato de compra quando não sabem por qual produto optar entre dois ou mais, nos casos em que suas imagens de marca e de qualidade se equivalem. Os consumidores optam por aquele que está lhe dando algo a mais.

Mas, promocionalmente, as razões não são só essas. Há fortes "razões emocionais" em que se baseia essa técnica, apelando principalmente na exploração de naturais sentimentos humanos.

Exemplificando: uma mãe, quando vai a um supermercado ou shopping fazer compras, leva consigo, além do sentimento de contentamento por estar fazendo compras, um forte sentimento de culpa, por estar abrindo mão do convívio com seus filhos, que ficaram em casa, sem seu afeto maternal. Esse sentimento, que, evidentemente, se manifesta mais no nível inconsciente, cresce à medida que ela fica fora por mais tempo. Para compensá-lo, ela se sente na obrigação de levar para casa algo para a criança, remunerando-a por sua ausência, ao mesmo tempo em que mostra ao filho que não se esqueceu dele enquanto estava fora. Mães jamais se cansam de demonstrar afeto e carinho aos filhos.

É aqui que o Gift Pack entra, promocionalmente. Seja pelo lado econômico em não desejar adquirir um "presentinho" para a criança, o que demanda custos extras, seja pelo apelo em que brindes bem idealizados são acoplados promocionalmente aos produtos em promoção, o fato é que ela adquire estes últimos e os levam para casa, por conterem brindes criados e delineados especificamente para serem dados a crianças.

Neste caso, a promoção não contempla apenas a venda de um produto e o acoplamento de um brinde. Contempla mais que isso, pois permite à mãe levar amor e carinho para casa, configurado por meio do brinde e do aspecto lúdico de que se reveste.

Brindes para crianças, concebidos e criados especificamente com esse propósito, são garantia de sucesso promocional, pois apelam para o que a mãe tem de mais importante: amor.

Logo, você não vende nem o brinde, nem o produto, mas amor — e isso deve estar contido em sua promoção.

"Veja o que mamãe trouxe pra você", ela diz ao voltar para casa, desembrulhando o pacote e imediatamente entregando o brinde para o filho.

Então, você está no mercado de brindes ou, também, no de amor?

Já o apelo ao pai parece ser diferente do da mãe. Ele não nutre, tanto quanto a mãe, esse sentimento de culpa. Mas costuma levar para casa brindes que permitam desenvolver, apenas como um exemplo, o espírito de economia da criança. Ou lúdico.

Pais se amarram em promoções em que os brindes têm aspectos lúdicos, contendo jogos (jogo da memória, jogo da velha etc.).

É uma oportunidade de brincarem com seus filhos, aproximando-se deles paternalmente.

Quando você transforma, por exemplo, a lata de seu produto em um cofrinho e cria o visual da campanha montado nesse apelo, predispõe os pais a adquirirem esse produto. Imaginemos que se trata de uma lata de leite em pó, ou de um produto achocolatado, e você a decorou como se fosse um cofrinho. A mãe faz a compra com o propósito principal de dar leite à criança — o cofrinho é complementar, mas também serve para ela descarregar aquele sentimento de culpa ao qual já nos referimos. O pai, por sua vez, faz a compra talvez estimulado mais pelo cofrinho, por poder voltar para casa e dar início à educação sobre economia para a criança. Junto com a lata que vai virar cofrinho, ele poderá dar algumas moedas à criança, tudo para melhorar sua lição de economia.

Como se vê, o próprio produto pode se tornar um brinde. Só depende de ser usado com criatividade.

Gimmick

Truque, atrativo ou expediente hábil para chamar a atenção e despertar interesse a favor de produtos, ideias ou serviços. É gíria americana que sugere artimanha, e incluo aqui porque, via de regra, os gimmicks se transformam em brindes para ser entregues aos destinatários/consumidores.

Good-will

Ações ou brindes entregues para conquistar "boa vontade", opiniões e comentários a favor das empresas e de seus produtos.

In-pack-offer

Promoção em que o brinde é colocado no interior da embalagem. O mesmo que Pack-In. Não confundir com a expressão "vale-brinde", pois, no caso do In-Pack--Offer, todas as embalagens contêm brindes em seu interior, que podem até variar, estimulando coleções.

Neak-pack premium

Brinde entregue a um consumidor por ocasião da compra de um produto e que nada tem a ver com a mercadoria adquirida, entregue simplesmente para conquistar boa vontade e simpatia.

Near-pack premium

Brinde perto da embalagem, tratando-se de oferta grátis, disponível no ponto de venda em um display, ou pilha, em local adjacente à área em que o produto promovido está sendo vendido.

On-pack offer

Promoção em que o brinde é colocado "sobre" a embalagem. O mesmo que Pack-On.

Pack-on premium

Brinde "sobre" a embalagem e fisicamente ligado ao produto que está sendo promovido.

Painel traseiro

Promoção que utiliza o verso da embalagem de determinados produtos, transformando-se em peça que pode ser usada pelo comprador como brinde ou presente. É muito comum para formar jogos, permitir recortes em que o consumidor faz armações de aviões, barcos etc. Serve também para reproduzir histórias infantis, personagens adorados por esse público etc.

Parte da embalagem do produto transforma-se no próprio brinde. A criatividade é ilimitada para usar esse espaço.

Premium

Expressão de origem latina, bastante usada aqui. Objetos, itens ou mercadorias oferecidos aos consumidores por ocasião da compra de produtos, o que estimula sua aquisição ou outros objetivos correlatos.

Confunde-se com "brinde", embora dele se diferencie por não ser dado gratuitamente e somente junto com a compra de um produto, podendo ser colocado sob as mais diferentes formas e maneiras (junto, ligado, sobre, perto, anexo à embalagem etc.).

Sampling

Amostragem. Processo de distribuir gratuitamente (e, por isso, pode-se dizer que se transforma em um brinde) no mercado um novo produto ou produtos relançados com novos formatos, sabores etc. Pode ser feito via sachês, pequenas amostras, miniaturas etc., tudo para estimular a experimentação e a compra do produto.

Shrinck-pack

Embalagem feita em filme passível de encolhimento, a vapor, normalmente usada para agregar brindes/premiums ou outras ações promocionais.

A APLICAÇÃO DAS TÉCNICAS PROMOCIONAIS

Essas técnicas se aplicam a todas as disciplinas de comunicações multidisciplinares de marketing. Em realidade, extravasam delas por se aplicarem também junto às áreas de Recursos Humanos, Relações Públicas, Relações Governamentais etc. nas empresas.

É vastíssimo o campo para uso e aplicação dos brindes. Eis algumas das disciplinas e atividades em que podem ser usados:

Marketing promocional
Promoções de vendas
Merchandising
Exibitécnica
Ponto de venda
Marketing direto
Telemarketing
Feiras
Exposições
Convenções/Seminários/Reuniões/Encontros
Congressos/Simpósios/Fóruns
Eventos em geral
Relações Públicas
Endomarketing
Marketing de incentivo

Marketing cultural

Marketing esportivo

Marketing social

Marketing político

Marketing de varejo

Marketing industrial

Marketing de serviços

Marketing de relacionamento

Marketing das comunicações

Esses termos se superpõem muitas vezes entre si e decorrem da inventividade dos profissionais de marketing, ávidos por criar novos termos para valorizar sua atividade. É o Marketing do Marketing.

Por isso, dei a este meu trabalho o título de "Brindeting", criando um neologismo, na medida em que entendo que essa atividade extravasou tão absolutamente o cenário geral de marketing e vendas que já faz por merecer um sugestivo título próprio, nos mesmos moldes que outras atividades. As técnicas de uso dos brindes estão se tornando disciplinas.

Dentre todas essas disciplinas e atividades, uma em especial se destaca no uso do brinde como elemento de comunicação e divulgação das marcas e produtos. Refiro-me à "merchandização" das marcas, se me permitem o aportuguesamento do termo, com sua aplicação nos produtos. São os brindes promocionais ou brindes personalizados.

BRINDES PERSONALIZADOS/PROMOCIONAIS

Marcas fortes atuam intensamente no campo dos brindes promocionais e personalizados.

Algumas são tão fortes que o consumidor adquire esses produtos e desfilam com eles com a mesma naturalidade com que vestem Armani, Versace, Gucci, Yves Saint Laurent etc.

Quem nunca viu, orgulhosamente, pessoas desfilarem com blusões sofisticadíssimos levando, por exemplo, a marca Ferrari, para citar apenas uma? E pagando fortunas para adquirir esses artigos.

Show rooms e lojas especializadas pela comercialização desses produtos estão principalmente por toda a Europa e América do Norte. No Brasil, começamos a enveredar por esse campo.

Por ora, o que mais se vê é o uso de produtos e artigos como brindes, sem que ocorra, ainda, qualquer pagamento por parte do consumidor.

Há mais de duas décadas, dispomos, para exemplificar, de uma empresa no Grupo De Simoni, especializada em desenvolvimento, produção e comercialização de brindes personalizados.

Trata-se de uma variedade fantástica de artigos, mercadorias etc., selecionados de acordo com a personalidade das empresas, cujas marcas são devidamente aplicadas nesses produtos para serem comercializados, isto é, vendidos, a seus Canais de Distribuição e Vendas junto a revendedores, distribuidores, concessionários, atacadistas, lojistas e varejo em geral. Estes, por sua vez, distribuem as mercadorias entre seus clientes, na condição de brinde, gratuitamente.

Esse mercado sofisticou-se de tal maneira que, por delegação dessas grandes empresas, estamos comercializando todos esses produtos junto a seu Canal de Vendas, junto a seu chamado Trade.

É um mercado em expansão, para o qual deverão aderir todas as empresas que detêm marcas fortes, interessadas que estão em usar esses brindes como "mídia", isto é, como "veículos de comunicação", ou em promoção cooperativa com seu Canal de Vendas.

Essas empresas estão investindo muita verba nessas atividades, nos mesmos moldes que investem em propaganda nos veículos de comunicação (rádio, televisão, revistas, jornais, cinema etc.).

Esses brindes personalizados cumprem muito bem seu papel de veículo de comunicação, por ter estampada a marca do fabricante neles. Satisfazem plenamente as pessoas aquinhoadas com o brinde, e estas, ao usá-los, estão divulgando a marca dos fabricantes a custo zero.

Essa é, a meu ver, a melhor utilização do brinde promocionalmente. O futuro contemplará, não tenho dúvidas em afirmar, a aplicação de muitas marcas em produtos sofisticadíssimos, para que sejam comercializados junto aos consumidores finais. Mas isso não é brinde e, portanto, não é assunto para este trabalho, embora decorra da força do uso dos excelentes brindes. A vontade de algumas pessoas é tão grande que muitas pagariam para tê-los. Esse será um dos caminhos do futuro.

O MERCADO DE BRINDES

Quem entra na internet fica maravilhado com a quantidade de informações sobre o mercado de brindes no mundo todo e no Brasil, existente sob os mais diferentes nomes e títulos. Faça você mesmo um levantamento entrando nas fontes e sites disponíveis no Google, na Web e nas páginas do Brasil e, pasme, encontrará não dezenas, mas milhares e milhares de informações associadas aos mais diversos títulos. Confira.

Gifts

Give aways

Premiums

Brindes personalizados

Brindes diferenciados

Brindes casuais

Brindes institucionais

Brindes promocionais

Gifts packs

Brindes

Brindes comerciais

Brindes publicitários

Brindes de propaganda

Brindes políticos

Brindes de pontos de vendas

Brindes criativos

Brindes para eventos

Brindes para feiras

Brindes para exposições

Brindes para congressos

Brindes industriais

Brindes para varejo

Brindes para serviços

Brindes para festas

Brindes para inaugurações

Brindes esportivos

Brindes do Palmeiras

Brindes do Corinthians

Brindes do Flamengo

Brindes de São Paulo (cidade)

Brindes do Rio de Janeiro

Brindes do Recife

Brindes de Capivari

Sim, empolgado com tantas e tantas informações sobre brindes, resolvi, por absurdo, digitar a expressão "Brindes para Cemitérios", obtendo, igualmente, centenas de informações. Em seguida, digitei "Brindes Religiosos" e obtive mais de dois mil sites.

Desculpem-me, mas há dados até sobre "Brindes de merda".

Há brindes para todas as necessidades e todos os gostos. A internet também nos permite levantar informações sobre entidades e associações no mundo todo. Dentre elas, destaco a "PPAI — Promotional Products Association International", centenária de fundação, tendo iniciado suas atividades em 20 de novembro de 1903, fundada por nove fabricantes de produtos promocionais e hoje congregando milhares de membros associados, advindos das áreas de produtores e fornecedores, distribuidores etc.

A estimativa dessa entidade (no Brasil, como de costume, não dispomos de números) é que as vendas da indústria de brindes aproximam-se de US$20 bilhões anuais.

E são mais de 15 mil produtos existentes no campo de brindes, todos levando o sugestivo nome de "Produtos Promocionais", termo que, a meu ver, melhor define o campo de atuação do mercado de brinde.

Fico à vontade para afirmar que produtores e fabricantes não estão no mercado de fabricação de brindes, mas no de "produtos promocionais", isto é, estão no mercado das promoções de vendas, no de marketing promocional e no de todo o Marketing em si, extravasando para toda e qualquer outra atividade que tem vida própria, como a de Relações Públicas, Recursos Humanos etc., que não deixam de desempenhar, também, um pouco do papel de marketing dentro de suas empresas.

A PPAI dispõe de um sucinto "Código de Ética" para normatizar e balizar o mercado de brindes.

No caso do Brasil, não há ainda um código específico para a atividade, fazendo parte do "Código de Ética do Marketing Promocional", editado pela AMPRO (Associação Brasileira de Marketing Promocional), em pleno funcionamento há mais de uma década, por mim elaborado e redigido, depois da leitura de dezenas de códigos feitos para inúmeras diferentes entidades associadas às atividades de comunicações de marketing e outras, em todo o mundo, e principalmente com base em trabalho idêntico, elaborado por todas as atividades no Brasil.

Entendo que já é tempo, igualmente, de os profissionais e as empresas que atuam no mercado de brindes se reunirem e delinearem, especificamente para a atividade, um modelo, um guia e um padrão de comportamento de todos, estabelecendo os princípios que nortearão e autorregulamentarão, de forma indistinta, as relações entre todos os segmentos de atividades que compõem o Marketing de Brindes no Brasil, com o propósito de melhor normatizar as relações entre clientes, agência e agentes intermediários, fornecedores e produtores dos brindes, em particular, e até consumidores finais.

Esse mercado já está grande demais para não dispor ainda de diretrizes firmes que regulem e normatizem as relações entre todas as partes, sugerindo regras de conduta, autodisciplinando essas relações e atuando como instrumento de balizamento de todos os interessados, preservando, inclusive, o direito autoral.

Ficam aqui a ideia e o registro da necessidade imperiosa de todos se reunirem para elaborar esse instrumento normatizador de mercado.

Esse será um ingente trabalho da ABRINDE (Associação Brasileira de Brindes) e deverá contar com o concurso das pessoas diretamente interessadas no desenvolvimento da atividade.

DISPOSITIVOS LEGAIS BRASILEIROS SOBRE BRINDES

No Brasil, os dispositivos legais sobre brindes são extremamente complexos. O problema começa pelo fato de sermos uma "República Federativa dos Estados Unidos do Brasil".

Em matéria de brindes, os "estados estão desunidos", pois cada um tem a própria interpretação.

Isso implica dizer que as empresas que produzem, comercializam, vendem, armazenam e remetem brindes são obrigadas a conviver com uma miscelânea de interpretações, sujeitas a multas, apreensões de mercadorias etc.

Já era tempo de uniformizarmos a interpretação dessa legislação, mas isso certamente não vai acontecer nem no curto prazo, nem, talvez, no longo prazo, tamanhas as divergências de opiniões dos estados federativos, "forçando" até interpretações consoante seus maiores interesses.

É muito importante que os profissionais que trabalham com brindes tenham conhecimento da legislação, principalmente no que diz respeito ao ICMS (Imposto sobre Circulação de Mercadorias e Serviços), ao IPI (Imposto sobre Produtos Industrializados) e ao II (Imposto de Importação). Recomendo consultas ao IOB e continuar bebericando sempre de suas orientações e dicas sobre as contínuas mudanças de interpretação de nossa legislação.

Conceitualmente, para os efeitos legais, brinde ou presente são apenas as mercadorias que, não constituindo objeto normal das atividades da empresa, tenham sido adquiridas para distribuição gratuita a fregueses e particulares, ou seja, não são matérias-primas, produtos intermediários ou materiais de embalagens para os produtos de comercialização e/ou industrialização do contribuinte, nem se destinam à revenda (por exemplo, uísque, vinho, agendas, canetas etc.). É importante que os profissionais dos brindes saibam qual é o tratamento fiscal quando as mercadorias distribuídas gratuitamente forem de fabricação própria ou objeto de comércio normal pela empresa, assim como devem conhecer os procedimentos fiscais a serem adotados de acordo com as modalidades de sua distribuição (distribuição direta pelo próprio adquirente dos brindes, distribuição por intermediário de filial, sucursal, agência, concessionário, do adquirente e distribuição por terceiros por conta e ordem do adquirente).

A emissão das notas fiscais deve contemplar cada modalidade. Em cada circunstância, há diferentes interpretações quanto à legislação. Entre outros aspectos, ela envolve:

- Aquisição de brindes ou presentes.
- Distribuição de brindes ou presentes pelo próprio adquirente.
- Procedimentos na entrega dos brindes ou presentes ao favorecido.
- Distribuição de brindes ou presentes por intermédio de outro estabelecimento da mesma pessoa jurídica.
- Procedimentos no recebimento pelos estabelecimentos do adquirente que efetuarão a distribuição dos brindes ou presentes.
- Distribuição dos brindes ou presentes por terceiros por conta e ordem do adquirente.
- Procedimentos adotados pelo fornecedor dos brindes ou presentes em relação ao adquirente.
- Procedimentos adotados pelo fornecedor dos brindes ou presentes em relação ao favorecido.
- Doação (entendida pela legislação como um contrato não oneroso, mediante o qual determinada pessoa transfere bens ou vantagens de seu patrimônio para outra que as aceita).

Muitas perguntas, para efeito da base de cálculo dos impostos, não têm respostas fáceis, como estas:

Qual procedimento um contribuinte deverá adotar quando adquirir, de uma microempresa, mercadorias que serão distribuídas como brinde? Terá algum tratamento diferenciado com relação ao crédito do imposto?

Empresa que vende mercadorias que serão distribuídas como brinde pelo comprador está infringindo a lei do "simples paulista", especificamente o dispositivo que veda operações que não sejam com consumidor ou usuário final?

Qual é a implicação fiscal na hipótese de aquisição de brindes para distribuição aos empregados, quando não é permitida a nota fiscal de saída simbólica, nem creditado o imposto por ocasião da entrada?

São tantas as interpretações e variáveis adotadas em cada estado da federação brasileira que somos obrigados a reconhecer que todo e qualquer trabalho que envolve brinde deve ser sempre do conhecimento do pessoal especializado em impostos dentro das organizações, quaisquer que sejam elas.

A única pessoa que não deve se preocupar com o brinde é aquela que o recebe, mas, até nesse caso, dependendo do valor e do porte, pode ser interpelada na rua, policialescamente, e correr o risco de não ser devidamente entendida em suas boas explicações. Na criação, produção e entrega dos brindes, só há coisas boas, muito boas.

Nos impostos e na interpretação de suas legislações regionais e federal, só chatice, muita chatice.

CONCLUSÃO

O brinde é uma arma. De defesa e ataque. Poderosíssima. Cada um o usa à sua maneira.

Aos golfinhos, damos peixinhos; aos ursos, mel; os cavalos ganham tabletes de açúcar. Até os animais querem ganhar alguma coisa. E, quanto ao homem, ele não é um animal?

O toureiro, que entra na arena com sua espada, indispõe o touro. Meu caseiro, em meu sítio, quando entra com uma porção de feno, faz a paz e amansa o touro. Sem a capa e a espada. Só com o aceno do feno. Ele, em sua profunda simplicidade e maior sabedoria, já aprendeu como amansar o touro dando-lhe o brinde ideal.

Há quase 2.500 anos, já dizia Eurípedes, em sua *Medeia*:

"Dizem que os brindes e presentes dobram até os augustos deuses e que o ouro tem mais poder para os mortais que mil pedidos."

Hoje, percebemos que mudou o homem, mudaram os costumes, mudaram as ações, mas não mudaram nem sua natureza nem sua essência. Suas emoções não mudaram.

Todos gostam de brindes. Dos augustos deuses a nós, pobres mortais, principalmente daqueles que não esperamos e que nos surpreendem. Mas muitos não esperam ser surpreendidos e, natural ou abusivamente, dizem: "Você não vai me dar um brinde?"

Todos nós gostamos de ganhar alguma coisa.

Conta a história que Moisés convidou David para jantar dizendo-lhe: "Poderás abrir tanto a porta do jardim como a da casa com o cotovelo". "Por que com o cotovelo?", pergunta David, ao que Moisés responde: "Porque certamente não virás no dia dos meus anos com as mãos vazias!!!"

Quando comecei minha carreira, na década de 1950, na então Willys-Overland do Brasil, meu grande sonho, acreditem, era ganhar uma, sim, apenas uma miniatura do Jeep Willys, só para, quando voltasse para a minha querida Capivari, cidade natal, poder mostrá-la a todos os amigos de infância.

Anos depois, como seu gerente geral de Comunicações, aprovei não milhares, mas milhões de brindes promocionais. No Grupo de empresas De Simoni, que leva meu nome, desenvolvemos igualmente para nossos clientes milhões de brindes promocionais.

Confesso que hoje, septuagenário, já vi desfilar uma infinidade de brindes pela minha frente.

Mas nenhum tem a força daquela miniatura do Jeep que ainda guardo com muito amor e carinho em meu escritório, na chácara.

E em minha alma.

Por que será?!!!

APÊNDICE

ORIENTAÇÕES DE CONDUTA PARA RELACIONAMENTO COM O SETOR PÚBLICO: BRINDES, PRESENTES E HOSPITALIDADE[1]

INTRODUÇÃO

Apresentação IBDEE

Estamos testemunhando mudanças significativas na legislação brasileira sobre o combate à corrupção, ao mesmo tempo em que nunca se falou tanto em ética e *Compliance* como nos dias de hoje. Com a Lei Anticorrupção ou Lei da Empresa Limpa (Lei nº 12.846/13), tivemos um avanço importante à medida em que o Brasil passou a cumprir tratados internacionais anticorrupção dos quais já era signatário, como o da Organização dos Estados Americanos (OEA), da Organização de Cooperação e de Desenvolvimento Econômico (OCDE) e o Pacto Global da Organização das Nações Unidas (ONU).

Nesse compasso de transformação, o IBDEE acredita que o setor privado é parte relevante da luta contra a corrupção e, para tanto, deve ser orientado sobre o adequado relacionamento com o poder público, no sentido de um maior comprometimento ético dos agentes empresariais e políticos a fim de retomarmos o crescimento econômico e construirmos um mercado mais transparente e íntegro.

[1] Conteúdo publicado em 12 de maio de 2017, com autorização do IBDEE.

O IBDEE se coloca como aliado da sociedade no estudo do Direito com vistas à promoção da ética empresarial, pautando a sua atuação com rigor científico, isenção, criatividade e respeito à ordem constitucional. Temos uma participação ativa em eventos nacionais e internacionais, na sugestão de regulamentações e textos legislativos, assim como na produção acadêmica, buscando contribuir para o aperfeiçoamento das instituições e o engajamento no combate à corrupção ao lado de parceiros estratégicos.

Sinal eloquente desse compromisso do IBDEE é a adesão do instituto ao Pacto Global, iniciativa desenvolvida pela ONU, cujo objetivo é mobilizar a comunidade empresarial internacional a adotar e disseminar uma série de medidas voltadas à preservação de valores fundamentais e internacionalmente aceitos, entre eles aqueles relacionados à incorporação da ética nas relações sociais.

Gostaríamos de convidá-lo a ler esta cartilha com a esperança de transmitir algumas orientações básicas a respeito das condutas que podem, sob alguma circunstância, violar as normas e, assim, contribuir para o desenvolvimento das relações entre o setor público e privado.

Aproveite a leitura.

Rodrigo de Pinho Bertoccelli

Presidente do IBDEE
Colaboração Acadêmica IBDEE:
Alan Marques Bittar,
André Ferrarini de Oliveira Pimentel,
Bruno Fagali, Diego Jacome Valois Tafur e
Ricardo Fontes de Arruda

PREFÁCIO

"A excelência de um presente está muito mais em sua adequação e pertinência que em seu valor."

William Shakespeare

O dar-receber-retribuir é um ritual que se repete na humanidade há milênios. Mudam os objetos e as experiências que são trocados, muda o sentido da troca de acordo com a cultura, mas a estratégia de saber presentear para ser lembrado permanece. Esse conceito vale para a política, com suas trocas protocolares de interesses diplomáticos, e para as corporações, que definem politicamente seus territórios e constroem suas relações junto a *players, suppliers, consummers, costummers, partners*, entre tantos outros *stakeholders*, posicionando-se estrategicamente no mercado de acordo com suas expectativas e suas intenções.

Todas essas trocas — por questões políticas, afetivas, econômicas, estratégicas, por educação ou mesmo por oportunidade — podem gerar tensão entre expectativas e intenções, entre interesseiros e interessados, deixando tênue a linha que separa o que é espontâneo do que é obrigatório sempre que alguém oferece algo a outra pessoa. Estudiosos das relações sociais chamam de "valor de vínculo" o sistema que confere valor a objetos, serviços, gestos ou qualquer outra representação no universo dos relacionamentos, considerando quanto efetivamente contribuem para o fortalecimento desses laços. O desafio é que há sempre uma dimensão subjetiva, que escapa ao cálculo e envolve a percepção que o outro tem daquilo que foi recebido. Traduzindo, se de um lado há valores fixos, lastreados em um sistema econômico ("têm preço"), de outro há valores voláteis, subjetivos ("não têm preço"), relacionados a processos interpretativos. Sem contar as retribuições desencadeadas, que podem ser diretas, pela mesma moeda de troca ou moedas similares; indiretas, envolvendo emoções, sentimentos e gratidão. O estudo que estrutura as políticas de troca em todas as plataformas de comunicação corporativa, definindo parâmetros de valor, métricas de circulação e rituais proprietários, é o *Gifting*[2].

Cada pequena troca é planejada, compreendendo a cultura de uma corporação como se fora de uma nação — um processo repleto de simbologias, capaz de contar a história de uma empresa ou de uma personalidade, fazer transparecer o seu código de marca e tornar tangíveis suas crenças para além dos produtos e serviços que comercializa e promove.

---

[2] PECHLIVANIS, Marina (et al). GIFTING. Rio de Janeiro: AltaBooks, 2018

É importante lembrar que, para o êxito de uma estratégia de *Gifting*, duas iniciativas essenciais devem ser consideradas: Co*mpliance* e criatividade. Uma, pelo fato de que criar regras com base na legislação vigente e nas normas corporativas ajuda a mapear condutas, respeitar limites éticos e evitar benefícios indevidos. A outra porque sem criatividade não há encantamento; sem encantamento, o investimento não merece ser feito.

Ficamos honrados em receber o convite do IBDEE para trabalhar em parceria na atualização desta cartilha por conta dos 18 anos de experiência que temos no diagnóstico, planejamento, criação e implementação de ações de relacionamento com *gifts* — sejam estes chamados de brindes, produtos promocionais ou presentes, o importante é a função que possuem como geradores estratégicos de negócios. Nossa maior contribuição é demonstrar como se pode gerar links entre pessoas por meio da circulação de objetos e de relações sociais por meio de territórios identitários, usando o máximo de criatividade sem exageros de investimento ou condutas ilícitas. Afinal, você também é aquilo que entrega aos outros. Pelo que você quer ser lembrado?

Marina Pechlivanis
Sócia-fundadora da UMBIGO DO MUNDO
Colaboração Mercadológica Umbigo do Mundo

O QUE É PRESENTE, O QUE É PROPINA

"Não há troca sem relações sociais, e vice-versa: seja nos rituais de trocas ancestrais ou nos contemporâneos, objetos, experiências e sensações não se trocam por si, e não se distribuem sozinhos. São pessoas que promovem essas trocas; e são essas trocas que proporcionam rituais que geram afetos, desafetos, obrigações, relacionamento, vínculos, memórias e histórias — a grande teia de intenções, ações e reações tanto da retribuição quanto da reciprocidade."[3]

Desde sua fundação, as empresas tendem a criar laços com terceiros, sejam fornecedores, clientes, competidores e até mesmo agentes públicos. Essas interações são, em grande parte, fundamentais para o desenvolvimento dos negócios, pois ajudam a consolidar a imagem institucional da empresa, divulgam os produtos e negócios, informam novidades e possibilitam, entre outros benefícios, a realização do objeto social da empresa.

Pensemos no nascimento de uma empresa: é preciso constituir a sociedade, registrando-a perante órgãos competentes. Da mesma forma, parte-se para a obtenção de licenças de diversas naturezas.

Uma vez constituída, uma empresa não tem como se isolar do convívio com autoridades, sejam de cunho fiscalizatório ou por diversas outras razões.

Por sua vez, essa relação com os órgãos do governo se torna mais acentuada — e complexa — nos casos em que a empresa é constituída para contratar com o poder público, fazendo da relação com as autoridades tarefa cotidiana de suas atividades, merecendo, pois, atenção redobrada.

A princípio, nada há de ilegal ou antiético nessas relações. No entanto, é preciso cautela diante de uma tênue linha que separa o que é legítimo e necessário daquilo que afronta normas legais e códigos de conduta. Uma vez ultrapassado esse limite, as consequências são, em geral, nefastas para a continuidade da empresa, maculando não só a imagem institucional, mas também a carreira de diversos colaboradores.

É nesse espaço que reside a diferença entre o que é presente, que tem inúmeras funções, entre as quais demonstrar respeito, simbolizar gratidão ou despertar interesse em um determinado assunto, e o que é propina, normalmente associada a beneficiamentos indevidos durante a relação de troca de informações, serviços ou objetos.

Hoje se tem muito mais acesso à informação, que circula em velocidade nunca vista. O que antes era facilmente contido com um trabalho estratégico de gestão de crise, agora pode se transformar em um escândalo de proporções descontroladas com o poder das redes sociais. Essa realidade pode afetar as empresas de uma maneira

---

[3] PECHLIVANIS, Marina (et al). GIFTING. Rio de Janeiro: AltaBooks, 2018

geral, proporcionando duros golpes, por vezes irreversíveis, que abalam a imagem e a integridade não apenas da empresa, mas também como de todos os seus *stakeholders*.

"Fornecemos bens e prestamos serviços à administração pública. Precisamos nos preocupar com o risco de pagamento de propina a agentes públicos?"

Apesar de toda a informação disponível e de toda a visibilidade que o assunto tem adquirido na mídia, ainda há quem desconheça os riscos inerentes a cada tipo de contato com o mundo exterior, seja com concorrentes, fornecedores, clientes ou agentes públicos. Focando na relação com agentes públicos, que serve de modelo para as demais relações, alguns acreditam que o único meio de violar a lei é oferecendo propina (em forma de dinheiro ou de presentes) a um agente público em troca de algum benefício. Essa visão simplista torna o risco de violação à lei ainda maior.

O fato é que há inúmeras maneiras de tentar obter alguma vantagem burlando normas e passando por cima da ética. Não se trata do montante envolvido, pois não só os contratos milionários justificam a corrupção; situações bem mais modestas podem representar riscos tão elevados quanto os grandes negócios.

Entre os atos que podem contrariar as normas legais e normas de *Compliance* de entidades públicas ou privadas, merece profunda reflexão a oferta de hospitalidade, brindes, presentes e inscrição em eventos a agentes públicos nacionais ou estrangeiros, pois qualquer aparente generosidade pode ocultar interesses irreveláveis.

Pretende-se por meio desta cartilha transmitir algumas orientações básicas a respeito de condutas que podem, caso não sejam tomadas as devidas precauções, violar a legislação e as normas internas das pessoas jurídicas envolvidas. Erradicar a corrupção do ambiente de negócios é tido como impossível e o principal argumento é a "natureza humana", ou seja, corromper e ser corrompido seriam práticas irremediavelmente inerentes ao ser humano. Acredita-se que a corrupção é, sim, parte da sociedade, mas não como uma característica do indivíduo e sim como uma distorção que surge e se desenvolve em ambientes fragilizados, favoráveis a iniciativas antiéticas e inescrupulosas. Desse modo, o IBDEE defende que cabe a cada um de nós combatê-la, observando as práticas incorretas e oferecendo informação para aqueles que desconhecem as consequências que todas as formas de corrupção trazem para empresas e, especialmente, para indivíduos.

Nesse sentido, a Organização das Nações Unidas (ONU) lançou em 2015 uma ambiciosa agenda para os próximos anos, contendo "Objetivos de Desenvolvimento Sustentável", que buscam resgatar valores de convívio balizados no respeito mútuo aparentemente esquecidos na sociedade atual e que deveriam ser incorporados por todos. Dos 17 objetivos, destaque para o 16º: "Paz, justiça e instituições eficazes", que em seu item 16.5 propõe uma solução: "Reduzir substancialmente a corrupção e o suborno em todas as suas formas". O mesmo se verifica no Pacto Global da ONU, do qual o IBDEE é signatário, que em seu 10º princípio defende o combate à corrupção em todas as suas formas, inclusive extorsão e propina.

BRINDES, PRESENTES E HOSPITALIDADE: COMO SABER O QUE É PERMITIDO

Exceções são mais complexas de interpretar e julgar. Comecemos pelas regras, seguindo um passo a passo que vai ajudar na tomada de decisão.

Por onde eu começo?

Primeiramente, antes de distribuir brindes e presentes ou oferecer hospitalidade, custeando viagens, alimentação e transporte para um agente público, por conta própria, localize o Código de Ética da sua empresa para saber:

- qual a conduta correta para a sua demanda;
- quais os presentes permitidos e previamente aprovados;
- qual o protocolo de entrega para cada tipo de público, entre outras informações relevantes.

E se minha empresa não tem o Código de Ética?

Informe-se com os responsáveis pela área de *Compliance*, com o departamento jurídico ou diretamente junto às lideranças para solicitar informações e condutas sobre:

- como proceder em situações como essa;
- qual a melhor estratégia, de acordo com a filosofia da empresa;
- quais as áreas que devem ser informadas para a distribuição segura dos presentes, entre outras informações relevantes.

Entendi o Código de Ética. E agora?

Descubra quem é o destinatário do brinde, presente ou hospitalidade para saber o que ele faz e qual a ligação entre ele e a sua empresa. Na sequência, informe-se sobre o Código de Ética da entidade pública para avaliar:

- que tipo de brinde, presente ou custeio de hospitalidade as autoridades nacionais ou internacionais podem receber;
- qual o limite de valores para os presentes;
- qual a melhor forma de entrega dos presentes, entre outras informações relevantes.

Pronto. Posso começar?

Jamais decida enviar um brinde, presente ou ofertar hospitalidade a uma autoridade sem a prévia autorização dos seus superiores ou das áreas responsáveis. Não há proatividade que suplante a ciência, a coerência e a cumplicidade da empresa em qualquer atuação junto a autoridades. Em tempo, "autoridade" pode significar muitas coisas e é importante se informar.

Por exemplo, nos Estados Unidos, os médicos são considerados autoridades, o que leva empresas da área farmacêutica a adotar cuidados especiais em virtude da legislação local de combate à corrupção. Essa prática vale para empresas farmacêuticas que atuam no Brasil e estão sujeitas às regras norte-americanas (Foreign Corrupt Practices Act — FCPA). Dessa forma, os médicos brasileiros passam a ser considerados autoridades para efeitos legais.

Um ponto importante para a identificação da autoridade é saber se a pessoa em questão:

- pode beneficiar a empresa, implícita ou explicitamente, em decorrência do cargo que ocupa ou atividade que realiza ou, indiretamente, influenciando o poder de decisão de terceiros;
- tem poder para interferir em procedimentos de interesse da empresa, tal como a obtenção de uma licença ou a decisão em um recurso administrativo, o que sugere que os gastos com presentes e hospitalidade caracterizam infração, pois estão associados a interesses indevidos.

"(...) o oferecimento de brindes, presentes e hospitalidade não pode estar atrelado à intenção de obter ganhos indevidos para a empresa, de recompensar alguém por um negócio obtido ou caracterizar troca de favores ou benefícios, seja de forma implícita ou explícita".

Programa de Integridade — Diretrizes para Empresas Privadas.
Controladoria-Geral da União — CGU. Brasil, setembro 2015.

E se o beneficiário não for diretamente a autoridade e sim um parente, pode?

Nesse caso, existe uma violação legal.

Por exemplo, um representante do Poder Judiciário envolvido em um processo de interesse da empresa ou que possa interceder junto aos seus pares para beneficiá-la. Um político ou agente do executivo que possa, de alguma forma, criar facilidades ou trazer ganhos que, de outra maneira, a empresa não conseguiria ou teria grande dificuldade em alcançar.

Seria uma infração oferecer acessos e ingressos para congressos, seminários, cursos ou eventos de natureza semelhante?

Essa é uma outra forma de oferecer vantagens ao agente público e que, a depender da regulação à qual o agente está submetido, pode ser interpretada como um desvio de conduta. A maior parte das normas anticorrupção não trata expressamente da oferta de participação em eventos, sendo prudente, não obstante a eventual omissão normativa, que se adote postura conservadora, de modo a qualificar como "brinde" qualquer espécie de vantagem não expressamente mencionada no texto normativo, incluindo-se aí a oferta de congressos e afins.

O Código de Ética da Anvisa abordou expressamente esse ponto, dispondo no Art. 14, §1º, que "É permitida a participação em seminários, congressos e eventos semelhantes desde que seja respeitado o interesse de representação institucional da Anvisa e que seja previamente autorizada pelo diretor-supervisor".

A norma da Anvisa procurou incorporar prática que é recorrente no setor no sentido de promover a divulgação, por meio de seminários e congressos, de fórmulas e compostos farmacêuticos aos agentes daquele órgão que são responsáveis pela aprovação do produto. Trata-se, a bem da verdade, de uma conduta legítima e producente, que visa subsidiar o agente público com informações relevantes para tomada de decisão, considerando que esse setor está a cada momento desenvolvendo novas tecnologias.

Desse modo, igualmente, aqui se recomenda olhar com cautela o Código de Ética da entidade pública para verificar a possibilidade de oferta de algum tipo de evento e, se for permitido, quais os limites e condições estabelecidos.

Outros cuidados básicos devem ser considerados, como, por exemplo, checar se o agente público que foi convidado para o evento fala a língua que será usada nas exposições. Caso contrário, o caráter acadêmico se esvairá, dando lugar à interpretação de que o convite foi um mero agrado desprovido de intuito técnico.

O meu Código de Ética permite que sejam dados brindes e presentes e custeados os gastos com a hospitalidade de autoridades, desde que respeitada a lei. Afinal, qual lei?

Há um grande volume de normas legais que cuidam dessa questão, o que justifica a prévia consulta aos responsáveis pela área de *Compliance* ou jurídica na empresa. Para ilustrar:

- os servidores do Poder Executivo, na esfera federal, seguem um código próprio de conduta. No entanto, outros órgãos do mesmo Poder Executivo também possuem códigos que tratam do recebimento de brindes, entre outras questões.
- os poderes Legislativo e Judiciário têm, cada qual, o seu código;
- a maior parte dos estados da federação também adota um conjunto de regras dessa natureza, embora se assemelhe ao modelo federal. E nos referimos apenas aos órgãos do executivo nos estados, sem esquecer que legislativo e judiciário locais também dispõem desses documentos;
- quanto aos municípios, fica mais complexo um resultado preciso.

Porém, pesquisando boa parte dos códigos, sobretudo os dos órgãos do Poder Executivo, seja federal ou estadual, é fácil perceber as similaridades, o que torna viável identificar alguns parâmetros razoavelmente aceitos. Alguns exemplos:

Estado	Âmbito	Norma	Transcrição do Artigo	Valor Máximo
RS	Administração Pública Direta e Indireta do Estado do Rio Grande do Sul	Decreto nº 45.746, de 14/07/2008	Art. 6º - São deveres éticos de conduta dos agentes públicos integrantes da alta administração: III - abster-se do recebimento de presentes e outras vantagens, de pessoas que tenham ou possam ter interesse em decisão governamental sob sua responsabilidade ou influência, salvo quando provenientes de outras autoridades ou agentes públicos em sinal de cortesia, propaganda, ou promoção, ou que sejam consideradas de pequeno valor.	Não estabelecido
SC	Servidores Fazendários do Estado de Santa Catarina	Portaria SEF nº 006/2012	Art. 24 - É vedado ao servidor fazendário: XII – pleitear, solicitar, provocar, sugerir ou receber qualquer tipo de ajuda financeira, gratificação, prêmio, comissão, doação ou vantagem de qualquer espécie, para si ou para outrem.	Não estabelecido
PR	Funcionários Civis do Poder Executivo do Estado do Paraná	Lei nº 6.174, de 16/11/1970	Art. 285 - Ao funcionário é proibido: X - receber propinas, comissões, presentes e vantagens de qualquer espécie, em razão do cargo ou função.	Não estabelecido
SP	Administração Pública Estadual	Decreto nº 60.428, de 08/05/2014	Art. 9º - O agente público não receberá presentes, salvo nos casos protocolares. Parágrafo único - Não se consideram presentes os brindes que não tenham valor comercial; ou não tenham valor elevado e sejam distribuídos a título de cortesia, divulgação, ou por ocasião de eventos especiais ou datas comemorativas.	Não estabelecido. A lei determina que não devem ter valor elevado, mas não define qual o limite de valor
SP	Agentes Públicos e da Alta Administração Municipal	Decreto nº 56.130/15	Art. 13 - É vedada ao agente público, incluindo o da alta administração, a aceitação de presentes, benefícios ou vantagens, exceto decorrentes de premiações. Parágrafo único. I- não tenham valor comercial; ou II- que sejam distribuídos a título de cortesia, propaganda, divulgação habitual ou por ocasião de eventos especiais ou datas comemorativas, não ultrapassando o valor de R$ 100,00 (cem reais).	R$ 100,00 (cem reais)

(continua)

Estado	Âmbito	Norma	Transcrição do Artigo	Valor Máximo
MG	Servidores Públicos do Estado de Minas Gerais	Decreto nº 43.885, de 04/10/2004	Art. 6º - É vedado ao servidor público: VIII - aceitar presentes, benefícios ou vantagens de terceiros, salvo brindes que não tenham valor comercial ou que, sendo distribuídos a título de cortesia, propaganda, divulgação habitual ou por ocasião de eventos especiais ou datas comemorativas, não ultrapassem o valor de um salário mínimo.	1 (um) salário mínimo
MG	Código de Conduta Ética do Servidor Público e da Alta Administração Estadual	Deliberação nº 003/2004	Art. 9º - O servidor público e as autoridades mencionadas no art. 11º do Código Ética não poderão aceitar brindes, independentemente de seu valor, salvo quando estes forem distribuídos a título de propaganda, divulgação habitual ou por ocasião de eventos especiais ou datas comemorativas.	Não estabelecido
CE	Agentes Públicos Civis no Âmbito da Administração Pública Estadual	Decreto nº 31.198, de 30/04/2013	Art.7º - Configura conflito de interesse e conduta aética o investimento em bens cujo valor ou cotação possa ser afetado por decisão ou política governamental a respeito da qual a autoridade pública tenha informações privilegiadas, em razão do cargo ou função. Art. 8º - Configura conflito de interesse e conduta aética aceitar custeio de despesas por particulares de forma a permitir configuração de situação que venha a influenciar nas decisões administrativas.	Não estabelecido
AL	Servidores Públicos Civis do Estado de Alagoas	Lei nº 6.754, de 01/08/06	Art. 5º - É vedado ao servidor público: VII - pleitear, solicitar, provocar, sugerir ou receber qualquer tipo de ajuda financeira, gratificação, prêmio, comissão, doação ou vantagem de qualquer espécie, para si, familiares ou qualquer pessoa, para o cumprimento da sua missão ou para influenciar outro servidor público para o mesmo fim.	Não estabelecido
AM	Servidores Públicos Civis e Militares do Estado do Amazonas	Lei Ordinária nº 2869/2003, de 22/12/2003	XV - É vedado ao servidor público: g) pleitear, solicitar, provocar, sugerir ou receber qualquer tipo de ajuda financeira, gratificação, prêmio, comissão, doação ou vantagem de qualquer espécie, para si, familiares ou qualquer pessoa, para o cumprimento da sua missão ou para influenciar outro servidor para o mesmo fim.	Não estabelecido

Estado	Âmbito	Norma	Transcrição do Artigo	Valor Máximo
ES	Servidores Civis do Poder Executivo do Estado do Espírito Santo	Decreto nº 1595-R, de 06/12/2005	Art. 11. Nenhum servidor deve, direta ou indiretamente, pleitear, sugerir ou aceitar presentes: I - de uma fonte proibida; II - em decorrência do cargo, emprego ou função ocupados. § 1º Entende-se como presente qualquer bem ou serviço dado gratuitamente, assim como ajuda financeira, empréstimo, gratificação, prêmio, comissão, promessa de emprego ou favor. § 2º Excetuam-se do disposto neste artigo os prêmios concedidos em eventos oficiais. § 3º Os presentes que, por razões econômicas ou diplomáticas, não possam ser devolvidos deverão ser incorporados ao patrimônio do órgão. § 4º Podem ser aceitos os presentes com valores individuais inferiores a R$ 100,00 (cem reais) até o limite de R$ 200,00 (duzentos reais) em cada ano civil.	R$ 100,00 (cem reais - valor individual) até o limite de R$ 200,00 (duzentos reais)
GO	Administração Pública Estadual do Estado de Goiás	Decreto nº 5.462, de 09/08/2001	Art. 9º - É vedada à autoridade pública a aceitação de presentes, salvo de autoridades estrangeiras nos casos protocolares em que houver reciprocidade. Parágrafo único. Não se consideram presentes, para os fins deste artigo, os brindes que: I - não tenham valor comercial; II - distribuídos por entidades de qualquer natureza a título de cortesia, propaganda, divulgação habitual ou por ocasião de eventos especiais ou datas comemorativas, não ultrapassem o valor de R$ 340,00 (trezentos e quarenta reais).	R$ 340,00 (trezentos e quarenta reais)

(continua)

Estado	Âmbito	Norma	Transcrição do Artigo	Valor Máximo
MT	Servidor Público Civil do Estado de Mato Grosso	Lei Complementar nº 112, de 01/07/02	Art. 5° - É vedado ao servidor público: VII - pleitear, solicitar, provocar, sugerir ou receber qualquer tipo de ajuda financeira, gratificação, prêmio, comissão, doação ou vantagem de qualquer espécie, para si, familiares ou qualquer pessoa, para o cumprimento da sua missão ou para influenciar outro servidor público para o mesmo fim.	Não estabelecido
MS	Servidores do Poder Judiciário do Estado de Mato Grosso do Sul	Resolução nº 98, de 04/11/2013	Art. 12. É vedado aceitar presentes, salvo nos casos protocolares. Parágrafo único. Não se consideram presentes para os fins deste artigo os brindes que: I - não tenham valor comercial; ou II - forem distribuídos por entidades de qualquer natureza a título de cortesia, propaganda, divulgação habitual ou por ocasião de eventos especiais ou datas comemorativas e não ultrapassem o valor de 1/5 do salário mínimo.	1/5 do valor do salário mínimo vigente no País
PE	Servidor da Secretaria da Fazenda do Estado de Pernambuco	Decreto nº 37.831/12	Art. 7º - Além das proibições constitucionais e estatutárias, bem como as contidas em normas e instruções internas, ao servidor da Sefaz é vedado: XIII - pleitear, solicitar, provocar, sugerir ou receber, na relação com contribuintes, fornecedores ou usuários do serviço público, qualquer tipo de ajuda financeira, gratificação, prêmio, comissão, presente, doação ou vantagem de qualquer espécie; § 1° O disposto no inciso XIII do caput não alcança os presentes que sejam distribuídos a título de propaganda ou divulgação habitual, inclusive por ocasião de eventos especiais ou datas comemorativas. § 2º Os presentes que não possam ser recusados ou devolvidos sem ônus para o servidor serão destinados a entidade de caráter cultural ou filantrópico, na forma regulada em portaria do Secretário da Fazenda.	Não estabelecido

Estado	Âmbito	Norma	Transcrição do Artigo	Valor Máximo
RJ	Servidor Público Civil do Poder Executivo do Estado do Rio de Janeiro	Decreto nº 43.583/12	Art. 4º - É vedado ao servidor público: c) pleitear, solicitar, provocar, sugerir ou aceitar vantagem de qualquer espécie, para si ou para outrem, como condição para a prática de ato funcional, ou como prêmio por havê-lo efetivado ou influenciado outro servidor a praticá-lo.	Não estabelecido
União	Código de Conduta dos Servidores do Banco Central do Brasil		Art. 9º - É vedada à autoridade pública a aceitação de presentes, salvo de autoridades estrangeiras nos casos protocolares em que houver reciprocidade. Parágrafo único. Não se consideram presentes para os fins deste artigo os brindes que: I- não tenham valor comercial; ou II - distribuídos por entidades de qualquer natureza a título de cortesia, propaganda, divulgação habitual ou por ocasião de eventos especiais ou datas comemorativas, não ultrapassem o valor de R$ 100,00 (cem reais).	R$ 100,00 (cem reais)
União	Fundação de Previdência Complementar do Servidor Público Federal	Código de Ética e Conduta	4. Das Vedações V - Aceitar presentes, viagens, favores ou vantagens, pecuniárias ou não, de pessoa ou organização que tenha ou possa ter interesse nos negócios da fundação, salvo gestos de mera cortesia, assim entendidos brindes ou convites que não ultrapassem o valor de ½ (meio) salário mínimo.	½ (meio) salário mínimo
União	Código de Ética do Sistema Petrobras		3.12 Não exigir, nem insinuar, nem aceitar, nem oferecer qualquer tipo de favor, vantagem, benefício, doação, gratificação, para si ou para qualquer outra pessoa, como contrapartida a suas atividades profissionais, podendo aceitar ou oferecer brindes apenas promocionais, públicos, não exclusivos, sem valor comercial, nos seus relacionamentos com o público externo ao Sistema.	Não estabelecido

(continua)

Estado	Âmbito	Norma	Transcrição do Artigo	Valor Máximo
União	Código de Conduta da Alta Administração Federal	Resolução nº 3/2000	Regras sobre o tratamento de presentes e brindes aplicáveis a autoridades públicas abrangidas pelo Código da Alta Administração Federal: a) De acordo com o art. 9º do Código de Conduta da Alta Administração Federal, é vedada a aceitação de presentes por autoridades públicas a ele submetidas. 4. Não caracteriza presente, para os fins desta resolução: I- prêmio em dinheiro ou bens concedidos à autoridade por entidade acadêmica, científica ou cultural, em reconhecimento por sua contribuição de caráter intelectual. 5. É permitida a aceitação de brindes, como tal entendidos aqueles: I - que não tenham valor comercial ou sejam distribuídos por entidade de qualquer natureza a título de cortesia, propaganda, divulgação habitual ou por ocasião de eventos ou datas comemorativas de caráter histórico ou cultural, desde que não ultrapassem o valor unitário de R$100,00 (cem reais).	R$ 100,00 (cem reais)
União	Código de Ética dos Servidores do Supremo Tribunal Federal	Resolução nº 246/2002	Art. 15 - É vedado aceitar presentes, salvo de autoridades estrangeiras nos casos protocolares em que houver reciprocidade. I - não tenham valor comercial, ou II - distribuídos por entidades de qualquer natureza a título de cortesia, propaganda, divulgação habitual ou por ocasião de eventos especiais ou datas comemorativas, não ultrapassem o valor de R$ 100,00 (cem reais)	R$ 100,00 (cem reais)

Cada caso, um caso. Os servidores públicos em Minas Gerais são proibidos de aceitar presentes, benefícios ou vantagens de terceiros, salvo brindes que não tenham valor comercial ou que, sendo distribuídos a título de cortesia, propaganda, divulgação habitual ou por ocasião de eventos especiais ou datas comemorativas, não ultrapassem o valor de um salário mínimo (artigo 6º, do Decreto nº 43.885 de 04/10/2004). Já no Espírito Santo, o valor aceitável para um presente varia entre R$ 100,00 e R$ 200,00.

A grande maioria das legislações estaduais impede o servidor de aceitar brindes, presentes ou qualquer outra vantagem, apontando como exceção critérios bastante subjetivos e que exigem extrema cautela.

Ao agir sem uma prévia consulta ao código de ética, departamento de *Compliance*, assessoria jurídica e às normas legais aplicáveis, você pode expor a empresa e a si próprio a riscos e vulnerabilidades desnecessários.

Por outro lado, também é importante considerar que oferecer alguma ação de *Gifting* a clientes, fornecedores, consultores e até mesmo agentes públicos é uma forma aceitável para divulgar o trabalho da empresa, sua marca e até mesmo para difundir seus valores. O desafio é realizar tudo isso sem violar as normas internas e a legislação nacional ou estrangeira.

Proibir de forma absoluta a entrega de brindes, presentes ou o custeio de eventos e hospitalidade a autoridades é um caminho escolhido por muitas empresas, mas a elaboração adequada do Código de Ética e a adoção de um programa efetivo de *Compliance* que também envolva treinamento e capacitação dos funcionários, assim como o monitoramento do respeito às normas de conduta, são medidas que permitem conviver em um ambiente de negócios de forma ética e legítima.

Dicas práticas

1. Consultar a área de *Compliance* ou jurídica, ou um escritório de advocacia externo, sempre que houver a intenção da empresa de ofertar alguma espécie de brinde ou vantagem a um agente público.
2. Sugere-se que as áreas mencionadas no item anterior, sempre que possível, fundamentem sua orientação com base na legislação que trata da entrega de brindes ao agente público, apresentadas de forma exemplificativa nesta Cartilha.
3. Quando houver interesse da empresa em ofertar ao agente público a participação em congressos, seminários, cursos ou eventos de natureza semelhante, é preciso verificar se a autoridade é responsável, seja em caráter individual seja

como membro de um órgão colegiado, por decisão de interesse da empresa, situação na qual se orienta não prosseguir com a oferta do benefício.

4. Sendo possível a oferta do benefício indicado no item anterior, orienta-se que a oferta seja realizada por escrito com as justificativas sobre a indicação do agente público e da pertinência do objeto do evento com as atribuições da autoridade.
5. Em todo caso, convém que a oferta de brinde venha acompanhada de "cartão de presente" da empresa com a indicação de que o brinde é entregue por mera liberalidade do ofertante e que, consultado o código de ética da entidade, constatou-se não haver nenhuma ofensa à norma aplicável.
6. Recomenda-se que os brindes, tanto quanto possível, sejam desprovidos de caráter comercial (tais como agendas, canetas, copos, enfeites de mesa, etc.) e, sempre que possível, venham agregados com a marca da empresa, evidenciando-se, assim, o caráter de mera publicidade.
7. Levando em conta que muitas normas citadas nesta Cartilha não estipulam um valor máximo para o brinde, e na ausência de outros critérios objetivos, aconselha-se a adotar o valor máximo de R$ 100,00 (cem reais), tendo em vista a recorrência desse limite nas regras citadas.

COMO SER ÉTICO SEM DEIXAR DE SER CRIATIVO

Embora a orientação clássica seja da adoção de postura mais conservadora, ofertando produtos que contenham a marca da empresa, demonstrando o caráter de mera publicidade, selecionando itens de baixo custo unitário com baixo valor percebido e utilizando o repertório convencional de *gifts* (agendas, canetas, copos, enfeites de mesa, entre outros), é possível ser autêntico e criativo sem causar nenhuma violação legal ou de regras internas de empresas. Isso porque o caráter genérico dos exemplos acima, em muitos casos, pode ocasionar o desperdício de investimento para objetos e iniciativas que qualquer outra empresa poderia fazer, de forma igual, conservando-se o respeito às leis, mas desprivilegiando a criatividade e a autenticidade que devem nortear o *Gifting*.

Hoje, empresas com visão estratégica e seguindo regras claras de *Compliance*, já possuem um portfólio de objetos, serviços e acessos que fazem parte de seu repertório de rituais para os mais diversos tipos de troca — de gentilezas, de negócios, de networking. O processo envolve mapear a história da empresa, seus valores, seus objetivos, sua política de preços, o público com quem se relaciona e a mensagem que quer passar para o mercado.

Nesse sentido, recomenda-se ter atenção às seguintes diretrizes que privilegiam a criatividade e a correta prática do *Gifting*, contudo sempre norteadas pelas regras e cautelas acima mencionadas nesta Cartilha:

- produtos e serviços pertinentes, personalizados ou não;
- embalagem e forma de identificação proprietárias;
- mensagem escrita condizente com a linguagem da marca;
- ritual de entrega que gere diferenciação em relação a outras entregas;
- roteiro para discurso privilegiando conteúdos estratégicos previamente preparados;
- sistema de verificação de entrega para a certificação do recebimento;
- estrutura de avaliação sobre o presente ou serviço recebido para controle de qualidade e validação da estratégia.

Por isso é fundamental conhecer o beneficiário e saber qual a intenção do presente, pois daí derivam as premissas de pertinência, adequação e bom senso para efetivar o ritual de trocas em questão — despertando no universo corporativo, assim como o faz no universo particular dos presenteados, afetos (e desafetos) que podem colaborar (de forma positiva ou não, dependendo das escolhas feitas) com um relacionamento de negócios.

O segredo está na associação entre criatividade (o tipo de brinde para a ocasião certa), oportunidade (o momento e a adequação da peça a um desejo ou necessidade de quem vai ganhar) e a emoção da entrega (não basta entregar; a mensagem que acompanha o *gift* e o modo de entrega são partes fundamentais do processo). Daí sua importância como ferramenta mercadológica nas rotinas de trabalho e de planejamento estratégico da contemporaneidade.

Quanto ao *Compliance* nas trocas de presentes, a linha interpretativa é muito tênue e depende não apenas da cultura de determinada sociedade (nações, religiões, filosofias), como também da cultura corporativa e das regras em questão. Para cada civilização e cultura, e mesmo dentro de uma mesma comunidade, mas em tribos sociais distintas, os significantes e significados dos brindes, presentes e hospitalidade mudam por completo.

Qual é o preço de ter sua marca convivendo todos os dias com alguém estratégico para o seu negócio?

Difícil mensurar. O brinde corporativo é uma plataforma mercadológica de grande potencialidade, presente em inúmeras áreas de negócio para fortalecer, implementar e manter suas estruturas. Essa faceta dos negócios é autônoma e seu preço é tabelado pela criatividade de quem planeja e desenvolve as peças; pelos fabricantes, nacionais ou estrangeiros, que as produzem, balizados pela volatilidade dos insumos que compõem os produtos (papel, plástico, vidro, aço...) e, especialmente, pelo conteúdo de que as peças são dotadas, por vezes transformando papel impresso em uma preciosidade de informações e sensações especiais para quem faz o uso mais inteligente delas, oportuno e criativo.

Concluindo, o fundamental é ter bom senso, fazer um planejamento organizado e, como conhecimento nunca é demais, ter uma noção contextualizada do que se pretende alcançar, do quanto se pretende investir e de que forma esse investimento será percebido, avaliando o êxito da iniciativa para capitalizar a ação e prosseguir com o *Gifting* — quanto mais informação, melhor.

Na dúvida, consulte um expert no assunto, ou melhor, dois: um em *Gifting* e um em *Compliance*, para que você seja ético sem deixar de ser criativo.

Link para acesso desta cartilha online: http://ibdee.org.br/wp-content/uploads/2017/05/CartilhaGiftingCompliance2017.pdf